学前教育专业应用型人才培养规划教材

幼儿园教师职业道德

YOUERYUAN JIAOSHI ZHIYE DAODE

主编 刘 星 申利丽

贵州省省级教学团队"学前教育理论与实践"
教学团队系列书籍编委会
主　任　曾伯平
副主任　申健强　王文乔
编　委　胡云聪　秦建勋　张世萍　吴志勤　谭　恒
　　　　黄玉娇　刘　星　任春茂　杜林兰　申利丽

西南交通大学出版社
·成都·

图书在版编目（CIP）数据

幼儿园教师职业道德 / 刘星，申利丽主编. —成都：西南交通大学出版社，2017.3（2021.8 重印）
ISBN 978-7-5643-5372-8

Ⅰ.①幼… Ⅱ.①刘… ②申… Ⅲ.①幼教人员–师德–幼儿师范学校–教材 Ⅳ.①G615

中国版本图书馆 CIP 数据核字（2017）第 070274 号

幼儿园教师职业道德

主　　编 / 刘星　申利丽	责任编辑 / 张慧敏
	封面设计 / 墨创文化

西南交通大学出版社出版发行
（四川省成都市金牛区二环路北一段 111 号创新大厦 21 楼　610031）
发行部电话：028-87600564　028-87600533
网址：http://www.xnjdcbs.com
印刷：成都蓉军广告印务有限责任公司

开本　185 mm×260 mm
印张　12.25　字数　288 千
版次　2017 年 3 月第 1 版
印次　2021 年 8 月第 4 次

书号　ISBN 978-7-5643-5372-8
定价　30.00 元

课件咨询电话：028-81435775
图书如有印装质量问题　本社负责退换
版权所有　盗版必究　举报电话：028-87600562

前　言

　　有位著名的作家说："在所有的称呼中，有两个最闪光、最动情的称呼：一个是母亲，一个是老师。老师的生命是一团火，老师的生活是一曲歌，老师的事业是一首诗。"老师事业的崇高毋庸置疑，他们是充满爱心的群体，而在老师这个群体中，最具爱心的是幼儿园教师。

　　林崇德先生说过："爱自己的孩子是本能，爱别人的孩子是神圣。"所以，幼儿园教师的生命是一团火，幼儿园教师的生活是一曲歌，幼儿园教师的事业是一首诗。幼儿教育是一扇门，推开它，满是阳光和鲜花，它能带给孩子自信、快乐、幸福。因为幼儿园教师对幼儿的爱，在性质上是一种只讲付出不计回报的、无私的、广泛的且没有血缘关系的爱，在原则上是一种严慈相济的爱，这种爱是神圣的。这种爱是幼儿园教师教育幼儿的感情基础，这种爱就是师爱、师德，就是幼儿教师的一种职业道德。它是幼儿园教师在从事教育活动中必须遵守的道德规范和行为准则，以及与之相适应的道德观念、情操和品质。

　　在教育中，一切师德要求都基于教师的人格，因为师德的魅力主要从人格特征中显示出来。在学生心目中，教师是社会的规范、道德的化身、人类的楷模、父母的替身。他们都把师德高尚的教师作为学习的榜样，模仿其态度、情趣、品行，乃至行为举止、音容笑貌、板书笔迹等。所以，教师不仅在用自己的学识教人，而且在用自己的品格教人；不仅通过语言传授知识，而且通过自己的灵魂传授品格。只有人格高尚的教师才能培养出同样高尚的学生。

　　2014年9月9日，习近平总书记在北京师范大学的重要讲话中提出了有理想信念、有道德情操、有扎实学识、有仁爱之心的"四有"好老师标准。我们认为：坚定理想信念是幼儿园教师从教的基石，高尚道德情操是幼儿园教师从教的灵魂，具备扎实学识是幼儿园教师执教的关键，心怀仁爱之心是幼儿园教师立教的根本。每个幼儿都是一部书、一个故事、一首诗。幼儿园教师的教育是一朵云吹动另一朵云，一棵树摇动另一棵树，一个心灵感动另一个心灵。幼儿教育是思想与思想的碰撞，灵魂与灵魂的沟通，生命与生命的对话。因此，幼儿园教师的职业道德显得尤为重要。

我们学前教育人把学前教育作为自身的价值追求，在教学中精益求精，于2012年获得"贵州省学前教育理论与实践教学团队"荣誉称号。本成果是我们学前教育人在教学实践中的探索，是对幼儿教师在职业道德方面作出的基本要求，也是贵州省学前教育理论与实践教学团队对培养优秀幼儿教师的又一奉献。本成果是刘星等老师长期教学工作的总结，也是贵州省教育科学规划青年课题"贵州省农村幼儿教师专业素养调查研究——基于《幼儿园教师专业标准（试行）》的视角"（2015C051）的阶段性成果。

本书由刘星、申利丽主编，共有七章，除了幼儿园教师的知、情、意、行方面，还包括幼儿教师职业道德概述、职业道德原则、职业道德实践等内容。第一～三章为刘星（遵义师范学院讲师）、唐占应（遵义师范学院副教授）编写；第四章为谭恒（遵义师范学院讲师）编写；第五～六章为申利丽（贵州师范学院讲师）、刘星编写；第七章为张世萍（遵义师范学院讲师）编写。全书由刘星、申利丽统稿。

全书主题鲜明，内容丰富，具有较强的针对性、指导性和体系性，既有理论方面的深刻阐述，又有切合幼儿园教师职业道德的案例分析，既立足实用性，具有指导功能，又注重方向性，富有教育意义，不仅有利于引导学前教育学生正确认识学前教育专业，而且还可以帮助他们树立为学前教育事业奋斗终生之理念。

在本书的编写过程中，参考和使用了有关资料，在此谨向这些资料的作者致以诚挚的谢意，由于时间仓促和编者水平有限，书中难免存在不足之处，恳请广大读者给予批评指正。

编 者

2016年3月

目 录

第一章　幼儿园教师职业道德概述 … 001
第一节　道德与教师职业道德 … 002
第二节　幼儿园教师职业道德的内涵与特征 … 006
第三节　我国幼儿园教师职业道德的发展历程 … 010
第四节　幼儿园教师职业道德的功能与价值 … 014

第二章　幼儿园教师职业道德原则 … 021
第一节　幼儿园教师职业道德原则的内涵与要求 … 022
第二节　幼儿园教师职业道德原则的地位与作用 … 024
第三节　幼儿园教师职业道德应坚持的基本原则 … 031

第三章　幼儿园教师的职业道德认知 … 051
第一节　幼儿园教师职业道德认知的内涵及其特征 … 051
第二节　幼儿园教师职业道德认知的影响因素 … 056
第三节　幼儿园教师职业道德认知的培养 … 064
第四节　幼儿园教师职业道德认知案例分析 … 068

第四章　幼儿园教师的职业道德情感 … 075
第一节　幼儿园教师职业道德情感的内涵及其特征 … 076
第二节　幼儿园教师职业道德情感的影响因素 … 080
第三节　幼儿园教师职业道德情感的培养 … 087
第四节　幼儿园教师职业道德情感案例分析 … 091

第五章　幼儿园教师的职业道德意志 … 095
第一节　幼儿园教师职业道德意志的内涵及其特征 … 095
第二节　幼儿园教师职业道德意志的影响因素 … 111

  第三节 幼儿园教师职业道德意志的培养……………………………114

  第四节 幼儿园教师职业道德意志案例分析……………………………118

第六章 幼儿园教师的职业道德行为……………………………………………123

  第一节 幼儿园教师职业道德行为的内涵及其特征……………………123

  第二节 幼儿园教师职业道德行为的影响因素……………………………127

  第三节 幼儿园教师职业道德行为的培养……………………………131

  第四节 幼儿园教师职业道德行为案例分析……………………………141

第七章 幼儿园教师的职业道德实践……………………………………………146

  第一节 师幼关系中的职业道德实践……………………………………146

  第二节 家园合作中的职业道德实践……………………………………150

  第三节 保教活动中的职业道德实践……………………………………156

  第四节 同事关系中的职业道德实践……………………………………165

附录一 教育部关于进一步加强和改进师德建设的意见……………………172

附录二 国际教育组织关于教师职业道德的宣言…………………………176

附录三 中小学教师职业道德规范………………………………………………179

附录四 幼儿园教师职业道德规范及行为准则…………………………………180

附录五 《幼儿园教师专业标准（试行）》的基本要求……………………182

附录六 教育部关于印发《中小学教师违反职业道德行为处理办法》的通知…………187

第一章　幼儿园教师职业道德概述

【学习提要】

在理解了道德与教师职业道德的基础上，本章在于让读者了解幼儿园教师职业道德的内涵与特征、产生与形成，并着重理解幼儿园教师职业道德的功能与价值，从而使读者对幼儿园教师职业道德形成宏观和基本的认识，为后续内容的深入学习夯实基础。

【典型案例】

9起震惊全国的幼儿园虐童事件[1]

1. 西安某幼儿园：长期给无病孩子乱吃药

西安某幼儿园被曝长期给孩子服用一种抗病毒药物"病毒灵"。起因是"孩子要是生病不去上学，幼儿园就收不到费用。"目前，该幼儿园已被勒令停业，园长及保健医生等3人已被公安机关拘留。

2. 河北省民办幼儿园：针扎体罚逼喝尿

河北省三河市最大的民办幼儿园疑似发生老师虐待儿童事件。该园老师存在用针扎幼儿、用刀威吓幼儿、逼幼儿喝尿、逼幼儿吃老师鼻屎等众多虐童行为。尽管有图片视频为证，但该幼儿园拒不承认。

3. 山西某幼儿园：教师连扇儿童70多个耳光

2012年10月，网上疯传一段山西省太原市一个幼儿园5岁女童十分钟被打几十个耳光的视频，引发人们的广泛关注以及强烈谴责。打幼儿的老师李某已被行政拘留，幼儿园也已经被勒令关停。

4. 黑龙江非法幼儿园：老师一天打两岁半孩子4次

黑龙江某幼儿园的老师脚踹孩子。视频截图显示，32个月的小孩儿一天被重打4次，有一次竟被踢出半米远。后经教育局调查，此校是非法幼儿园，虐童老师已被行政拘留。

5. 浙江温岭某幼儿园：虐童教师成千夫所指

2010年至2012年间，浙江温岭幼师虐童近百次，幼儿园教师颜某成为千夫所指的"二"妹。相关部门全面介入调查，涉事幼儿园遭停课整改，涉案女教师颜某已被刑事拘留。

---

[1] 9起震惊全国的幼儿园虐童事件[EB/OL]http://www.qqbaobao.com/xueqianjieduan/ertonganquan/150445.html.2014-03-25.

6. 江苏兴化某幼儿园：七名幼儿被老师用熨斗烫伤

2010年，江苏兴化某幼儿园7名儿童因上课说话被该校女教师用电熨斗烫伤。家长发现孩子受伤时，该老师谎称是小朋友上厕所时相互拥挤不小心摔伤的。后由兴化市委、市政府召开发布会，称肇事老师是园方聘请的社会人员，误以为电熨斗不烫了才吓唬孩子的。

7. 西安某幼儿园：幼儿被锯手腕后遭威胁

西安某幼儿园，4岁男孩没做好操，被幼儿园老师锯手腕。老师还威胁说如果告诉家长，就锯断他的手。自出事以后，孩子再也不愿去幼儿园，原本性格开朗的他现在却很封闭。肇事老师已被拘留。

8. 济宁市机关幼儿园：教师踢伤孩子生殖器

2013年4月，有家长爆料称，接到儿子所在的济宁市机关幼儿园电话，说儿子生殖器受伤出血，当事人称不小心碰伤，家长到达幼儿园后才得知是老师用膝盖顶伤。经医生初步诊断为生殖器受外力造成挫伤破裂。

9. 上海某双语幼儿园：女童下体被老师放芸豆

上海杨浦区某双语幼儿园托班女童下体被放置豆粒，家长4天后才发现送医取出。幼童原话为"××老师把豆豆放了宝宝屁屁里"。当事女老师林某已被停职。

思考：针对以上虐童事件，你有何想法？

第一节 道德与教师职业道德

作为一名教师，如何理解教师职业道德的内涵？我们认为，首先应该从对"道德"这一基本概念的分析入手。在中国古代，"道"和"德"长期以来都是分开使用的。在《道德经》中，"道"和"德"都还是独立使用的两个概念。真正将"道"和"德"联系起来作为一个概念使用的第一人是荀子，在《劝学》篇中，荀子说："故学至乎礼而止也，夫是之谓道德之极。"这句话的意思是说，如果人们通过学习都知道按"礼"的规定去做，就算是达到了道德的最高境界了。从此以后，"道德"才被赋予了独立的词义。

一、道德之"道"与道德之"德"

关于道德的"道"，本义是指道路，据许慎在《说文解字》中的解释，"道，所行道也"，就是这个意思。古人有言称走路要"顺道而行"，后来人们从走路需"顺道而行"的行为活动中领悟到：走路需顺道而行，为人处事的方方面面又何尝不是这样呢？为人处事更需要"顺道而行"，所谓"没有规矩不成方圆"，于是"道"字的内涵就引申为做人的规矩、规范、原则等。

关于道德的"德"，它在我国古代是一个通假字，通"得"，那这又该如何解释呢？

"德"之为"得",究竟是要得到什么呢?

德—得相通主要有两层含义。一是《论语集注》中所说的:"德者得也,得其道于心而不失之谓也。"从这句话来看,"德"之通"得"在于"得道"。意思就说我们应当将做人所应该遵循的各种原则和规范内化于心并且持之以恒地保持下去。所以,"德"之为"得"绝非为自我利益之"得",而是人之所以为人之"得"。其实一个人的"德性"就是得"道"以后才逐渐形成和培养起来的,得"道"多而好的人"德性"好,反之则"德性"差。我们做人就要有做人的"德性","德—得"相通的本质告诉我们,要使自己拥有做人的"德性",最关键的就是要"得道",得好"道"。不得"为人之道"就无法成就自己的"为人之德"。同样的道理,我们作为教师,也要有做教师的"德性",其最关键之处也在于多得"道",得好"道",只不过这里的"道"是指做教师的"为人之道"。一个教师,如果不能得"为师之道",便无法成就自己的"为师之德"。

二是许慎所讲的:"德,外得于人,内得于己也。"这句话是说,凡是道德的行为,一定是有益于他人,使他人有所"得"的行为。同时,道德行为主体也会在这种道德追求中获得极大的精神满足,使自己也有所"得"。从这个意义上讲,"德—得"的确是相通的。对于"德行"所施之对象而言,这种"得"是利益之得;对于道德行为主体来讲,这种"得"则是一种心灵之得,一种精神之得。

其实,以上关于"德—得"相通的内涵是分别从两个不同的角度来诠释的。第一话"德者得也,得其道于心而不失之谓也"是从一个人"德性"形成的角度来解释为什么"德—得"是相通的;第二句话"德,外得于人,内得于己也"是从一个人"德行"表现的角度来解释为什么"德—得"是相通的。两层含义的统一,事实上就是一个人"德性"与"德行"的统一,内在"德性"决定外在"德行",外在"德行"表现内在"德性"。

"德—得"相通的内涵可以给我们的人生极大的启发:首先,作为一名教师,我们应该怎么"做人为师"?"德—得"相通的本质告诉我们,"做人为师"当以得"道"为先,只有"得道"才能"化德",只有拥有"做人为师"之德,才有可能使自己成为一个好人和一个良师。也就是说,一名教师要加强自己"做人为师"德性的修养,必须要善于在生活中领悟这个"做人为师之道",只有悟"道",才能知"道";只有知"道",才能得"道",只有得"道",才能成"德"。其次,还要善于化"德性"为"德行",在生活与工作中勤勉行"道":让自己的学生在自己的努力中有所"得"——学到真知,受用终身;让自己也在这种努力中有所"得"——行道乐道,幸福一生。"让他人得,让自己乐"当是为师者的至高境界。

二、什么是道德

关于道德是什么,我国宋代著名的思想家朱熹在给"道德"作注时是这样说的:"道者,人之所共有,德者,己之所独得也。"通过以上对"道"与"德"含义的分析以及朱熹对道德的理解,我们可以发现,对"道德"概念的把握可以分别从"道"与"德"

这两个不同的维度作出界定：从"道"的角度界定，道德讲的就是我们"做人"应当遵循的规矩；从"德"的角度界定，道德就是我们"做人"所应该具有的内在品质。

所以，如果从"道"的角度来理解道德，道德是通过社会舆论、传统习俗和内心信念来维系的，是对人们行为进行善恶价值导向和评价的行为规范。此时，道德的含义就是我们通常所讲的"为人之道"，遵循了它就是一个讲道德的人，没有遵循它就是一个不讲道德的人。如果我们从"德"的角度来理解道德，道德就是指人们在社会生活中将"做人"所应当遵循的原则和规范内化为自己的个体人格品质（形成德性），然后再通过自己自觉的行为释放（德行）达到既有利于他人和社会，同时也有利于自己完善自我品质和提升人生境界的精神需要的主体性行为。

而在西方古代文化中，"道德"（Morality）一词源于拉丁语的"mores"，意为风俗和习惯，也有规范规则、行为品质和善恶评价等含义。

综上，我们认为道德是以善恶评价为标准，依靠社会舆论、传统习惯和内心信念所维持，调整人与人之间以及个人与社会之间关系的行为规范的总和。这一定义可以从以下四方面进行理解。

（1）道德的核心内容是个人与社会之间的关系。道德关注的核心是如何正确处理个人与社会之间的关系。道德以规范、规则的形式，表达社会的外在客观要求，内化为个体信仰、观念、品行，对个人的思想行为加以规范和约束，以维持社会运转和个人生存，促进社会和个人共生互利。道德具有历史继承性和相对独立性。

（2）道德的调节手段是社会舆论、传统习惯和内心信念。和法律手段相比，道德手段是一种弹性调节，带有不确定性和灵活性。其中，当社会舆论、传统习惯与内心信念相抵触时，内心信念往往会起决定作用。

（3）道德的评价标准是善恶。凡是有利于社会发展进步的，我们都认为是善的，凡是阻碍社会发展进步的，我们认为是恶的。但是善恶标准具有相对性、历史性。在阶级社会里，具有阶级性。

（4）道德既是一种社会规范，也是一种个体观念、品质、修养和境界。作为调节个人与社会关系的社会规范的总和，道德是复杂的、具体的、多元的，但是，每个社会往往会形成那个时代的核心价值规范体系。道德表现在个体身上，则往往表现为道德观念、道德品质、道德修养和道德境界。

【拓展阅读】

"道德"是什么？

一天，古希腊大哲学家苏格拉底像往常一样，赤脚敞衫，来到市场上，突然，他一把拉住一个过路人说道："我有一个问题不明白，向您请教。人人都说做一个有道德的人，但道德究竟是什么？"那个人回答道："忠诚老实，不欺骗人。这就是公认的道德行为。"

苏格拉底问:"您说道德是不能欺骗人的,但和敌人交战的时候,我军将士千方百计地去欺骗敌人,这能说不道德吗?"答:"欺骗敌人是符合道德的,但欺骗自己的人就不道德了。"

问:"和敌人作战时,我军被包围了,处境险恶。为了鼓舞士气,将领们欺骗士兵说:'我们的援军就要到了,大家奋力突围。'结果成功了。这种欺骗能说不道德吗?"答:"战争中出于无奈才这样做的,我们日常生活中就不能这样。"

问:"我们常常会遇到这样的问题,儿子生病了,又不肯吃药,父亲骗儿子说那不是药,是一种十分好吃的东西,请问这也是不道德的吗?"那人只好承认:"这种欺骗行为是道德的。"

苏格拉底又问:"不骗人是道德的,骗人也可以是道德的。也就是说,道德不能用骗人不骗人来说明。既然这样,那道德究竟用什么来说明呢?您告诉我吧。"那人只好说:"不知道道德就不能做到道德,知道了道德就是道德。"苏格拉底高兴地说:"您真是位伟大的哲学家,您告诉了我道德就是关于道德的知识,使我明白了一个长期困惑的问题,我衷心谢谢您。"

三、什么是职业道德

职业道德是社会道德的重要组成部分,是一定社会的道德原则和规范在职业行为和职业关系中的特殊表现,是从业人员在职业活动中应该遵循的道德规范以及应当具备的道德观念、道德品质和道德情操。职业道德一般具有以下特征。

(1)在调整对象和范围上具有明显的专业性和特定性。职业道德是同人们的职业生活实践息息相关的,往往只对从事某种特定行业的人起调节作用。如"为人师表"的要求只适用于教师,"救死扶伤"的道德只适用于医生。

(2)在具体内容上和结构上具有一定的继承性和稳定性。如"为人师表""以身立教"等道德规范都有较悠久的历史传统,从古至今,都有基本一致的要求。

(3)在规范形式和方法上具有明显的灵活性和多样性。道德既有比较正规的规章制度,也有非正式的口号与标语,还有一些不成文的行规、习惯等。各行各业往往可以从本行业的实际特点出发制定反映职业道德具体内容的制度和要求。

(4)在不良后果的处理上具有一定程度的强制性或处罚性。违反职业道德或职业纪律通常会受到相应的处罚,如批评、警告、撤职、解聘等,严重的还会受到法律制裁。

四、什么是教师职业道德

关于教师职业道德的界定,众说纷纭,并没有一个统一的概念。如有学者认为"职业道德,就是约定俗成的、明文规定的、国家教育从业人员在其教书育人活动中和社会生活中遵循的行为规范和道德准则"[1]。有学者认为"教师职业道德是指教师在从事教育工作中必须遵守的行为、道德规范和准则的总和,是教师对自己所从事的职业道

---

[1] 姚亚东. 教师职业道德教育的新视角[J]. 绵阳师范学院学报,2006(12).

德规范的认识和实践所达到的自觉程度,是教师在这一特殊职业中形成和发展起来的品德"[1]。也有学者认为"教师职业道德简称师德,是教师在长期的教育教学中形成的稳定的道德观念、道德品质和行为规范的总和,是教师思想觉悟、道德品质、个性魅力和精神面貌的集中体现,是教师的专业伦理规范"[2]。而在杨芷英编著的《教师职业道德》一书中则对道德下了较为科学的定义:"教师职业道德又称教师道德或师德,是指教师在从事教育教学活动所应遵循的行为准则和必备的道德品质。它是社会职业道德有机组成部分,是教师行业特殊的道德要求。"[3]此定义既指出了教师职业道德是教师在从事教育教学活动中,履行教书育人职能时所必须遵循的行为准则和道德规范的总和,又指出了教师职业道德区别于其他行业的特殊性,即它是协调教师与同事之间、教师与学生之间、教师与社会之间等各方面关系的行为准则。

第二节 幼儿园教师职业道德的内涵与特征

幼儿园教师是一种关注儿童心灵和生命成长的职业,是一种以育人为中心的职业,是建立在人格发展的基础上传承社会文明的职业。幼儿园教师职业道德是教师职业素养的根本和核心,决定着幼儿教师职业活动的过程、目标和效果。因此,我们有必要了解幼儿园教师职业道德的内涵和特征。

一、幼儿园教师职业道德的内涵

(一)幼儿园教师职业道德的含义

根据前面对道德、职业道德以及教师职业道德的理解,我们可以这样理解幼儿园教师职业道德,它是教师职业道德的特殊表现形式,具体是指幼儿园教师在从事教育劳动过程中形成的,用以调节幼儿园教师与他人、幼儿园教师与社会、幼儿园教师与集体等相互关系时所必须遵守的基本道德规范和行为准则,以及在此基础上所表现出来的道德品质。

上述定义,首先,揭示了幼儿园教师职业道德的独特性,说明它是幼儿园教师这一职业所特有的,是与幼儿园教师这一职业密切联系的专门性道德。其次,揭示幼儿园教师职业道德的基本内涵,说明幼儿园教师职业道德不只是幼儿园教师在职业生活中所应遵守的行为规范和行为准则,还包括幼儿园教师从规范和行为准则中内化而成的职业道德观念意识和行为品质。一方面,幼儿园教师职业道德体现了社会对幼儿教

---

[1] 彭亚表,等.新时期教师职业道德的内涵分析[J].社会科学论坛,2006(1).
[2] 全国师德教育研究课题组.师德突出问题典型案例评析[M].北京师范大学出版社.2014:1.
[3] 杨芷英.教师职业道德(新编版)[M].高等教育出版社.2007:3.

师职业道德的外在客观要求,是处理幼儿园教师职业人际关系的行为规范;另一方面,幼儿园教师职业道德是教师内化了的道德认知、道德情感、道德意志、道德行为,一种内化了的德行。

(二)幼儿园教师职业道德的本质

1. 幼儿园教师职业道德是幼儿园教师从事教育教学活动必须遵守的职业伦理

教师是人类灵魂的工程师,是幼儿成长的引路人。幼儿园教师的思想政治素质和职业道德水平直接关系到幼儿的健康成长,关系到国家的前途命运和民族的未来。作为幼儿园教师,必须要严格要求自己,具备高尚的职业道德。

2. 幼儿园教师职业道德体现为特定的道德规范体系

幼儿园教师职业道德主要是要求幼儿园教师要树立正确的、科学的教育观、儿童观、教师观,具有热爱教育的事业心、全心全意培养幼儿、教育幼儿的道德责任感和良好的道德品质。百年大计,教育为本。而办好教育的关键在于教师,教师肩负着为社会培养合格人才的责任。

3. 幼儿园教师职业道德是从教育活动的特殊利益关系中引申出来的

幼儿园教师职业道德是教育劳动过程中人与人之间关系的反映,是通过教育劳动表现出来的。教育劳动的社会职能决定教师必须树立起为社会培养全面发展人才的道德责任感。教育劳动的社会职能,主要是通过教育培养出具有良好思想品德、掌握一定科学文化知识、体魄健全的人才,为社会和人民的利益服务。

二、幼儿园教师职业道德的特征

幼儿园教师的职业道德跟一般的职业道德、一般的教师职业道德有共同的地方,同时也存在一定的差异性:首先,幼儿园教师是教师行业的一个分支,不同于社会上的其他行业,具有教师这一行业职业道德的普遍特点。教师的职业道德具有不同于其他职业道德的特殊性存在,如:在道德意识上,教师职业道德比其他职业道德的要求更高;在道德行为上,教师的所作所为都被认为是高尚的,跟别的职业相比,教师更加受人尊敬;在道德影响上,要求教师为人师表,教师道德比其他道德更深远、更广泛。[1]其次,幼儿园教师具有不同于一般教师的职业道德特点。幼儿园教师面对的是0~6岁的孩子,此阶段的孩子处于智力、情感、身体等发育的关键时期,幼儿园教师的神圣性就在于要从幼儿出发的意识。在学前教育中,我们要求教师做到保教结合,因为孩子的发展具有复杂性。这个年龄阶段的孩子所具有的发展和成长的规律,使得幼儿园教师的职业道德更为重要,要求幼儿园教师给予更多的关心与爱护。因此,幼儿园教师职业道德的特点具体体现在以下六个方面。

---

[1] 朱法贞. 教师伦理学[M]. 杭州:浙江大学出版社,2001.

（一）师爱是幼儿园教师职业道德的基础

要做到有责任心、耐心、细心地对待幼儿，幼儿园教师首先必须做到爱孩子，爱这份职业，这是其他师德的前提条件。无论是家长、幼儿园教师还是园长都强调了幼儿园教师对儿童的爱。没有爱就没有教师，更谈不上教育。幼儿教师职业道德的爱不仅仅要求幼儿园教师对幼儿身体上的呵护，更要求幼儿园教师尊重每一个幼儿的人格，保障孩子的健康成长。只有对幼儿有爱，幼儿园教师才能全身心无悔地投入到这份事业中，才能更好地为了孩子们的成长而服务，才能为孩子创造安全、信任、和谐的教育氛围，才能温暖每一个孩子，才能为孩子的健康成长贡献出自己的力量，也才可能实现自己的人生价值与理想，在快乐中工作，在工作中实现自我价值。

（二）幼儿园教师职业道德标准具有较高的严格性

由于教师的任务，主要是对幼儿的人格加以影响和培养，帮助他们塑造高尚的灵魂，而不是简单地从外部去"雕琢"对象，这就对幼儿园教师提出了高标准、全方位的要求。幼儿园教师职业道德标准的严格性具体体现在社会对教师职业道德要求的高层次性，体现在对教师职业道德要求的全面性上。

（三）幼儿园教师职业道德的全面性

幼儿教师职业道德的本质是为了孩子的发展，为了孩子的一切。因此幼儿园教师职业道德与其他教师职业道德的本质区别在于，针对如此柔弱的儿童，幼儿园教师需要更多的关心、爱心。由于幼儿园教师面对的是学龄前的儿童，而这个年龄阶段儿童的特点要求幼儿园教师不仅仅要承担教学任务，同时还有保育任务，因此幼儿园教师所承担的责任更大，工作更为细致，面对的关系更多，因此幼儿园教师职业道德所涉及的范围更广泛。

（四）幼儿园教师的职业道德行为具有感染性与示范性

班杜拉观察学习理论中的充气娃娃实验证明了儿童通过观察别人的行为来学习，通过模仿别人的行为获得知识。而3~6岁孩子好奇心强、喜欢模仿，加上平时在幼儿园中跟老师相处的时间比较长，就更容易受到老师的感染。尤其是幼儿园教师职业道德行为，有着更强烈的示范性、感染性和榜样性，因为幼儿园教师的教育对象是广大的幼儿，他们的言行都会受到老师的影响。因此，为了对孩子时时处处都给予正面的、积极的影响，发挥榜样示范的作用，幼儿园教师应注意自身的一举一动、一言一行，从而给幼儿以耳濡目染、潜移默化、终身受益的"身教"。

（五）幼儿园教师的职业道德的影响具有潜在的深远性

教师职业道德的影响深入到幼儿的心灵，不仅影响幼儿的今天，而且影响幼儿的明天，甚至是幼儿的一生。这种影响具有潜在性，它所产生的效果不一定立竿见影，往往具有迟效性和后显性。幼儿园教师的职业道德，不仅影响幼儿，而且会通过幼儿影响家庭和社会，具有潜在性和深远性。

（六）幼儿园教师的职业道德内容具有鲜明的时代性

教师职业道德有自己的发展历史和独特内容，体现着人类的智慧和文明。在我国，教师职业道德的内容首先继承了优良的文化传统和优秀的师德遗产，如以身作则、为师重德、孜孜不倦等，涉及教师责任、教师职业良心等范畴。中国传统教师师德具有自己的特点，但是这并不意味着教师要彻底变革或者一味守护传统师德，而是要求教师与时俱进，丰富和发展中华民族的优秀师德，并不断反映时代对师德的要求。

【拓展阅读】

教师职业道德：从"爱"与"责任"说起[1]

修订后的《中小学教师职业道德规范》在第24个教师节到来之前正式公布了。细看可以发现，与1997年旧版本相比，新规范在保留原来基本内容的同时，增加了一些内容。其中，最引人注目的是"保护学生安全""抵制有偿家教""不以分数作为评价学生的唯一标准""终身学习"等内容，令人耳目一新。显然，这个规范反映了时代的变化，更加具有针对性，对教师队伍的要求也更高了。有人说，这个规范更鲜明地体现了"爱"和"责任"的核心思想，是深中肯綮的。

确实，经过了这十一个春秋的教育实践，人们对师德的理解和要求深化了。"爱"是师德中最基础的部分，没有"爱"就没有师德。鲁迅先生有句名言："教育是植根于爱的。"著名教育家陶行知说过："真正的教育是心心相印的活动，惟独从心里发出来，才能打到心的深处。"可见，"爱"对于教育工作者来说是何等重要。

没有"爱"的教育不是真正的教育。"爱"首先是一种发自内心的活动，世上没有勉强的"爱"，只有发自内心的"爱"，才能催生一种有道德的教育行为。有位幼儿家长对我介绍她的教育经时，说得很朴素：你只有爱孩子，才会真正关注他，才会知道哪些话孩子能够听懂，而哪些话孩子是无法理解的；才会体察孩子的每一个细微变化，知道他对知识掌握的程度，进行有针对性的、循序渐进的教育；只有"爱"才能在孩子面前真正赢得"话语权"。此话道出了教育的精髓。每一个孩子对"爱"都十分敏感，对伤害他们自尊心的行为和人本能地远离，这会使一切教育行为事倍功半，而相反，"爱"会拉近与孩子的距离，使教育变得充满感情、富有成效。更为重要的是，"爱"作为一种品格，是只有用"爱"的雨露才能培育出来的。

如果说"爱"是教育的出发点，只有在转化为"责任"之后，师德才能进一步体

---

[1] 周谦. 教师职业道德：从"爱"与"责任"说起[N]. 光明日报，2008-09-06（07）.

现为严谨的、有成效的教育活动。一个对学生有着深厚爱心的教师，也一定会是一位有强烈责任感的教育工作者。成功的教育必然伴随着"爱"和"责任"的付出。略略检索一下，这次师德规范中"爱"字出现了6次，基本包括"爱国守法""爱岗敬业""关爱学生"三个层面，虽然基本延续了原来版本，但一些新的责任性的规定深化了师德的内容。如"保护学生安全""抵制有偿家教""不以分数作为评价学生的唯一标准""终身学习"等，更加明确了教师肩负的光荣责任和义务。

道德只有发自内心才有力量，才能持久。如果仅仅靠外在的他律，就会大打折扣。教师和学校如果不从内心深处真正关爱孩子，其教育行为必然是扭曲的。有一些教师，被应试教育的潮流裹挟，放弃自己的职责，为一己私利，搞第二职业、有偿家教，有的学校甚至靠择校费敛财，缺少了一份"爱"的情怀和"责任"意识；还有许多人，死死抱住应试教育那套不放，把孩子分为三六九等，让幼小的心灵受到伤害，不管这些人的动机是什么，都绝不是出于"爱"和"责任"；而那些在灾难面前先为自己打算，将学生抛在一边的所谓教师，则完全丧失了师德，也就失去了作为教育者的资格。相反，那些对学生充满爱心，对教育事业充满激情，兢兢业业，一切为了学生，不断充实自己，提高自己，受学生爱戴，让人民满意的教师，才是教师队伍道德水准的代表，是人民教育事业的脊梁。

第三节　我国幼儿园教师职业道德的发展历程

幼儿园教师的职业道德发展是伴随着学前教育的发展而发展的，是伴随着学前教师这一职业的发展而发展的。在原始社会，由于生产力尚不发达，分工也较为简单，调整人们之间职业分工的职业道德较少，因此对幼儿园教师的职业道德并没有做过多要求。

奴隶社会时期，社会开始分阶级，王公贵族中出现了宫廷学前教育，可以分成两种，一种是保傅之教，即让三公（太傅、太师、太保）来教育孩子，另外一种是乳保之教，即挑选女子担任乳母和保姆进行胎教。在这里我们可以看见保教结合的身影。三公和乳母都是经过挑选的，三公都是朝廷德高望重的官员，而乳母则择优挑选，负责太子、世子德性的培养与日常起居的料理。可见，宫廷学校的出现体现了统治者对学前教育的重视，对幼儿教师精心挑选，由德高望重之人担任。这一时期，我们最为熟悉的孔孟就对教师职业道德提出了"敬业乐业""为人师表""学而不厌，诲人不倦"等思想。

到了封建社会，统治者非常重视教育，为了培养为统治者服务的人才，"学而优则仕"思想得到普及，学前教育得到进一步的发展，为后来的学前教育的发展奠定了基础。这一时期开始对保姆进行专门的培训，这无疑对将要成为"保姆"的幼儿教师提出了更高的要求，"德行道义兼备"是此时选择教师的一个重要标准，对幼儿教师"德"

的要求已经明确提出来了。

接下来，我们将着重从学制制度分析入手，对中国近代以来幼儿园教师职业道德的历史演进进行梳理和解读，以便更好地认识其发展规律，从而为理性看待当前幼儿园教师的行为失范及完善相关制度提供依据。

我国幼儿园教师职业道德在历史演进过程中经历了重构和微调：清末时期的"压迫性道德"在民国时期、社会主义时期进行了重构，民国时期经历了从"启蒙性道德"到"主体性道德"的微调，社会主义时期则经历了从"奉献性道德"到"涵养性道德"的微调。从"压迫性道德"到"涵养性道德"，是从文化压迫到人文关怀的人性化过程，也是从"普适道德"到"规范道德"的职业化过程，更是从"身份道德"到"专业道德"的专业化过程。

一、清末时期："压迫性道德"

清政府颁布的癸卯学制之《奏定蒙养院章程及家庭教育法章程》规定，在育婴堂和敬节堂内"划出一院为蒙养院，令其讲习为乳媪及保姆者保育教导幼儿之事"。[1] 这标志着中国开始有了专门的幼儿教育机构——蒙养院。蒙养院里的保姆由育婴堂的乳媪和敬节堂的节妇担任，入职标准以遵守封建道德和礼教为基本特征，对文化知识和学历则没有任何要求。保姆培训使用的是官编教科书，其内容来源于《孝经》《列女传》《女诫》以及"四书"等，也使用一些不违背中国妇道的外国家庭教育书刊。蒙养院里的保姆应是"三从四德""三纲五常""从一而终"等封建女性道德的典范和宣传者。在封建社会，女性被迫接受这些思想的驯化，长期遭受封建礼教的压迫与摧残，没有独立的人格与尊严，没有基本的自主权，终生为男人的奴隶。基于此，可将此种职业道德称为"压迫性道德"。

清政府于1907年出台的《学部奏定女子师范学堂章程》规定，"教授女师范生，须副女子小学堂教科、蒙养院保育科之旨趣，使适合将来充当教习、保姆之用"。该章程确定女子师范生的入学标准为"身家清白，品行端淑"[2]，并对女子师范生提出了具体的道德要求，"时勉以贞静、顺良、慈淑、端俭诸美德，总期不背中国向来之礼教与懿徽之风俗"[3]。这些道德要求看似温和，其背后却仍是一整套严密的封建社会道德规范，对女性的身体、言行和思想是一种全面的压迫。

从清政府颁布的政策文本来看，国家对蒙养园保姆的职业道德要求，体现了封建社会对女性的控制和压迫。中国蒙养院的出现并非是经济发展、解放女性劳动力的结

---

[1] 中国学前教育史编写组. 中国学前教育史资料选[M]. 北京：人民教育出版社，1989：93.

[2] 中国学前教育史编写组. 中国学前教育史资料选[M]. 北京：人民教育出版社，1989：99.

[3] 璩鑫圭，唐良炎. 中国近代教育史资料汇编：学制演变[M]. 上海：上海教育出版社，1991：576.

果，而是在特定的历史条件下学习日本、仿效西方的产物。在清政府摇摇欲坠之时，蒙养园保姆依然和那个时期的所有女性一样受到封建道德的压迫。

二、民国时期：从"启蒙性道德"到"主体性道德"

1912年的壬子癸丑学制，将蒙养院改名为蒙养园，对蒙养园保姆的任职资格作出了这样的规定："保姆须女子有国民学校正教员或助教员之资格，或经检定合格者充之。"[1] 1912年颁布、1916年修订的《修正师范学校规程》对师范学校的学生作了如下道德规定："富于美感，勇于德行""明建国之本原，践国民之职分""尊品格而重自治，爱人道而尚大公。"[2] 这是国家对所有教师（包括蒙养园保姆）的道德要求。在辛亥革命、五四运动和西方女权运动的影响下，民国初期，政府开始站在资产阶级公民的立场，把蒙养园保姆当作与男子平等的个体来对待，从而改变了封建女性道德的内涵，促进了女性的觉醒，因此，可称之为"启蒙性道德"。

1943年颁布的《教育部公布幼稚园设置办法》明确了幼稚园教员的任职资格："幼稚师范学校毕业或具有小学教员资格"。[3] 之前于1933年公布、1935年修订的《教育部公布师范学校规程》规定，师范学校实施下列训练："锻炼强健身体、陶冶道德品格、培养民族文化、培养终身服务教育之精神。"[4] 幼稚园教员要具有强健的身体、德业的修养、服务的精神，勇于承担历史使命和社会责任，积极实现自身的人生价值，真正成为社会性存在。1932年公布、1936年修订的《教育部公布幼稚园课程标准》规定："当团体作业时，如有少数儿童不愿参加，不必强迫"，"须体察儿童的心理，切合儿童的经验"，"教师是儿童活动中的把舵者，要使儿童跟着他的趋向而进行"。[5] 这些有关职业道德的要求，把儿童放在了重要位置，一定程度上关注了儿童的心理发展需要，体现了幼儿教育的内在规律。鉴于此，这种道德可称之为"主体性道德"。

幼儿园教师职业道德从"启蒙性道德"到"主体性道德"的发展，与当时的文化、教育背景密切相关。西方近代文化的冲击、中国传统文化的衰退，加速了中国传统伦理道德的裂变，为幼儿园教师的解放和发展提供了社会条件。同时，一些杰出的教育家将西方学前教育思想本土化，进一步发展了对幼儿教育和幼儿园教师的认识，使幼儿园教师职业道德能够基本反映特定职业活动的道德要求。

---

[1] 中国学前教育史编写组. 中国学前教育史资料选[M]. 北京：人民教育出版社，1989：225.

[2] 李友芝等. 中国近代现代师范教育史资料1-4[M]. 〔出版者不详〕，1983：224.

[3] 中国学前教育史编写组. 中国学前教育史资料选[M]. 北京：人民教育出版社，1989：229.

[4] 中国学前教育史编写组. 中国学前教育史资料选[M]. 北京：人民教育出版社，1989：244-245.

[5] 中国学前教育史编写组. 中国学前教育史资料选[M]. 北京：人民教育出版社，1989：239-240.

三、社会主义时期：从"奉献性道德"到"涵养性道德"

中华人民共和国成立前，老解放区制定的学前教育制度对幼儿园教师提出了较为具体、全面的道德规范：既无私奉献、艰苦奋斗、以身作则，又温和慈爱、耐心细致、公正团结。该道德规范以革命需要为基础，一定程度上兼顾了儿童的心理发展特点，为中华人民共和国成立后制定科学的幼儿园教师职业道德规范积累了宝贵的经验。

1952年颁布的《师范学校暂行规程（草案）》明确要求经师范学校培养的幼儿教育师资应"全心全意为人民教育事业服务"[1]。1960年颁布的《师范教育改革座谈会关于师范教育教学改革的初步意见（草稿）》规定，要培养出"具有共产主义的世界观和共产主义的道德品质"的人民教师。[2]1983年颁布的《教育部关于加强小学在职教师进修工作的意见》提出"必须建立一支又红又专的合格的保教队伍"。[3]以上有关幼儿园教师职业道德的表述体现的是国家和集体利益至上的观念，强调的是幼儿园教师对社会的贡献，基本忽略个体生存和发展的需要。因此，我们称之为"奉献性道德"。

国家教育部1996年颁审的《幼儿园工作规程》（以下简称《规程》）规定："幼儿园工作人员应拥护党的基本路线，热爱幼儿教育事业，爱护幼儿，努力学习专业知识和技能，提高文化和专业水平，品德良好、为人师表，忠于职责，身体健康。"[4]《规程》淡化了大公无私、不计回报的道德高标，凸显了基本的职业道德规范，从而为幼儿园教师提供了更大的道德选择空间。国家教育部2012年颁布的《幼儿园教师专业标准（试行）》（以下简称《标准》）则规定：幼儿园教师应"热爱学前教育事业，具有职业理想，践行社会主义核心价值体系，履行教师职业道德规范；关爱幼儿，尊重幼儿人格，富有爱心、责任心、耐心和细心；为人师表，教书育人，自尊自律，做幼儿健康成长的启蒙者和引路人"。《标准》秉承的是人本主义的教师观，关注的是行动者应具有健康的身心和健全的人格，并关注行动者的职业发展和专业前景，强调了职业道德的情感性、教育性。因此，我们将这种职业道德称作"涵养性道德"。

伴随着中国社会经济的转型、政治的变革、外来文化的引入以及幼儿教育的发展，幼儿园教师职业道德不再仅仅附庸于政治价值，更加关注行动者个体，从而为这个职业群体提供了更大的道德自由度。

由以上我国幼儿园教师职业道德的发展历程可总结出，我国幼儿园教师职业道德的发展总体上朝着人性化、职业化、专业化的方向发展。[5]

首先，人性化：从文化压迫到人文关怀。

从"压迫性道德"到"涵养性道德"，文化压迫渐趋淡化、人文关怀逐渐凸显。"压

---

[1] 何东昌.中华人民共和国重要教育文献[M].海口：海南出版社，1998：157.
[2] 何东昌.中华人民共和国重要教育文献[M].海口：海南出版社，1998：983.
[3] 何东昌.中华人民共和国重要教育文献[M].海口：海南出版社，1998：2069.
[4] 何东昌.中华人民共和国重要教育文献[M].海口：海南出版社，1998：3952.
[5] 吴静.从"压迫性道德"到"涵养性道德"——浅议中国幼儿园教师职业道德的历史演进[J].幼儿教育（教育科学），2013（11）.

迫性道德"将幼儿园教师异化为维护封建社会秩序的工具，对其言行和思想进行全面且彻底的规训。从"启蒙性道德"到"主体性道德"的演变过程，则是逐渐把女性看作是与男性一样要承担社会责任与历史使命的社会主体的历程。从"奉献性道德"到"涵养性道德"，可看成是由片面强调幼儿园教师对社会的贡献，渐渐发展到对教师个体的全方位关怀的演变过程，即国家越来越重视幼儿园教师作为个体的利益和自我实现。

其次，职业化：从"普适道德"到"规范道德"。

幼儿园教师职业道德百年演进历程中职业色彩日益浓厚，道德规范性不断提高。"压迫性道德"实质上是封建社会的女性道德，基本适用于封建社会的所有女性，所以我们称之为"普适道德"。民国初期体现的是针对所有教师的职业道德，民国后期则出现了对幼儿园教师这个特定职业群体的道德规范。社会主义时期，尤其是改革开放后，幼儿园教师职业道德的规范性体现出科学性和可操作性两个方面的特点。第一，正确而全面地反映了儿童教育内在的道德要求，包含了对幼教场域中特定群体的职业规范、职业素养、职业操守、职业技能和职业理想等的规定，并将这些规定以专业标准的方式制度化。第二，幼儿园教师职业道德的可操作性有所增强，因此，我们称之为"规范道德"。

最后，专业化：从"身份道德"到"专业道德"。

幼儿园教师职业道德的重大飞跃是从"身份道德"到"专业道德"的转换。"压迫性道德"是清政府要求幼儿园教师作为封建秩序维护者和宣传者的身份赋予的；"启蒙性道德"体现了幼儿园教师作为资产阶级公民对宣传资产阶级思想应尽的责任；而"主体性道德"逐渐从幼儿教育专业的角度考虑幼儿园教师的职业道德要求。从"奉献性道德"到"涵养性道德"的发展，意味着"身份道德"的重要性降低，而"专业道德"的关注度提升。"涵养性道德"密切联系了幼儿园教师的专业活动过程，更多地关注他们的专业需要和专业理想，以专业标准的方式制定相关制度，以期为幼儿园教师提供"专业道德"指引。

第四节 幼儿园教师职业道德的功能与价值

一、幼儿园教师职业道德的功能

职业活动的正常进行，除了必要的法规、法律约束外，还需要职业道德的调节，即通过社会舆论、传统习惯和人们内心信念的力量来影响和约束人们的职业行为，发挥它应有的社会功能。幼儿园教师职业道德的功能是多方面的，不仅对教师个人、教师集体、幼儿具有重要功能，同时对教育事业及社会都有重要功能，主要表现为教育功能、调节功能、激励功能、保障功能、评价功能以及促进功能。

（一）教育功能

所谓教育功能，主要是指通过师德原则、规范、范畴的学习和指导，运用说理感化、评价、激励、榜样示范等方式来教育教师正确认识和对待自己所从事的事业，正确认识自己、善待他人，正确认识对他人、对社会应尽的责任和义务，以此形成教师的道德信念、风范和判断能力，约束自己的行为，塑造教师的人格，从而提升教师的精神境界和师德水平，强化教师的事业心和责任心。

幼儿园教师职业道德的教育功能主要体现为其可以帮助幼儿园教师正确认识教师劳动的意义和价值。教师劳动具有重大的社会价值，突出表现在对延续和发展人类社会的巨大贡献上。教师是专门传播知识、开发智慧、启迪心灵的人，教师的工作，联系着人类的过去、现在和将来。没有教师，社会文明的传播和发展就会延缓，社会进步也会随之推迟。同时，教师劳动也能够实现教师自身的个人价值。教师在奉献的过程中，同样也成就着自己。

（二）调节功能

所谓调节功能，主要是指通过教育、评价、沟通等方式和途径，指导和纠正教师的职业行为，协调教师劳动中出现的各种关系和各种矛盾。它是幼儿园教师职业道德中最基本也是最重要的功能。

在幼儿园教师劳动过程中，存在多方面的关系需要调节，如教师与幼儿之间的关系、教师与同事间的关系、教师与家长之间的关系、教师与社会之间的关系，等等。同时，在教师从教过程中，也会存在各方面的矛盾和冲突，如职称冲突、教学评优、工资晋级等。协调这些关系和矛盾冲突，只靠行政命令是很难奏效的，而教师职业道德，作为一种来自教师的更灵活有效的调节体系，能够告诉教师什么是该做的、什么是不该做的、什么是合理的、什么是不合理的，从而使教师在职业过程中有明确的道德意识，选择正确的道德行为。另外，通过教师职业道德的调节作用，还能将教学活动中的各种关系制约在一定的秩序中，形成良好的治学和教学环境，使教师工作在和谐融洽的氛围中，从而保证教育工作的顺利进行。

（三）激励功能

教师职业道德的激励功能，主要是指职业道德能够激励教师专业化的发展。

1966年，联合国教科文组织在《关于教师地位的建议》中提出了必须将教师职业视为专业。在教师的专业化已经成了不争事实的今天，幼儿园教师的专业化却在教师行业中有所淡化，在现今社会上仍然有很多人认为幼儿园教师就是一群带着孩子玩的保姆，是随时能够被从事其他行业的人取代的，相对于别的教师而言，人们对幼儿园教师这一职业的认同度不高。

幼儿园教师职业道德促使幼儿园教师更加专业化。一个行业专业化发展的重要标志之一是有本行业的职业道德伦理，以约束行业的从业人员，使其能够更加快速健康地成长。在幼儿园教师职业专业化的进程中，随着《幼儿园教师专业标准（试行）》的颁布，以及社会对幼儿园教师职业道德的期望和呼声也越来越高，促使幼儿园教师这一职业对自身有了更高的要求。幼儿园教师的职业道德本身是对幼儿园教师自身约束力的一种体现，是追求自身不断提高的行为标杆。教师行业的专业化，促进了教师职业道德的专业化，同时，教师职业道德的越来越专业化，也促进了幼儿园教师这一职业的专业化。二者相互促进，共同发展。

（四）保障功能

教师具有良好的职业道德，能够保障幼儿的健康成长。孩子是祖国的未来，孩子的成长小到关系一个家庭，因为他们是维系一个家庭的纽带，大到关系一个国家，因为他们是祖国未来的接班人。幼儿园教师所面对的主要是3~6岁的孩子，这么大的孩子，在生理上，没有完全的自理能力，因此幼儿园中的教育要求幼儿园教师做到保教结合，幼儿园教师不仅需要在教育孩子上面起到帮助其成长的作用，同时在保育方面给予孩子关心爱护；在心理上，幼儿时期正是孩子心理发展的重要启蒙时期，因此幼儿园教师对孩子的成长具有举足轻重的作用。

根据皮亚杰的认知发展理论，儿童是在与环境的互动中主动发展的，所以教师的一个重要任务就是为幼儿提供良好的环境。一方面是宽松、自由、平等的对话式的心理环境，另一方面是丰富、多元、动态发展的物质环境。幼儿所处的环境多半是我们大人所给予的，幼儿园教师是每天除了家长以外跟孩子接触最多的人，因此作为重要的影响因素，幼儿园教师在与孩子的日常交往中需要规范自己的行为，要意识到自己的行为给他们带来的影响很可能是伴随孩子一生的。

（五）评价功能

教师的任务是教书育人。当教师的职业行为符合教师的职业道德规范并产生良好的效果时，必然会受到幼儿的喜爱、家长的拥护、社会的尊重。这种成就感、荣誉感和信任感反过来又会激发教师对工作的热情和信心，使教师全身心地投入到教育活动中，更加坚定对职业道德的信念，不断完善个体的道德品质。反过来，当教师的职业行为违背了职业道德要求、造成不良社会效果时，幼儿、家长及社会就会给予教师否定评价，这势必会对教师造成一定的心理压力和社会舆论压力，同时也会唤醒教师的职业道德良知，重新审视自己的职业行为，以督促自身、矫正错误的道德观念，杜绝不符合教师职业道德的行为，以达到人们所期望的社会效果。由此可见，教师职业道德的这种评价功能，对于幼儿园教师的职业行为具有积极的导向作用。

（六）促进功能

幼儿园教师职业道德的促进功能，主要表现为对社会精神文明建设的促进作用。首先，教师职业道德本身属于社会主义道德建设的一部分，加强教师职业道德的建设，提高教师的职业道德素养，营造良好的行业之风，对于其他职业乃至整个社会的道德建设都将产生积极的影响。其次，教师职业道德将通过幼儿广泛影响社会。教师的道德品质、敬业精神、行为表现，对幼儿的成长有着不可忽视的影响，当一批又一批的学生带着教师道德品质的影响或"种子"走向社会，在各自的生活和工作中会自觉或不自觉地影响身边的人，从而促进整个社会的道德建设。最后，教师职业道德还将通过教师自身的言行影响他人和社会。教师的一言一行、一举一动，对家庭成员、亲朋好友、左邻右舍等，都有一种直接或间接的影响，并最终对整个社会的精神文明建设产生作用。

二、幼儿园教师职业道德的价值

【拓展阅读】

教师职业道德的价值定位[1]

教师劳动必然创造价值，满足社会需要创造社会价值，同时也实现了自身价值，教师职业道德是顺应社会需要而产生并发展的。邓小平同志指出："一个学校能不能为社会主义建设培养合格人才，培养德智体全面发展，有社会主义觉悟的有文化的劳动者，关键在教师。"

1. 教师职业道德的道义价值

教师职业道德的道义价值主要体现在教师的职业功能和教师职业的社会性上。教师的职业责任是为社会培养所需的各类人才，在培养人才的过程中，一方面教师职业道德规范着教师以高尚的人格品质、健康向上的精神面貌以及高雅的行为举止去影响学生，成为学生学习和效仿的榜样，从而使学生学会为人处世，成为社会的有用之材；另一方面，教师职业道德要求教师以正确、积极而有效的方式向学生传播社会道德和真理，使社会真善美的一面深入人心，为人们广泛接受，从而为社会营造一个良好的道德环境、生活环境和社会风气。此外，当教师的职业道德成为教师人格的组成部分时，他们便会自觉地在社会生活中用正确的思想观点和态度对待社会事物，以合乎道德的标准来评价社会事物，以正确的方式处理社会事物，使社会事物更加趋善近美，从而推动和谐社会的构建进程。

2. 教师职业道德的教育价值

教育机构自古以来一直被视为道德教化的重要场所和世间的一片净土，人们对教育工作者在道德上的要求一般都高于从事其他职业的人员。所以，教师所具备的职业道德也在一定程度上广泛而深入地影响着社会成员乃至整个社会的进步与发展。教师职业道德作为一种精神和人格表现，其价值既体现在对教师的自身教育中，又广泛地体现在民族素质的提高和社会的发展之中。

---

[1] 徐建. 教师职业道德的学理构造及培育途径研究[D]. 苏州大学 2007.

3. 教师职业道德的文化价值

教师职业道德作为一种文化现象，在不断汲取社会道德和其他文化因素的营养过程中，以其特有的方式展现在教师从事的教育事业中，具体表现在职业习惯、思想态度、观念、情感和价值取向等方面，这些都构成了教师精神世界的重要组成部分。它调节着教师的职业行为，推动教师不断完善自我修养。完善和优化职业行为，促使教师向理想的职业人格和更高的精神境界努力。当这种职业精神形成一种风气时，便成为一种文化。新时期教师职业道德的价值应体现出净化的社会道德风气，为社会各行各业提供可资学习的楷模，促使人们树立正确的价值观、道德观、生活观和健康的审美情趣，使人们形成高雅、文明的行为习惯，进而推动社会主义事业的健康发展。

由以上材料我们可以知道教师职业道德的价值，加强幼儿园教师职业道德的修养，则有利于教师履行基本职责，有利于贯彻教育方针，有利于完善教师道德品质，有利于弘扬社会主义风尚。具体来说，幼儿教师职业道德的重要作用主要表现在以下四方面。

（一）幼儿园教师职业道德是履行教师基本职责的根本

《国家中长期教育改革与发展纲要（2010—2020年）》中指出："严格教师师资，提升教师素质，努力造就一支师德高尚、业务精湛、结构合理、充满活力的高素质专业化教师队伍……加强师德建设。加强教师职业理想和职业道德教育，增强广大教师教书育人的责任感和使命感。教师要关爱学生、严谨笃学、淡泊名利、自尊自律，以人格魅力和学识魅力教育感染学生，做学生健康成长的指导者和引路人。"这些要求都明确了教师职业道德在教育活动中的重要地位和作用，尤其以教育改革和发展规划的方式将其提出来，更说明了教师职业道德与教育质量、教育根本目的、教师天职之间的密切关系，对实际教学行为当中教师职业道德的实践能够起到积极的促进和影响作用。

（二）幼儿园教师职业道德是教师贯彻教育方针的基石

教师职业道德是贯彻教育方针政策的有力保障。党的十八大报告中明确提出："要坚持教育优先发展，全面贯彻党的教育方针，坚持教育为社会主义现代化建设服务，为人民服务，把立德树人作为教育的根本任务，培养德智体美全面发展的社会主义建设者和接班人……加强教师队伍建设，提高师德水平和业务能力，增强教师教书育人的荣誉感和责任感。"这是新时期党的教育方针政策中对教师提出的新要求。将"立德树人"规定为教育的根本任务是这次报告的新观点，也是新时期教育工作重心的转移。这里强调了教育工作中，教师对学生道德素养和道德行为能力培养的重要性，提出了树立道德理想和育人之间的密切关系，重申了在"德育""智育""体育""美育"中"德育"的重要地位。幼儿园教师承担了多种角色，既是知识的传播者、文明的使者，又是教育方针政策的践行者，同时也是道德教育和思想政治教育的实施者。幼儿园教师的工作离不开对教师职业道德的良好理解和具体践行。只有当幼儿园教师具备了良好的职业道德素养，才能确保教育方针政策的全面贯彻落实，才能培养出德智体美劳全面发展的社会主义建设者和接班人。

（三）幼儿园教师职业道德有利于教师道德品质的完善

教师的道德品质是指以教师为职业的道德主体所特有的行为习惯和行为特征，是教师在处理个人和他人、个人与社会的利益关系时所表现出来的稳定倾向和一贯表现。教师道德品质是教师行为的体现，它反映了一个教师的道德觉悟水平、道德认知能力和道德修养境界。教师道德品质不仅具有一般道德品质的特征，而且具有教师的职业特点。教师道德品质的构成主要有道德认知、道德情感、道德意志、道德行为四个方面。这四个方面不是彼此孤立的，而是具有内在的、必然的联系。道德认知是整个道德品质发展的前提，道德情感、道德意志、道德行为都是在一定的道德认知的指导下形成的。没有正确的认识，道德情感就无从产生；没有强烈的道德情感，道德意志就不能持久；没有坚定的道德意志，就无法形成正确的道德行为。

一般来说，幼儿园教师良好的道德品质包括热爱幼儿、公平正义、严于律己等。良好的道德品质是做好教师的第一要素。幼儿园教师只有提升自身的道德品质，完善道德素养，才能有效地完成自己的工作。

（四）加强幼儿园教师职业道德建设有利于弘扬社会主义风尚

近年来，有关幼儿园教师道德失范、诚信缺失的现象时有发生，这些负面的现象不仅对教师职业、幼儿的发展产生了消极影响，甚至严重影响了社会的和谐。因此，加强幼儿园教师职业道德建设，可以进一步传承优秀的人文精神，弘扬良好的社会风尚。

提高幼儿园教师的职业道德素养，有助于教师从内心牢固树立"幼吾幼以及人之幼"的观念，弘扬中华民族的传统美德，这也能从根本上杜绝幼儿园教师道德失范的现象。

加强幼儿园教师职业道德建设，有助于幼儿园教师抵制社会中形形色色的诱惑，有利于增强幼儿园教师队伍的稳定性。幼儿园教师只有能够甘于本职工作，才能在教育过程中更好地弘扬社会中的真善美。

【名人名言】

如果教师只爱自己的专业，那他可能成为一个会教书的教师；如果教师既爱自己的专业，又爱学生，那他将是一个完善的教师。

——（俄）列夫·托尔斯泰

老吾老以及人之老，幼吾幼以及人之幼。

——《孟子·梁惠王（上）》

教师教育的全部就是为人师表。

——陶行知

使学生对教师尊敬的唯一源泉在于教师的德和才。

——爱因斯坦

在教育中，一切都应基于教师的人格，因为教育力量是只有活动的人格源泉中产生出来的。

——乌申斯基

儿童将找到通向文化修养和通向完善的道路呢，还是一切东西都将归于毁灭呢，责任在教师身上。一切决定于教师。

——蒙台梭利

【思考与讨论】

1. 理解幼儿园教师职业道德的内涵与特征。
2. 结合我国幼儿园教师职业道德的发展历程谈谈幼儿园教师职业道德的发展趋势。
3. 结合实际阐释幼儿园教师职业道德的功能。
4. 在当前社会背景下，幼儿园教师职业道德有何现实价值和意义？

【参考文献】

[1] 何东昌. 中华人民共和国重要教育文献[M]. 海口：海南出版社，1998.
[2] 杨芷英. 教师职业道德[M]. 北京：高等教育出版社，2007.
[3] 朱法贞. 教师伦理学[M]. 杭州：浙江大学出版社，2001.
[4] 黄正平，刘守旗. 教师职业道德新编[M]. 南京：南京大学出版社，2010.
[5] 钱焕琦. 教师职业道德[M]. 上海：华东师范大学出版社，2008.
[6] 刘济良. 幼儿教师职业道德[M]. 上海：复旦大学出版社，2013.
[7] 宦平. 教师职业道德[M]. 北京：中国劳动社会保障出版社，2013.
[8] 陈大伟. 教师职业道德[M]. 北京：高等教育出版社，2015.
[9] 王淑芹. 教师职业道德新编[M]. 北京：高等教育出版社，2016.

第二章　幼儿园教师职业道德原则

【学习提要】

幼儿园教师在教育实践活动中，必须遵循一定的道德原则，以调整教育实践过程中的各种关系，保证教育实践活动的正常进行。幼儿园教师职业道德原则作为对教师行为的基本要求和评价标准，在幼儿园教师职业道德体系中居于主导地位，是幼儿园教师应当遵循的最根本的道德规范要求。为此，认真学习、践行、研究教师职业道德原则，是做一名合格的幼儿园教师的起码要求。

【典型案例】

舍身护幼儿，并非偶然之举[1]

四床棉被晒在同一根铁丝绳上，大风中铁丝绳竟将绳子一端的砖砌水泥柱生生拉断，而水泥柱下正有3名幼儿在玩耍。千钧一发之际，坐在旁边家访的33岁幼儿园教师贺丽明奋力推开幼儿，几乎在同一瞬间，倒下的水泥柱重重地砸在她的身上……这是昨天上午发生在丹徒区谷阳镇上麓村的惊险一幕。其中两名幼儿的母亲乐梦菁惊魂稍定后给本报打来电话，请记者一定要表扬这名老师，"要是没有贺老师，我的小孩可能当场就没了"。

昨天上午10时许，谷阳镇乖乖幼儿园老师贺丽明来到上麓村家访，这是一个外来人员集中居住地，小小的院子里住着几户外来人员，乐梦菁就是其中的一位。

乐梦菁有一个6岁男孩与一个4岁女孩，两个孩子都在乖乖幼儿园上学。看到老师贺丽明来家访，孩子们都围在了老师身边，乐梦菁邻居家3岁大的男孩也跟着过来玩耍。

当天天气晴朗，贺丽明坐在屋檐下与几名小孩的家长边晒太阳边聊家常，谈谈小孩在幼儿园里的表现。院子里，大人们把被子拿出来晾晒，晾晒的铁丝绳一端系在墙上，另一端系在屋檐下的砖砌水泥柱上。

乐梦菁说，老师刚坐了不到10分钟，院子里传来"吱吱"的响声，晾晒的棉被突然往下一沉，原来是水泥柱被铁丝绳拉倒，正向一旁玩耍的几名幼儿砸去。

面对突发险情的这个瞬间，贺丽明猛地站起，张开双手，护住三名幼儿的同时奋力将他们往院子中心推去。幼儿全都安然无恙，贺丽明却被倒下的水泥砖柱砸中背部，跌倒在地，无法动弹。

---

[1] 李清. 舍身护幼儿，并非偶然之举[N]. 中国教育报，2015-02-15.

水泥砖柱为正方形，边长约 30 厘米，高度约 3 米多。倒在地上的水泥砖柱已摔成数截，原来小孩拿在手里的玩具也被砸碎了。乐梦菁说，如果砸到小孩，后果不堪设想。

意外情况惊呆了所有人，回过神来后，大家连忙拨打 110 和 120 报警。很快 120 救护车赶到现场，将贺丽明送到丹徒区人民医院抢救。经初步检查，贺丽明无生命危险，但半个身体活动受碍，目前正住院治疗。

贺丽明在乖乖幼儿园已工作了两年，她说："当时情况危急，容不得我多想，心中只有一个念头，一定要保护孩子的安全。"激动得话都说不清的乐梦菁说，她今天准备带孩子们去医院看望贺老师，当面表示感谢。

思考：
1. 从勇救幼儿的贺丽明身上，我们看到了什么？想到了什么？
2. 作为一名幼儿教师，如果是你，你将如何抉择？

第一节　幼儿园教师职业道德原则的内涵与要求

一、幼儿园教师职业道德原则的内涵

在人类社会中，各种职业都以自己独特的方式，从不同的角度为一定的社会和阶级服务。各种职业道德往往是一定社会与阶级道德原则的"具体化""职业化"。每一种职业类型的规范体系，都贯穿着一个基本的道德原则。

道德原则是一定社会或阶级对人们行为提出的最基本的要求，是道德体系的核心，也是人们立身处世的基本原则，更是判断是非、善恶的标准。道德规范是比较具体的道德原则，它是在一定条件下、一定范围内人们立身处世、评价是非和善恶的标准。从道德规范体系来看，原则与规范的区别不是绝对的，主要在于两者的应用范围不同。道德原则是总的道德规范，道德规范则是具体的道德原则。道德规范受道德原则的指导，而道德原则又必须通过道德规范，才能显现它的作用。道德原则具有普遍性、相对稳定性和一贯性。只要社会经济关系、阶级关系不发生根本性变化，道德原则就是不变的。道德规范则会受到社会经济关系的制约和其他各种社会因素的影响。因此，相对于道德基本原则来说，道德规范具有较大的变动性和局限性。[1]

一般来说，幼儿园教师的职业道德原则是教师在幼儿教育劳动过程中，处理个人与国家幼儿教育事业、个人与幼儿园、个人与幼儿、个人与同事等各种关系中应遵循的最根本的指导准则。它是幼儿园教师职业道德社会本质的几种体现，是社会对幼儿园教师职业行为总的道德要求。它不仅对幼儿园教师这一职业行为作出了具体规定，而且对从事幼儿园教师活动的教师具有广泛指导性和普遍约束性，是具体的师德规范

---

[1] 王兰英，黄蓉生. 教师职业道德[M]. 北京：高等教育出版社，2000：58-59.

和范畴的依据。[1]对于幼儿园教师职业道德原则的含义，我们可以从以下三方面来理解和把握。

（一）幼儿园教师职业道德原则是区别于其他类型职业道德的标志

由于各行各业的服务内容不同，服务方式不一，服务对象各异，因此有着不同的职业义务和职业责任，以及职业行为上的道德准则。因为职业道德着重反映本职业特殊的利益和要求，是在特定的基础上形成的。有些行业中的道德规范要求也有相似之处，但职业道德原则鲜明地表达了本职业的服务宗旨。

（二）幼儿园教师职业道德原则指明了教师道德行为的总方向

道德行为是现实社会生活中最基本的道德活动现象。各种类型的社会或阶级道德，都在于使人们的行为达到它的原则和规范所提出的要求，并且总是具体地体现在人们的道德行为及由道德行为组成的道德关系中。因为道德行为主要是个人基于他人和社会利益的某种自觉态度和自主选择的结果，所以当幼儿园教师明确和自觉接受了教师职业道德的原则后，就会按照这个原则来指导自己的道德行为和道德活动。幼儿园教师职业道德原则指明了教师道德行为的总方向。

（三）幼儿园教师职业道德原则在教师道德的理论和实践中具有概括性和稳定性

幼儿园教师职业道德原则是教师在任何情况下都必须遵循的道德行为标准，也是用以评价和判断教师行为是非善恶的标准，它表现出幼儿园教师职业道德的实质。幼儿园教师职业道德原则是一定社会、一定阶级的所有教师在教育教学实践中不断总结、提炼出来的，既具有概括性，又具有稳定性。它不能由哪一位教师、哪一所学校来随意改变。

二、幼儿园教师职业道德原则的要求

（一）要求教师树立正确的"三观"，全心全意地投入幼儿园教育事业

幼儿园教师要依据教师职业道德原则的要求，树立正确的、科学的、崇高的"三观"，即世界观、人生观和价值观。因为"三观"既是提高教师自身思想道德素质的需要，又是社会主义现代化建设事业的客观要求，还是抵制和批判各种腐朽思想的需要。幼儿园教师用辩证唯物主义和历史唯物主义的观点去观察、分析、认识保教育人的一切现象，就会用正确的立场、观点和方法来指导自己的言行。用这样的世界观去认识幼儿园教师的人生问题，就必然形成科学的人生观。一个人的人生目的，往往是与其他的职业相联系的。幼儿园教师职业是社会主义事业的重要组成部分，教师以忠诚于幼儿园的教育事业为人生目的，就会对自己的职业有充分的认识，真正做到为人民的

---

[1] 刘济良. 幼儿教师职业道德[M]. 上海：复旦大学出版社，2013：115-116.

教育事业鞠躬尽瘁、奋斗终生。

(二)要求教师树立崇高的理想、信念和价值目标

幼儿园教师树立崇高的理想、信念和价值目标，就会在职业实践中把追求远大的目标与平凡的幼教工作紧密联系起来，就会确立志向、建立信心、产生事业心，从而产生巨大的精神力量，兢兢业业、任劳任怨地干好幼儿教育事业。理想是决定事业方向、推动事业发展的一种精神力量，事业是实现理想必不可少的桥梁，是幼儿园教师将理想付诸行动的具体实践。有了崇高的理想、信念和价值目标，幼儿园教师就会在繁重、艰难的幼儿园工作中用开拓进取的精神振兴教育，用较大的胆略和气魄去改革创新，用攀登的精神去为自身的教育事业奋斗，敢于走前人没有走过的路，敢于向未知领域进军。有了崇高的理想、信念和价值目标，幼儿园教师就能清醒地认识时代所赋予自己的历史责任和使命。

(三)要求教师掌握丰富的科学文化知识和高超的教育技能，具备娴熟的专业能力

幼儿园教师的专业知识来自人类文明的宝库，其精华集中体现在幼儿园的教学活动中。专业知识是衡量一个幼儿教师是否合格的标准，是幼儿园教师教养幼儿所必须具备的业务素质。幼儿园教师只有不断学习，涉猎更为广阔的知识，刻苦钻研，不断优化自己的专业知识结构，才能增强与幼儿发展相关的知识，才能增强与幼儿保育和教育相关的知识以及通识性知识。幼儿园教师只有增强了理论知识，才能在实践中有效的运用知识，也才能在实践中不断提高自己的专业能力，如环境创设与利用的能力、日常生活的组织与保育能力、游戏活动的支持与引导能力、教育活动的计划与实施能力、激励与评价的能力，等等。

(四)要求教师具有顽强的意志和毅力以及崇高的精神境界

意志是幼儿园教师在幼儿园工作过程中，自觉排除各种障碍，克服各种困难的毅力和能力。教师如果没有顽强的意志，就会在困难面前畏缩不前、寸步难行，甚至畏惧退缩、半途而废。幼儿园的工作艰巨而复杂，加之社会上的利己主义、功利主义、享乐主义、拜金主义等腐朽思想的影响，必须要求幼儿园教师具有崇高的精神境界，自觉抵制腐朽思想的影响，不消极、不抱怨，真正做到兢兢业业、专心致志，献身教育事业。

第二节 幼儿园教师职业道德原则的地位与作用

一、幼儿园教师职业道德原则是幼儿园教师职业道德体系的核心

幼儿园教师职业道德原则集中反映了幼儿园教师职业道德的本质，对幼儿园教师

的道德实践具有重要的指导意义。幼儿园教师在幼儿园工作过程中，只有自觉遵循基本的职业道德原则，才能顺利地解决工作中的基础性问题和不可预料的矛盾，进而推动幼儿园各项工作的顺利开展。幼儿园教师职业道德原则对幼儿园教师在幼儿园的各项工作具有普遍的约束力，在幼儿园教师职业道德体系中处于核心地位，具体表现在以下几个方面。

（一）幼儿园教师职业道德原则具有基准性

幼儿园教师职业道德原则是幼儿园教师在道德实践中进行道德教育、道德修养、道德选择和道德评价时必须遵循的基本原则，是幼儿园教师道德实践活动的行为准则。它对幼儿园教师的道德行为具有普遍的约束力和指导意义。

（二）幼儿园教师职业道德原则具有本质性

幼儿园教师职业道德原则是幼儿园教师职业道德的社会本质最直接、最集中的反映，是幼儿园教师职业道德区别于其他不同类型道德的最根本、最显著的标志。

（三）幼儿园教师职业道德原则具有稳定性

幼儿园教师职业道德原则具有较强的抽象性，而教师职业道德规范具有相对具体性。具体的往往是复杂多样的、易变的，抽象的往往是概括性的、稳定的。随着社会经济、政治、文化的发展，以及幼儿园教师职业活动环境的变化，幼儿园教师职业道德规范中的具体要求也必然会随之有所调整和变化，而幼儿园教师职业道德原则相对来说则比较稳定。

（四）幼儿园教师职业道德原则具有独特性

幼儿园教师的职业道德原则既不同于其他职业类型的道德原则，也在很大程度上不同于其他阶段教师的职业道德原则。因其教育对象的特殊性以及工作环境的特殊性，幼儿园教师职业道德原则拥有属于自身的独特性。

二、幼儿园教师职业道德原则的作用

（一）幼儿园教师职业道德原则是整个幼儿园教师道德体系的根本标志，具有普遍的指导作用

教师职业道德原则，总是以最普遍的形式反映着一定社会、一定阶级对幼儿园教师道德提出的最根本要求，代表着该社会、该阶级在教育领域里的最根本利益，是特定教师道德体系基本性质的集中体现，是区别于其他类型教师道德体系的根本标志。[1]一种教师职业道德，从总体上讲究竟是为哪个阶级服务的，在社会历史发展的进程中

---

[1] 龚乐进，张贵仁，王忠桥．教师职业道德[M]．北京：北京师范大学出版社，1992：60．

究竟是起促进作用还是阻碍作用，归根结底，要看这种教师职业道德原则是什么。所以我们说，幼儿园教师职业道德原则决定着整个体系的发展方向。

由于幼儿园教师职业道德原则规定了教师道德行为总的方向和性质，贯穿于教师道德发展的全过程和教师道德活动的各个领域，因而它的指导性和约束性是最普遍的，这种普遍的指导作用和约束力，使幼儿园教师职业道德原则不同于一般的道德规范，而在整个教师道德规范体系中占主导地位，起支配作用。

（二）幼儿园教师职业道德原则是整个幼儿园教师道德体系的核心内容，具有统率作用

教师职业道德原则，通过回答教师应当为哪个社会、哪个阶级的教育事业服务，应当为哪个社会、哪个阶级培养接班人，解决了教师在教育过程中遇到的最本质的关系和矛盾，鲜明地表达出一定的教师职业道德体系的核心内容。各个教师职业道德规范，都是围绕着教师职业道德原则而展开的，是其在各方面道德关系中的具体运用和体现。而教师职业道德范畴，则是从属于教师职业道德基本原则和教师职业道德规范的，同时又是对它们的一种补充。如果我们把整个幼儿教师道德体系看作一个网的话，那么，幼儿园教师职业道德原则是这个网上的一个纲，各个幼儿教师职业道德规范是这个网的经纬线，幼儿教师职业道德范畴是这个网上的纽结。[1]所以说，在幼儿园教师职业道德体系中，幼儿园教师职业道德原则起着提纲挈领的作用。

（三）幼儿园教师职业道德原则是整个幼儿园教师道德体系的最高准则，具有裁决作用

幼儿园教师职业道德原则对整个幼儿园教师道德体系中的一切具体规范和范畴都具有约束力，是评价幼儿园教师道德行为的最高道德准则。有的时候，幼儿园教师的道德行为表面上看来似乎符合某一具体道德规范的要求，但从实质上看却违背了教师职业道德原则。那么，就不能说这一道德行为是正确的。例如，有的教师自认为自己很爱幼儿，但却只重视幼儿的智力培养，而对幼儿的思想品德等方面不加以重视。很显然，我们就不能说这个教师真正履行了热爱幼儿的道德责任。因此可以说明，幼儿园教师职业道德原则对于幼儿园教师的道德行为具有最高的裁决作用。

【典型案例】

施良好师德之行　做爱生敬业之人[2]
——记扬州市明月幼儿园汪乐乐

汪乐乐，女，汉族，1978年4月出生，幼儿园高级教师，明月幼儿园副园长，扬

---

[1] 龚乐进，张贵仁，王忠桥. 教师职业道德[M]. 北京：北京师范大学出版社，1992：60.

[2] 扬州市教育局网 http://wmdw.jswmw.com/home/html/news/2014-4-23/2016445.html.

州市幼教学科带头人。2008年，受江苏省教育厅委派，参与"内地与香港教师人才交流计划"，载誉而归，并获赠香港教育署学前教育局颁发的感谢状；2009年，获扬州市"十大教育新闻人物"称号。

15年辛勤耕耘，15载默默奉献，汪老师培植的教育之树枝繁叶茂，硕果累累。平凡的工作中，她谱写的音符虽然简单又清纯，但温馨而充满热情；她所从事的工作虽没有轰轰烈烈的成就，更没有惊天动地的业绩，但是，她仍以拥有这份平凡而骄傲。

埋头苦干——爱岗敬业树旗帜

讲台催人老，粉笔染白头，教育工作是辛苦的，幼儿教师的工作更为琐碎繁杂，日复一日，年复一年，消耗了青春，远离了名利。多少年了，幼儿园的老师来了又走，走了又来，不断更迭，能最终选择终其一生的太少了，因为大部分人都无法做到甘于寂寞、坚守清贫。

作为一名党员教师，又适逢教育改革的大时代，机遇与挑战并存，困难与诱惑同在。汪老师牢记"教育为人民服务"的理念，牢记党的各项教育方针政策，坚持服务为先，立人为本。持之以恒地在工作岗位上践行服务。15年来，她始终以饱满的热情投入工作中，以身作则，任劳任怨：做年级组长时，她对领导分配的任务总是积极、认真、踏实地去完成，年级中要求老师做到的她首先做到。擦玻璃、搬桌子、拿椅子、布置环境，她事事在先；成为骨干名师后，她结合幼儿身心发展的规律及特点，带动年轻教师在日常教育工作中组织幼儿多种多样的活动，培养幼儿的兴趣，开发幼儿的智力。无论春与秋、冬与夏，她每天早晨总是提前来到幼儿园做好接待孩子入园的工作，晚上总是整理好手头工作方才离园，尤其是冬天，天气寒冷，起早贪黑，风雪不误。她在家长、同事面前总是满腔热情的工作着，班级工作开展得井井有条，园内各项评比都名列前茅。她对上级交给的每一项工作都认真对待、出色完成。由于多年来的工作表现得到了领导和同事的认可，汪老师先后被评为区"优秀班主任""新长征突击手"。

2008年3月，受香港教育署的邀请，作为江苏省的幼教精英，她前往香港进行为期半年的学前教育支援服务。当时她的孩子才2岁，在离家的前几天，孩子寸步不离，不停地问："妈妈，你什么时候走啊？""妈妈，你真的去啊？"孩子还小，讲话都不太清楚，但难舍的情绪显而易见。晚上睡觉的时候，孩子紧紧拉着妈妈的手，生怕醒来时妈妈溜走，看着孩子睡梦中眼角的泪水，汪老师矛盾极了，去还是不去？她暗下决心：既然领导交付了如此重要的任务，自己不但要去，而且必须做到最好！分别的时刻，年幼的孩子紧紧抱着她，痛哭不止，"妈妈，不去""妈妈，带我去"……汪老师心如刀绞，她咬咬牙，关上车门，在孩子的哭喊声中离去，带着的是一个年轻母亲牵挂的心。当天，香港遭遇了多见未遇的特大暴风雨，飞机晚点，渡轮停航。可是，在那样的一个凌晨，暴雨如注的异乡街头，汪老师娇小的身影踽踽而行，大雨滂沱，却挡不住她前行的坚定脚步。第二天清晨，她迅速调整好状态，以饱满的精神投入到工作中去。香港的同仁很惊讶，这个大陆来的娇小女孩，怎么会有如此旺盛的精力，永远笑容满面、诚恳亲切。临别香港时，她所担任教育顾问的幼稚园赠予她一个镌刻着"良师益友"的水晶奖座；这是对她工作的认可，也是对她付出的最好褒奖。

春风化雨——关爱幼儿润心田

教师职业的工作对象是人，幼儿教师更是面对着童真烂漫的幼儿。"老吾老以及人之老，幼吾幼以及人之幼"，从踏入幼儿园大门的那一刻起，汪老师就下定决心：摈弃浮躁，把爱悉数付予幼儿；学会坚守，用青春陪伴孩子们的成长。在教科研工作和繁杂的园务外，汪老师每周还要到好几个班级带班，这是她最乐意做的事情，和孩子们在一起，她愉悦而充实。

她喜欢做孩子的忠实听众，听他们讲述冰激凌房子的故事；她乐意做孩子的观众，观看他们稚拙的舞蹈游戏；她甘愿做孩子的玩伴，一起做"秋叶"图，黄的银杏叶、红的枫叶……当孩子受到委屈或是想念家人时，她会把孩子搂在怀里，为他轻轻拭去脸上的泪水；当孩子因为做错了事而感到惭愧时，她用信任的眼光给孩子以鼓励；当孩子面对着失败和困难而退缩时，她会笑着点点头，"宝贝，你能行，老师相信你"。

在平日的教学工作中，汪老师以平等的尊重和真诚的爱心去打开每个孩子的心门，因为她知道，每一扇门的后面，都是一个不可估量的宇宙，每一扇门的开启，都是一个无法预测的未来。她深信，在今天这些调皮可爱的孩子中，也许最爱听童话的孩子明天会成为作家！也许现在最爱折纸飞机的孩子将会成为优秀的飞行员！也许现在那些调皮捣蛋的破坏大王会是明天的发明家、科学家！而她，也许会像老一辈同行那样度过平凡而普通且忙碌的一生，但她一直庆幸自己的选择，为所拥有的一切而自豪。多年来，汪老师还一直坚持将幼儿艺术教育融入幼儿的生活中去，她以现实生活中、艺术领域中丰富的、生动的美为手段，去滋润幼儿的心灵，美化幼儿的性格，提高幼儿的审美能力，促使幼儿的身心得到全面健康的发展。在她的辅导下，明月幼儿集体舞蹈《编花篮》参与了琼瑶电视剧《苍天有泪》的拍摄；武术操获扬州市汇演一等奖；她辅导的二十多名幼儿参加全国绘画比赛，均获一二三等奖；辅导的六名幼儿参加省绘画比赛，全部荣获一等奖；辅导的十九名幼儿参加扬州市绘画比赛，全部获奖，而她本人也获得"最佳辅导奖"。

冰心女士曾经说过："情在左，爱在右，走在生命的两旁，随时撒种，随时开花"。汪老师认为，爱不能停留在语言与形式上，真正的爱是对孩子心灵的真诚呵护，给孩子更多的信任与鼓励，让幼儿内心感受到被需要、被接纳，这种源于心灵深处的爱，是教育中最神圣的爱，也是为师者最大的快乐。记不清有多少次，孩子们对她说着悄悄话："汪老师妈妈，我喜欢你。"声音虽小，却震撼心灵。15年来，她也不知呵护过多少个生病而呕吐的孩子，不知帮助过多少个把大小便弄在身上的孩子换洗衣服，不知陪伴过多少个夜幕降临时没有人来接的孩子们……当经过精心照料的孩子高高兴兴地回到父母的身边时，家长们总是感动不已。在她的努力下，工作15年来，家长没有说过她一个"不"字，她所作的一切家长们都看在眼里，记在心上，她与家长之间建立起了亲密又坦荡的合作关系。

以身作则——团结协作乐分享

幼儿教师的工作特点是时间长，要求高，工作内容琐碎繁杂。汪老师时刻以主人翁的态度，对待本职工作，兢兢业业，工作中充分发挥主动性。对待同事有求必应，有事必帮。

作为市级幼教学科带头人，为了让魏玲玲、顾明飞、仇蕾等年轻老师在省、市、区级赛课活动中有好成绩，汪老师一次次帮助她们分析教材，字斟句酌，把好的教学经验和方法毫无保留地传授给她们，对她们教学中存在的不足提出很多宝贵的建议。最终，魏老师的语言活动《我要拉 baba》在省级赛课中获得了一等奖，顾老师、仇老师也获得了区级赛课一等奖。魏老师不无感慨地说："汪老师一次一次陪我试教、听我说课、帮我推敲环节、凝炼教学语言，她的这种精神让我受益匪浅。我的获奖，离不开她的指导和帮助。"

作为幼儿园的业务园长，汪老师担负着幼儿园的教研、科研、师培等多方面的工作。在工作中，她以富有经验的中年教师为依托，注重锻炼年级中的新教师。"集思广益、依托群众"，开展丰富多样的业务培训和研究活动。在她们的培养下，幼儿园的新教师得以快速成长，成为了学校的骨干和新生力量。明月幼儿园的教育教学活动也开展得有声有色，广受领导和家长们的好评。

作为原维扬区幼教兼职教研员，汪老师还多次到区内结对姐妹园进行听课评课和教学指导，受到了姐妹园所教师的好评；作为市级游戏教研组的执行组长，在繁忙的园务工作之余，汪老师还与市区范围内 5 家幼儿园的姐妹一道，对幼儿园游戏教研领域进行了深入的探讨和有效的研究，成果斐然，2011 年底所在市级游戏教研组获评"2011 年扬州市幼儿园教研小组考评活动优秀奖"，其本人被评为"扬州市幼儿园教学研究小组先进个人"。

好学进取——追求卓越勤钻研

"学，然后知不足"。走上工作岗位的时间愈久，汪老师愈觉得自己需要学习的东西愈多。求知，成了她的渴望。教师阅览室内，她潜心研读专业论著，与大师对话，把握幼儿教育的教学规律；幼儿游戏室内，她细心观察，跟踪记录幼儿的特点，力求使教育做到"个性化"。作为幼儿教师，她深知：每一份努力，会使孩子们的生活更加精彩；每一个言行，会给孩子们以莫大的影响。于是，她心甘情愿地洒下每一滴汗水，只希望孩子们的童年多一抹明亮。

多年来，汪老师刻苦钻研，努力好学，不断进步，不断创新，不断突破。她多次代表所属片区参加教学评比，先后荣获：首届江苏省幼儿园教学活动评比一等奖、扬州市幼儿园教学活动评比一等奖；扬州市幼儿园教师基本功竞赛九项全能一等奖、四个单项一等奖;广陵区幼儿园教师基本功竞赛七项全能一等奖;维扬区幼儿园教师基本功竞赛四项全能一等奖。

历次的赛课、教学技能大赛的磨炼,不但提高了她的专业技能,也丰富了她的理论素养,提升了她对幼儿教育教学这一领域的认知和把握。正如沙漠柳所说:"研究人的科学从来就没简单过,老师所做的事从来就没比牛顿、伽利略所做的容易过。"教育是系统工程,在这个过程中,有太多的可能,自然也就会有太多的问题需要当教师的去关注、思考、探究、解决。基于这样的清楚认识,汪老师带领幼儿园教研组成员和课题组成员,踏踏实实地进行着教育教学和科研课题的研究,一步步留下了坚实的脚印。如今,汪老师所参与的一项市级课题、一项省级课题、一项国家级课题均已结题;现正参与一项省级规划课题的研究、两项市级规划课题研究,并担任其中一个课题的主持人。

如果一个教师每天只满足于教"1+1"的结果等于2,那是没有意义的。作为教师,在工作中应不断淘汰自己,更新自己,方能取得进步。从教15年来,汪乐乐老师笔耕不辍,她所撰写的论文多次荣获省一等奖,并有多篇论文在《早期教育》等国内知名的幼教核心杂志发表。其撰写的论文活动方案等有十多篇次收录在江苏省教育出版社出版的《我们走过的历程》《游戏课程模式研究》《幼儿园多元教育实践随笔》三书中;其本人担任编委的全套儿童读物《童谣诵读》已由中国安徽少年儿童出版社出版……

除参加各类教学比赛外,汪老师还多次对全国、全省、全市、全区的幼教专家和同行上示范课、开设专业讲座。如:对全市同行开放语言教学活动《魔术师》、音乐教学活动《欢乐颂》;对安徽同行开放社会教学活动《我们爱和平》;对全区同行开放音乐教学活动《三只小猪》;在"第三届中国儿童阅读论坛暨亲近母语国际教育研讨会"开放语言教学活动《老鼠画猫》;在"江苏省农村合格园教师培训班"作专题讲座《幼儿园保教工作策略》;在香港教育署学前教育局作专题讲座《观、思、行》……各种类别的开课、讲座活动,既拓宽了她的知识视野,更提高了她的专业素养和教育教学水平。

究竟是什么力量在支撑着汪老师兢兢业业、勤于奉献、默默耕耘呢?汪老师用一句诗进行了诠释:"为什么我的眼中常含泪水,因为我对这片土地爱得深沉。"因为爱,所以爱,所以无悔,她爱自己的孩子,更爱幼儿园里的每个孩子;她希望自己的孩子优秀,更希望所教的孩子都优秀。

泰戈尔的诗中曾这样说过:"花的事业是甜蜜的,果的事业是珍贵的,让我干叶的事业吧,因为它总是谦逊地低垂着它的绿荫。"汪老师说,她愿做参天大树的绿叶,尽职尽责地奉献在自己的岗位上,默默无闻地倾诉着她的爱,用爱为成长在这棵大树下的孩子们撑起一片绿荫。

思考:
尝试着从汪乐乐老师的事迹中总结出几条幼儿园教师职业道德的原则。

第三节 幼儿园教师职业道德应坚持的基本原则

一、依法执教原则

所谓依法执教,就是要求幼儿园教师在所从事的教育教学活动中,严格按照《宪法》和教育方面的法律、法规以及其他相关的法律、法规,使自己的教育教学活动符合法律要求,从而使保教活动走上规范化、制度化、法制化轨道。依法执教是调整教师劳动和法律制度之间关系的基本原则,是幼儿园教师完成本职工作的前提基础,是国家和社会对幼儿园教师提出的道德要求。它是判断教师行为是非善恶的最根本的道德标准。一方面,它可以使幼儿园教师在教育活动中的劳动有法可依;另一方面,它加强了法律对教育事业的保障和促进,保障了幼儿园教师职业的纯洁度。

（一）依法执教是社会向幼儿园教师提出的基本要求

依法执教是社会向教师提出的基本要求,也是每一位教师在工作中必须履行的义务,是做一名教师的起码准则。教师要为人师表,就要做遵纪守法的榜样。只有依法执教,才能培养出具有较高知法、懂法、守法素质的儿童。依法执教,是维护社会稳定、构建和谐社会、促进国家长治久安的重要保证。

（二）依法执教是幼儿园教师职业道德现状的现实要求

贯彻依法执教原则,要求幼儿园教师须做到以下几个方面。

1. 了解我国的教育法律、法规

了解我国已颁布的教育法律、教育政策、教育法规,特别是与幼儿教育相关的法律法规,并且深刻理解我国幼儿教育法律、法规以及阶段性的幼儿教师事业发展目标,是作为一名幼儿园教师必须做的功课。当然,除了了解和理解国内的教育法律法规之外,对于国际上相关的法律法规的了解,更有利于幼儿园教师深刻领会这些法律法规的内在精神,如对《儿童权利公约》的学习能够使幼儿园教师更好地理解我国幼儿教育法律、法规对幼儿受教育权利的重视,以及对幼儿独立人格的尊重等精神。

2. 总结、体会国家的教育方针和教育思想

作为一名幼儿园教师,需要在了解我国教育法律法规的基础上,总结和体悟国家的教育政策方针和主流幼儿教育思想,以便更好地在教育教学实践中贯彻落实。如理解我国对学前教育的定位是强调其基础性、先导性和公益性。"学前教育是基础教育的组成部分,是终身教育的奠基阶段。""学前教育是幼儿教育的开始,合理的学前教育可以让幼儿未来的发展有一个良好的开始。""学前教育既是新生一代的教育要求的重要组成部分,又具有社会公益事业的性质,使父母安心地投入到工作中去,促进社会

和谐。"[1]

3. 反思自己的教育实践活动

在了解了我国的教育法律法规,总结和体悟了国家的教育政策方针和主流幼儿教育思想之后,最重要的是需要在教育实践中勤于反思,对照法律法规中的具体规定反思自己的教育实践活动,时时检视并不断完善自己的专业理念与师德,这样才有可能在教育教学工作中全面贯彻和落实党的教育政策和学前教育法律法规。

【拓展阅读】

政策视线

《幼儿园管理条例》

中华人民共和国国家教育委员会令第4号。为了加强幼儿园的管理,促进幼儿教育事业的发展制定本条例。1989年8月20日经国务院批准,1989年9月11日发布,1990年2月1日起施行。

《幼儿园工作规程》

中华人民共和国国家教育委员会令第25号。为了加强幼儿园的科学管理,提高保育和教育质量,依据《中华人民共和国教育法》制定本规程。于1996年3月9日发布,自1996年6月1日起施行。1989年6月5日发布的国家教育委员会第2号令《幼儿园工作规程(试行)》同时废止。2015年12月14日第48次部长办公会议审议通过,并予以公布,自2016年3月1日起施行。对幼儿园的安全、卫生保健、教育和规模等方面工作进行规定,并明确提出严禁幼儿园教职工虐待、歧视、体罚和变相体罚、侮辱幼儿人格等损害幼儿身心健康的行为。

《关于幼儿教育改革与发展指导意见》

"国发办〔2003〕13号"。为进一步推进幼儿教育的改革与发展,根据《中共中央、国务院关于深化教育改革,全面实施素质教育的决定》(中发〔1999〕9号)和《国务院关于基础教育改革与发展的决定》(国发〔2001〕21号)精神提出,2003年1月27日发布。

《中小学幼儿园安全管理办法》

中华人民共和国教育部令第23号。为加强中小学、幼儿园安全管理,保障学校及其学生和教职工的人身、财产安全,维护中小学、幼儿园正常的教育教学秩序,根据《中华人民共和国教育法》等法律法规,制定本办法。自2006年9月1日起施行。

《国务院关于当前发展学前教育的若干意见》

"国发〔2010〕41号"。为贯彻落实党的十七届五中全会、全国教育工作会议精神和《国家中长期教育改革和发展规划纲要(2010年—2020年)》。积极发展学前教育,

---

[1] 教育部教师工作司编.幼儿园教师专业标准解读[M].北京:北京师范大学出版社,2013:63.

着力解决当前存在的"入园难"问题，满足适龄儿童的入园需求，促进学前教育事业科学发展，提出本意见。国务院2010年11月21日发布。

《托儿所、幼儿园卫生保健管理办法》

"中华人民共和国卫生部 中华人民共和国教育部令第76号"。为提高托儿所、幼儿园卫生保健工作水平，预防和减少疾病发生，保障儿童身心健康而制定本办法。于2010年3月1日经卫生部部务会议审议通过，并经教育部同意，自2010年11月11日起施行。

《中小学和幼儿园教师资格考试标准》

教育部师范教育司、教育不考试中心发布。为加强中小学和幼儿园教师队伍建设，提高教师队伍整体素质，完善教师资格制度，严把教师入口关，促进教师专业化，根据《中华人民共和国教师法》《教师资格条例》和《<教师资格条例>实施办法》而制定，于2011年7月发布。

《学前教育督导评估暂行办法》

"教督〔2012〕5号"。为促进地方人民政府及相关部门切实履行发展学前教育的职责，全面实施学前教育三年行动计划，有效缓解"入园难"问题，满足适龄儿童入园需求，推进学前教育事业加快发展，特制订本办法。2012年2月12日教育部印发。

《幼儿园教师专业标准（试行）》

"教师〔2012〕1号"。为促进幼儿园教师专业发展，建设高素质幼儿园教师队伍，根据《中华人民共和国教师法》而制定。是国家对合格幼儿园教师专业素质的基本要求，是幼儿园教师开展保教活动的基本规范，是引领幼儿园教师专业发展的基本准则，是幼儿园教师培养、准入、培训、考核等工作的重要依据。2011年12月12日教育部公布征求意见稿，2012年2月10日印发。

《3—6岁儿童学习与发展指南》

"教基二〔2012〕4号"。为深入贯彻《国家中长期教育改革和发展规划纲要（2010—2020年）》和《国务院关于当前发展学前教育的若干意见》（国发〔2010〕41号），帮助广大幼儿园教师和家长了解3—6岁幼儿学习与发展的基本规律和特点，全面提高科学保教水平而制定。2012年10月9日教育部印发。

二、保教并重的原则

"保教并重"是幼儿园教育的基本原则之一，坚持保教结合的原则是幼儿园的基本任务，是幼儿园教育范畴中的重要组成部分。在幼儿园教育中，保教并重主要包含三层含义，即：（1）幼儿园中既有教育活动，又有保育活动；（2）幼儿园的保育工作同教育工作一样，具有同等重要的作用；（3）教育与保育必须相互结合、相互联系、相互渗透。保教并重原则，要求必须将促进儿童的身体健康与养成儿童良好的生活卫生习惯，以及自理能力的养成放在与智力教育、知识技能学习等同等重要的地位。

（一）保教并重是学前教育法律法规的要求

无论是《幼儿园工作规程》，还是《幼儿园教育指导纲要（试行）》和《国务院关于发展学前教育的若干意见》，都明确规定幼儿园必须坚持"保教并重"的基本原则。《国家中长期教育改革与发展纲要（2010—2020年）》中明确指出"保教并重"是"科学实施幼儿园教育的基本要求"。《幼儿园教师专业标准（试行）》中明确要求教师应"遵循幼儿身心发展规律和幼儿教育规律，保教结合，做好保教工作"。

（二）保教并重是幼儿身心发展特点的诉求

除法律明文规定之外，幼儿身心发展的特点也决定了保教结合是幼儿园教师必须执行的原则。学前期的幼儿在保护自身生命安全、身体活动、自我照料与独立生活能力、防御能力等方面较差，他们缺乏生活经验，有时难以避免生活中的危险。因此，幼儿园教师在对幼儿进行教育的过程中，既需要在生活上给予幼儿精心照料和安全保护，也需要对幼儿进行必要的知识启蒙和能力培养。

贯彻保教并重原则，作为幼儿园教师，需做到：

1. 真正理解保教结合的含义

幼儿园教师要树立全面发展的教育思想，真正理解保教结合的含义。保教结合，就是指幼儿园的工作人员在工作中应牢固树立"保教并重"的观念，在各项活动中"保""教"结合，做到"保中有教""教中有保"。深刻理解保教结合就是要保护幼儿安全，安排好幼儿一日生活，做好幼儿的疾病预防和膳食营养，培养幼儿良好的生活卫生习惯和优秀的道德品质，帮助幼儿积累各方面的经验，发展幼儿各方面的能力，最终实现保育和教育的共同目标。

2. 寓保教结合原则于日常生活中

幼儿教育面向全体幼儿，旨在让每个幼儿的身心得到健康发展，让幼儿实现真正的教育平等。幼儿园的日常生活是琐碎的、繁杂的，它包括来园、盥洗、进餐、睡觉、如厕等环节。这些环节都需要保育和教育互相渗透、互相融合，这样才能帮助幼儿养成良好的生活习惯和学习习惯。"好习惯成就好人生"，可见幼儿园的保教工作是非常重要的。如幼儿每天的进餐活动，就是一个非常好的保教结合教育契机。为了避免孩子入厕、洗手时的拥挤，端饭菜时的喧闹，可以采取动静交替的游戏方式，让全班孩子坐在中间，由一个孩子来玩"送信""开飞机"等小游戏，然后依次轮流。通过游戏，孩子们知道了全国各地的名字，了解了各地的风俗习惯。等老师把餐车推到第二组时，第一组的幼儿就自觉把小凳子端到桌子旁边，自觉排队去入厕、洗手。老师一组一组接着盛饭菜，幼儿一组一组轮流如厕、洗手，这样既避免了孩子吃饭时的拥挤、喧闹，又减少了等待的时间，没有轮到的幼儿依然在玩游戏。针对幼儿吃饭掉米粒、挑食的现象，可以结合健康活动《今天你喝了没有》《肠胃小闹钟》，让幼儿知道喝牛奶有利于牙齿和身体发育，知道按时吃饭、不能吃太多零食是人体的健康需要。结合绘本阅读《爱吃水果的牛》，教育孩子要多吃水果，这样身体才会更健康。如此一来，在幼儿的一日保育生活中抓住一切机会进行教育，有利于幼儿养成良好的进餐习惯和生活习惯。

3. 寓保教结合原则于教学活动中

在教学活动中，教师要了解每个幼儿的基本情况，针对不同的幼儿采取不同的教育方法。如针对平时不爱说话的幼儿，教师要注意多与他们接触交流，并创造条件多给他们说话的机会和条件。对于自尊心较强的幼儿，如果他们有不当之处，教师不应当众批评，而是个别交谈和帮助，保护他们的自尊心。对于一些没有听清教师要求而回答错问题的幼儿，教师也不能直接批评，而应进行赏识和引导，从而使幼儿在心理上产生安全感，情绪上稳定，心情比较愉快，这样一来，幼儿也就有信心学好、做好每一件事。这样有利于培养幼儿的积极性、上进心和自信心。

4. 寓保教结合原则于游戏活动中

游戏是幼儿的基本活动，是幼儿特有的生活方式，是幼儿对现实生活的创造性反映。在游戏活动中，教师可以有目的、有计划地组织游戏活动，并将保教结合原则渗透其中。如教师合理安排游戏场地，提供适宜、丰富、能满足幼儿游戏需要的材料，并根据幼儿游戏的情况及时调整和更换；做好游戏材料的消毒工作，保证游戏材料安全、卫生；保证幼儿创造性游戏（角色游戏、结构游戏、表演游戏）时间，每周不少于3次，每次幼儿游戏活动时间为40~60分钟；引导幼儿有序取放游戏材料，整理收拾游戏材料与环境等，并在游戏中，观察了解幼儿游戏情况，鼓励幼儿自主游戏，大胆想象、创造，与同伴协商、合作游戏，分享经验；寓教育于游戏之中，培养幼儿的观察力、记忆力、想象力与创造力；培养幼儿遵守游戏规则的意识与习惯；引导幼儿学习正确收拾、整理游戏材料的方法，培养良好的行为习惯。

5. 寓保教结合原则于学习活动中

幼儿的学习活动包括集中教育活动和区域活动两种。在集中教育活动中，教师应创设适宜的学习环境（安全、整洁），做好活动前后的准备及整理工作；提供合适的桌、椅，桌子的高度以写画时身体能坐直，不驼背、不耸肩为宜，椅子的高度以幼儿写画时双脚能自然着地、大腿基本保持水平状为宜；提供安全、卫生的教学具。由此，根据各领域目标开展教育教学活动，教育幼儿保持正确的坐、立及握笔姿势，有序地取放和保管自己的学习用品，培养幼儿学习的兴趣和求知欲望，培养他们初步的动手能力；引导幼儿学习正确使用学习工具的方法；鼓励幼儿积极参加学习活动，培养幼儿良好的学习品质。在区域活动中，教师通过营造温暖、轻松的心理环境，提供安全、卫生、丰富的操作学具，关注个体差异，提供适时的指导，提醒幼儿将操作学具放回原处。在操作活动中，引导幼儿养成学习生活的自理能力等，使幼儿与操作材料进行积极互动，提醒幼儿轻拿轻放。发展幼儿的手眼协调能力；培养幼儿正确运用感官积极探究的基本能力、动手能力与生活技能。

6. 争取家长的密切配合

在实施保教结合原则中，幼儿园教师要努力做好家长的工作，保持家庭与幼儿园的密切联系和配合，使家庭与幼儿园在保教目标、内容、要求、方式、方法等方面取得共识，避免家庭和幼儿园的力量出现相互抵消的现象。

三、关爱幼儿的原则

苏联著名教育家马卡连柯说过："没有爱就没有教育。"我国著名作家冰心认为："有了爱，就有了一切。"托尔斯泰也说过："如果一个教师把热爱教育事业和热爱学生结合起来，他就是一个完美的教师。"关爱幼儿，是幼儿园教师必须具备的情感品质，也是幼儿园教师必须遵循的职业道德原则。

师爱，是师幼之间情感的一种常态交流，是教育教学中不可忽视的重要因素。因此，关爱幼儿要求幼儿园教师要有热爱幼儿、诲人不倦的情感与爱心，要尊重幼儿的人格，要关心爱护全体幼儿，平等公正地对待每一位幼儿，将促进幼儿的身心健康发展作为自己的基本工作职责。

【拓展阅读】

永恒的追求——论教师与"真善美爱"[1]

（节选）

■真善美爱，是人类文明进步的标尺，是现代价值体系的基本准则，是人们发自内心的道德追求。

■教师，承担着教书育人的重任，不仅是美好价值的坚守者和弘扬者，更是人类文明的传承者和创新者。

■做真的追寻者、善的传播者、美的创造者、爱的践行者，这个源远流长又被赋予时代内涵的命题，将鞭策和激励每一位即将以及正在教育岗位上工作的人。

■从来没有一种职业，能像教师一样，与真、善、美、爱这四个人类无限崇敬的美好价值完美结合。

日前，国务委员刘延东在北师大考察时亲切勉励广大教师，要努力成为真的追寻者、善的传播者、美的创造者、爱的践行者。简洁的几句话，道出了为师的真谛，为师的价值，为师的追求，为师的境界。

真善美爱，是人类文明进步的标尺，是现代价值体系的基本准则，是人们发自内心的道德追求。教师，承担着教书育人的重任，不仅是美好价值的坚守者和弘扬者，更是人类文明的传承者和创新者。从这个意义上说，教师犹如一面镜子，映射着社会发展的先进性和时代性。教师不仅要具有科学的教育理念、过硬的教学本领和深厚的文化底蕴，还应在追寻真、传播善、创造美、践行爱的过程中，完善自我，哺育学生，

---

[1] 焦仲文.永恒的追求——论教师与"真善美爱"[N].中国教育报，2012-09-20(01).

延续文明，走向崇高，成就伟大。

爱的践行者

没有爱就没有教育。苏霍姆林斯基说："如果你不爱孩子，你就从事别的职业吧！"

无论是求真、扬善还是创造美，究其深层次的动力，往往源于对教育事业的无限热爱，对孩子发自内心的喜爱。用爱去感染学生，用爱去对待工作，用爱去面对世界，是教师职业道德修养不可或缺的部分，做一名爱的践行者应该是每名教师的担当。

世界上的爱有很多种，最特别的一种是师爱。它有着母爱的伟大，却广泛而无私，它讲求不偏不倚，平等地将爱的阳光洒向每个幼小的心灵。它有着友爱的温馨，却在快乐中教人道理、指向成长。它有着情爱的矢志不渝，却不会轰轰烈烈、缥缈无依，而如同润物无声的春雨，点滴渗透、沁人心脾。

师爱不是抽象空洞的理论说教，而是实实在在的行动。

爱是理解、是尊重、是宽容。作为教师，当一张张年轻稚气的脸庞，惶惑不安地望着你的时候，一个微笑、一个手势、一点肯定就是践行爱。当一个孩子犯下错误时，绝不恶语相向，给他们犯错误的机会和成长的空间，就是践行爱。当有学生出现困难前来求助，一次倾听、一些帮助就是践行爱。

爱之所以伟大，在于有爱的人总是首先想到别人，正所谓利人必先克己，达己必先达人。教师的爱，就是在危险面前，总是先想到自己的学生；在利益面前，总先想到自己的同事；在成绩面前，总是先想到他人的支持。

教师的爱还应该是一种大爱，一种超越了自己的班级、教室乃至学校的狭小空间，对国家、社会、大自然和全人类的爱。这种爱，将给教师一种宽广的胸怀和眼界，一种不凡的气度和心态，更重要的是它必将通过我们的言行，传递到学生的身上，使其成为具有爱国精神、责任意识和大爱情怀的一代新人。

教师是人类灵魂的工程师，是太阳底下最光辉的职业。做真的追寻者、善的传播者、美的创造者、爱的践行者，这个源远流长又被赋予时代内涵的命题，将鞭策和激励每一位即将以及正在教育岗位上工作的人。唯有如此，才能涌现出更多学生爱戴、人民满意的教师，唯有如此，才能拥有一支无愧于人民、无愧于时代、无愧于历史的过硬师资队伍。

（一）关爱幼儿体现了社会主义人道主义的精神

社会主义人道主义是一种尊重人、关心人、爱护人的伦理原则和处理人与人之间关系的道德规范。幼儿园教师热爱幼儿不仅体现了对幼儿人格、尊严、做人权利的尊重，而且体现了教师对幼儿的关心和爱护。这种尊重关心和爱护是社会主义人道精神的体现。

（二）关爱幼儿是幼儿园教师教育爱的具体体现

教育是一种感化人心、塑造灵魂的工作，而"感人心者，莫先乎情"。热爱幼儿是教育艺术的基础和前提。俗话说："亲其师，信其道。"正如很多优秀教师总结的那样："爱学生是爱我们事业的未来，是爱祖国、爱人民、爱社会主义的具体体现。"关爱学生，是教育的出发点和归宿。

（三）关爱幼儿蕴含着幼儿园教师的社会主义法律义务

关爱幼儿不仅是幼儿园教师职业道德的基本原则之一，也是《中华人民共和国义务教育法》《中华人民共和国教师法》等教育法律法规对教师的法定要求。如《中华人民共和国义务教育法》第四章第29条规定："教师在教育教学中应当平等对待学生，关注学生的个体差异，因材施教，促进学生的充分发展。教师应当尊重学生的人格，不得歧视学生，不得对学生实施体罚、变相体罚或者其他侮辱人格尊严的行为，不得侵犯学生合法权益。"《中华人民共和国教师法》第8条规定，教师要"关心、爱护全体学生，尊重学生人格，促进学生在品德、智力、体质等方面全面发展"。《幼儿园工作规程》第一章总则第6条也规定幼儿园教师要"尊重、爱护幼儿"。这些法律条文说明了关爱幼儿是幼儿园教师必须履行的法律义务。

贯彻关爱幼儿的原则，要求幼儿园教师做到：

1. 对幼儿的生命安全进行保护

对幼儿生命安全进行保护是幼儿园教师的首要职责，也是幼儿园教师对幼儿实施教育的基础。作为一名幼儿园教师，保护幼儿生命安全包括三个方面：一是应随时关注幼儿身边的危险，未雨绸缪地保护好每一个幼儿，确保幼儿在幼儿园的安全；二是应具备生命意识，注重对幼儿进行生命安全教育，并通过多种方式引导幼儿认识生命、珍惜生命、热爱生命，提高幼儿的生命安全意识、抗险能力和自救能力；三是在危急时刻，应挺身而出，保障幼儿的生命安全。

2. 对幼儿身心的健康发展进行呵护

关注幼儿的身心健康是幼儿园教师专业特性的体现之一。幼儿园教师对幼儿身体健康的关注主要在于严格执行幼儿一日生活作息制度，保证幼儿的休息和户外活动时间与质量，保证幼儿膳食结构合理，帮助幼儿纠正偏食、挑食、多食、少动等不良饮食和生活习惯等。幼儿园教师对幼儿心理健康的关注则更为突显其专业性，即不但要在组织保教活动时充分考虑到幼儿的心理特点，注重幼儿的心理感受，不得损害幼儿的心理健康，还应关注到幼儿的一些特殊心理需求，并及时和家长取得沟通联系，一起帮助幼儿解决问题走出心理困境，维护幼儿的心理健康。

3. 尊重幼儿的个体差异

"每一个儿童都有被爱的权利，都应该得到充分的发展。"尊重幼儿的个体差异要求幼儿园教师要全面了解幼儿，关心爱护幼儿，对幼儿一视同仁，公平对待，对幼儿严格要求，循循善诱，尊重幼儿的人格、个性和自尊心，不讽刺、不挖苦、不歧视幼儿，不体罚或变相体罚幼儿，保护幼儿合法权益，促进幼儿全面、健康、主动地发展。

4. 尊重幼儿的人格和权利

《幼儿园教育指导纲要（试行）》中总则第5条指出："幼儿园教育应尊重幼儿的人格和权利。"尊重幼儿的人格，就是要尊重幼儿自己的想法、观点和认识；要及时制止不尊重幼儿人格、侵害幼儿权益的行为和现象，用实际行动保护幼儿的人格和权益；要保护好幼儿的自尊心，及时鼓励肯定以树立幼儿的自信心。

1989年通过的《儿童权利公约》明确规定了儿童具有生存权、发展权、受保护权和参与权。因此，幼儿园教师要充分尊重幼儿的这四种权利。尊重学生是教师关爱学生最基本的要求，幼儿园教师只有先做到尊重幼儿，才能做到理解和关爱幼儿。

四、为人师表原则

为人师表一词最早出现在《北齐书·王昕书》中，即"杨愔重其德业，以为人师表"。为之指做人、做事、接物的一切活动；师指学习、仿效；表指榜样、表率；师表则是可以效仿的表率。起初是对教师和官吏的统一要求，现代则专指教师。著名教育家叶圣陶曾说过："教育工作者的全部工作就是为人师表。"这就是说我们做教师工作的，必须要规范自己的言行举止，要以自己的"言"为学生之师，"行"为学生之范，言传身教，动之以情，晓之以理，导之以行，做名副其实的人类灵魂工程师。德国著名教育家第斯多惠强调，教师本人是学校里最重要的师表，是最直观、最有效益的模范，是学生活生生的榜样。由此，为人师表原则就成为教师职业道德的基本原则之一，也是幼儿园教师职业道德规范的内在要求和师德底线。

（一）多角度理解为人师表的内涵[1]

关于为人师表的内涵，我们可以从教育法律法规、教育学、社会学和管理学等多个角度进行理解。

1. 从教育法律法规的视角来看，为人师表是幼儿园教师的基本要求

我国的一系列法律法规对幼儿园教师必须做到为人师表进行了明确规定。如《中华人民共和国教师法》第八条将"为人师表"作为教师应该履行的首要义务加以规定：教师应当"遵守宪法、法律和职业道德，为人师表"。《中小学教师职业道德规范》第五条明确规定教师应该"为人师表"，并具体指出为人师表的具体内容包括："坚守高尚情操，知荣明耻，以身作则。衣着得体，语言规范，举止文明。关心集体，团结协作，尊重同事，尊重家长。作风正派，廉洁奉公。"《幼儿园教师专业标准（试行）》从专业素养的角度指出："具有良好的职业道德修养，为人师表""衣着整洁得体，语言规范健康，举止文明礼貌"等是合格幼儿园教师必须具备的专业理念与师德。

在国家相关文件的基础上，各级教育行政部门会对幼儿园教师如何为人师表进行

---

[1] 全国师德教育研究课题组. 师德突出问题典型案例评析[M]. 北京：北京师范大学出版社，2014：95-101.

明文规定，并制定一系列的实施条例和规章制度，甚至很多幼儿园也会结合本园的实际情况，对幼儿园教师为人师表的行为详细罗列，使幼儿园教师有章可依。

【拓展阅读】

某幼儿园教师日常行为规范（节选）[1]

一、文明礼仪

（一）仪表得体，举止端庄

1. 教师在园期间要保持衣着整洁，大方得体，符合教师身份。不穿太露、太透、太紧身的服装，不穿高跟鞋、拖鞋，发型端庄、优美，不披发，化淡妆、忌浓妆艳抹，佩戴饰物要适当，不留长指甲，不涂指甲油，讲好个人卫生。

2. 言行举止要文雅端庄，时刻保持大方的走姿、坐姿和站姿。在孩子面前不出现抱胳膊、手插衣服口袋、叉腰、翘腿等不文明行为。

（二）语言文明，礼貌待人

3. 园内要讲普通话，公共场合及人多的地方，不大声喧哗嬉笑。在接待家长、接听电话、对待同事、组织幼儿活动时都要使用礼貌用语，语言要轻声、简短，语气亲切、温和，切忌生硬、粗俗或不耐烦。

4. 待人接物要真诚热情，谦恭有礼。园内遇到同事，应微笑点头示意，遇到幼儿及家长要互致问候；遇到参观、视察、来访等外来人员，要以礼相待，正面相见要微笑点头示意，坐着时如遇领导、客人、家长询问要起立招呼，形成一种彬彬有礼、温馨和谐的氛围。

5. 接待家长和客人，要热情、有礼貌地打招呼，起立迎送。与人交谈时，眼睛要注视着对方，认真倾听别人的话，直到谈话结束；与人发生争执时，要冷静、有耐心，坚持以理服人，即使面对言语粗暴的人，也要表现出节制、有礼貌。

6. 禁止以散漫的仪容仪表参加各种会议和接待来园客人，自觉维护幼儿园的公众形象。进出会场时，需与主持人或有关领导打招呼，动作要轻。报告、讲座、发言或演出结束后，要热情鼓掌。

二、爱护公物，勤俭节约

7. 爱护公物，妥善保管好班级物品，轻拿轻放物品，养成物归原处的好习惯。严禁故意破坏或不负责任损坏公用物品和设备。个人物品与幼儿物品要严格分开使用，不可混用，不将个人衣服、物品在班级乱放。

8. 办公用品摆放整齐有序，离开桌椅前，把椅子送入桌下；保持环境整洁，不随地吐痰，不乱扔果皮、纸屑等垃圾，幼儿园内随手捡拾地面上的垃圾，放入垃圾桶内。

---

[1] 幼儿园教师日常行为规范要求[EB/OL]. http://wenku.baidu.com/view/1ee1a91f866fb84ae45c8d99.html.2016-1-20.

9. 节约水电，用水时，能用小流量的，不开大水龙头，用完后关紧水龙头；使用空调时关紧门窗；下班前全面检查门窗是否关好，电源是否都已切断，包括空调、灯、录音机等。

10. 在园内用餐时交谈要轻声，爱惜粮食，不浪费；餐毕，请妥善放好餐具和餐椅，创造一种文明的就餐气氛。要避免在幼儿面前吃东西。严禁吃幼儿餐点。

2. 从教育学的角度看，为人师表是有效的教育手段

为人师表本身就是有效的教育手段。著名教育家乌申斯基说过："只有在人格的直接影响下来培养儿童并发展他的智力和品德。不可能用任何程式、任何纪律、任何规章和课程时间表来人为地代替人格的影响。"一方面，幼儿园教师是幼儿知识的启蒙者和智力的开发者，为人师表对幼儿智力的开发起着重要的促进作用。另一方面，幼儿园教师也是幼儿思想品德的示范者，通过自己得体的言行举止正面引导幼儿发展，这种榜样示范本身就是幼儿园阶段最好同时也是最有效的教育方式之一。因此，一名具有良好的师德、较强责任心的幼儿园教师，必须意识到自己本身就是一本书，自己的言行举止就是书中的内容，要把自己当成一本活教材，以身立教，树立良好的、正面的师德形象。苏联教育家加里宁说过："一个教师必须好好地检点自己，他应感到，他的一举一动都处于最严格的监督之下，世界上任何人都没有受到这样严格的监督。"这句话其实可以警醒每一位幼儿园教师，任何时候都不能忘记自己的教育者身份，力求使自己的一言一行都成为幼儿学习的榜样。

一般来说，幼儿园教师主要是通过自己的"言行表率"和"品德表率"来发挥对幼儿的榜样作用并体现为人师表的教育功能。"教师在生活、教学和社会实践中，所表现出来的素质与行为都可以成为他人的表率。"[1]对于教师言行举止方面的示范，幼儿可以通过直接的模仿学习而获得；而对于教师道德品行方面的影响，则是通过间接的潜移默化的方式而习得。

3. 从社会学的角度来看，为人师表有助于提高幼儿园教师队伍的社会声誉

为人师表有助于提高幼儿园教师队伍的社会声誉。如果幼儿园教师不能做到为人师表，就会影响整个社会风气的净化，其实质在于长期以来人们已经认同并习惯了这样的观念，那就是教师应该为人师表。这是教师的专利与殊荣，意味着社会对幼儿园教师的言行举止和道德品行有很高的要求。"教师应该自尊自立，努力成为无愧于党和人民的人类灵魂工程师，以教师特有的人格魅力、学识魅力和卓有成效的工作赢得全社会的尊重。"[2]具有高尚情操的幼儿园教师以自己的人格魅力影响着社会对幼儿园教师职业群体的认识，并获得社会的尊敬，也会进一步赢得社会对幼儿园教育工作的理解与支持。当一个社会拥有一支将为人师表、廉洁自律作为道德规范和行为准则的幼儿园教师队伍时，整个社会对幼儿园教师职业的认知度、认可度以及尊敬度都会相应

---

[1] 李丹丹. 浅析新时期加强高校师德建设[J]. 漯河职业技术学院学报, 2012 (1).
[2] 胡锦涛在全国优秀教师代表座谈会上的讲话[N]. 人民日报, 2007-09-01.

提高，幼儿园教师的社会地位也会得到提高。

4. 从管理学的角度来看，为人师表是幼儿园教师的全面要求

幼儿园教师能够真正做到为人师表，需要在各方面对自己有严格的要求。从教师管理的角度来讲，对教师为人师表的师德要求其实是对幼儿园教师的全面要求。

幼儿园教师要想以身作则地发挥为人师表的模范作用，必然得时时刻刻地注意和检点自己的言行举止，遵守国家的相关制度和规定，并且在内心有强烈的责任感、使命感以及工作的积极性。要能够和同事精诚合作，这是对教师人际交往能力的考验，另外，日复一日的重复性的工作也考量着教师的胸怀和包容度。

（二）幼儿园教师为人师表的重要性

幼儿园教师的职业特点、幼儿的身心发展需要以及社会对幼儿园教师的职业期望，决定了幼儿园教师必须做到"为人师表"。

第一，幼儿园教师以自己的一言一行、一举一动来潜移默化地影响着幼儿的发展。无论社会和时代如何发展变化，为人师表作为幼儿园教师的道德底线是难以改变的，因为这是教师进行教育工作的本质。从中国古代思想家杨雄说过的"师者，人之模范也"到现代教育家陶行知提倡的"要想学生学好，必须先生好学，唯有学而不厌的先生，才能教出学而不厌的学生"，这些从古至今的名言警句说明为人师表是从事幼儿教育事业必备的一种品质，幼儿园教师的职业特质决定了这种师德品质的永恒性。

第二，幼儿园教师面对的教育对象是未成年的幼儿，他们的年龄特征就是好奇心强、模仿能力强、辨别是非的能力弱、容易受到伤害。而且幼儿对教师有一种天真的崇拜感，在心目中奉老师为最权威的人，对教师的话深信不疑。有的家长常说，"在孩子的眼中，老师的话就是圣旨，老师所说的、做的都是正确的。"特别是幼儿的心智发展程度决定了他们不可能像中小学生那样有选择性地进行模仿、学习。只要是呈现在眼前的言语行为，都是他们学习和模仿的对象。幼儿的这种年龄特征和学习特点对幼儿园教师提出了很高的要求，要求幼儿园教师要时刻能够"以自己的言为幼儿之师，以自己的行为幼儿之范"，把自己作为幼儿发展的最大教育资源。

自古以来，教师都被视为先进社会精神文明的代表，被视为净化不良风气的楷模，对社会其他成员起着导向和表率作用，受到社会的尊敬。但是同时，社会对教师职业的道德要求也较为严格，对教师不良行为的社会容忍度较低。社会对教师职业的这种期许也反过来使教师职业的师德成为全社会监督的目标，每位教师都需要将为人师表作为自己行为的准则。

（三）幼儿园教师为人师表的要求

幼儿园教师为人师表主要体现在四个方面：一是遵守法律和教育规律；二是在外表上能够做到仪表整洁，性格乐观开朗；三是在道德上做到作风正派、言传身教；四是在经济方面能够廉洁自律，自觉抵制不正之风。幼儿园教师的仪表是为人师表的重

要表现，体现了幼儿园教师的精神状态，是幼儿园教师自然气质的流露，也折射出幼儿园教师的文明修养，反映了幼儿园教师内心对幼儿以及幼儿教育事业的看法。仪表主要包括着装和言谈举止，作风正派和言传身教是幼儿园教师为人师表的重要内容，廉洁自律是幼儿园教师为人师表的重要内涵。

因此，贯彻为人师表原则，要求幼儿园教师做到以下几方面。

1. 坚持对自己高标准、严要求

对自己高标准、严要求是为人师表的要求。幼儿园教师在教育实践中，为了做好幼儿的表率，必须在各方面以较高的标准要求自己，严于律己，遵守法律和教育规范，严格遵守各方面的道德规范。如果只是满足于不求有功、但求无过，只求过得去、不求过得硬，那就可能误人子弟，造成不良后果。因此，幼儿园教师严格要求自己，必须从现在做起，从小事做起；要从大处着眼，小处着手，积小德成大德；要虚心听取别人的意见，特别是听取幼儿的心声，不断发现和克服自己的缺点和不足。幼儿园教师只有坚持对自己高标准、严要求，才能够使自己成为幼儿心目中的榜样。

2. 以身作则，身教重于言教

坚持以身作则，就是要教师以自身的行为对学生起榜样示范作用。人们常说，榜样的力量是无穷的。幼儿园教师的榜样示范作用，是教育的一种方法，是培养幼儿成长的重要途径。教育实践证明，如果幼儿园教师善于以身作则，用自己的好思想、好品格、好作风为幼儿树立学习的榜样，就能对幼儿产生巨大的积极影响；如果教师不能以身作则，则会对幼儿产生巨大的消极影响。

坚持身教重于言教，就必然要求幼儿园教师把身教置于特别重要的地位。无声的身教胜于有声的言教是人类社会长期教育实践得出的结论。著名教育家叶圣陶先生曾告诫教师："身教最可贵，行知不可分"。幼儿从教师的行为举止中可以直接获得实实在在的感受，获得对言教的印证，从而增加教育的说服力和感染力，增强教育的效果。

3. 坚持言行一致、表里如一

言行一致、表里如一，是一种正派的作风，是一种美德。教师要通过自己的人格去感动幼儿。教师只有言行一致、表里如一，才能对幼儿产生潜移默化的良好影响，产生积极的作用。如果教师言行不一，表里不一，只会给幼儿带来负面影响，结果必然是其身虽存其教已废。

4. 遵守社会公德

社会公德是人们在日常生活中所形成和应当遵守的最基本的行为准则。社会公德是社会共同利益的反映，是社会主义道德体系中的重要组成部分，是社会文明程度的象征，是适用于全体社会成员的基础行为规范。社会公德涉及人们社会生活的各个层面，作为最一般的道德准则，更是衡量一个人道德行为的底线。因此，作为幼儿园教师，遵守社会公德是为人师表的必要条件。

五、终身学习原则

【拓展阅读】

让学习成为一生的好习惯

教师要习惯学习，让学习成为一生的好习惯。教师若停止学习，总有一天再也无法教给学生任何东西。知识若停滞，教学就无法进行。优秀的教师就是不断在学习提升的教师。

——源自瑞士优秀教师的评选标准

"要给学生一杯水，教师必须有一桶水。"教师仅有一桶水就够了吗？在知识更新周期日益缩短的今天，教师仅有一桶水是远远不够的！韩愈有言："师者，所以传道授业解惑也。"但是该说法显然忽视了再学习的重要性。当今教师的主题使命已经成为做终身学习型教师，育德才兼备之人才。

瑞士人吃苦耐劳的精神在西方是颇为出名的。把一个只有山水、冰雪、岩石、草木的小国改造成工业最发达、科技最先进的国家之一，若非经过长期的艰苦努力，是不能想象的。瑞士人有很强的终身学习观念，作为小国的人民，他们有很强的危机意识，时刻害怕在竞争中遭遇淘汰，因此总是走在实践的最前面，花大量时间为自己充电，十分重视吸收和学习新知识。

瑞士优秀教师评选标准里也明确提出了教师要树立终身学习的观念。瑞士教育界认为："教师若停止学习，总有一天再也无法教给学生任何东西。知识若停滞，教学就无法进行。优秀的教师就是不断在学习提升的教师"。教师不读书，不勤读书，无疑会给专业发展带来致命的"后劲不足"，这也显然不能适应教师专业化的发展。新型的教师应该是终身学习的示范者，是学生终身学习的楷模。

2013年，在第29个教师节到来之际，习近平总书记在致全国教师慰问信中对广大教师提出了"三个牢固树立"的殷切希望，即：牢固树立中国特色社会主义理想信念，带头践行社会主义核心价值观，做青少年健康成长的指导者和引路人；牢固树立终身学习理念，不断提高业务能力和教育教学质量；牢固树立改革创新意识，踊跃投身教育创新实践，适应现代教育的需求。《幼儿园教育指导纲要（试行）》中明确指出："幼儿园教育是基础教育的重要组成部分，是我国学校教育和终身教育的奠基阶段"，要为"幼儿一生的发展打好基础"。幼儿教育已经已经融入终身学习的理念，作为幼儿园教师，更应该自觉要求终身学习。《幼儿园教师专业标准（试行）》在基本理念部分的第四条这样写道："终身学习，学习先进学前教育理论，了解国内外学前教育改革与发展的经验和做法；优化知识结构，提高文化素养；具有终身学习与持续发展的意识和能力，做终身学习的典范。"

由此可见，终身学习是幼儿园教师职业道德应遵循的原则之一。幼儿园教师的终身学习包括两层含义：一是教师坚持终身的自我学习，二是教育幼儿要有终身学习的理念。终身学习是幼儿园教师持续获得专业提升的动力和源泉，幼儿园教师只有加强学习，拓宽视野，更新知识，不断提高业务能力和教育教学质量，才能成为业务精湛、幼儿喜爱的高素质教师。

（一）困境与挑战——走向"学习型"幼儿园教师的必然

当前，知识经济正蓬勃发展，信息化技术设备、手段等日益先进、丰富，这些在推动人类社会前进步伐的同时，也对人类发展提出了更高的要求。作为人类可持续发展的重要途径，教育也肩负着意义更为深远的使命。而教育的中坚力量——教师，在课程改革不断深化的背景下，则面临着前所未有的巨大挑战。

1. 挑战之一：教育理解的多元化

在传统的教育视野中，人们崇尚以所谓理想化的模式去改造儿童，以达成预期的发展目标。西方在20世纪70年代兴起了后现代主义的思潮，对整个世界的教育趋向产生了颠覆性的影响。在后现代话语与现代教育的交融中，人们不再倾力于形式单一的课程开发，课程领域开始为理解所占有。在很大程度上，它给教育理论及实践工作者带来了观念的冲击。后现代教育思想在对传统僵化、呆板、一元教育思维的批判与解构中主张多元主义，强调不确定性，"以期更充分地揭示各种可能的意义"。思维的转换给尚囿于传统教育方式的幼儿教师造成了许多困惑与迷茫。由于习惯用确定的目光看待孩子的发展，习惯施行教材的既定方针，当一元为多元所取代，确定性为可能性所更替时，幼儿教师往往感觉无从下手。

2. 挑战之二：角色定位的多元化

在学习型社会的创建过程里，身为人类灵魂工程师的教师，应当成为建设学习型社会的先行者和示范者，并在转变理念的探索中实现角色的重构。以往，在幼儿园教育中，教师的主要职责是将知识传递给儿童，在进行教学和其他各项活动时完成上级安排，贯彻教材的主要精神。"教"将幼儿教师固定在一个单一的角色定位上，以致造成了教师创造力的缺失、教学形式化等诸方面问题，并严重影响着儿童经验能力的和谐发展。

与多元化教育理念相应，身处课程改革一线的幼儿教师应该拥有多重角色，并能根据实际情境，灵活地变换角色。《幼儿园教育指导纲要》（试行）指出，幼儿教师要成为幼儿学习的支持者、合作者和引导者。在活动过程里，教师不应再处于权威的"领导"地位，其作用不在于传授真理，而在于激发学生的想象力，能够使学生与所学内容产生对话。在这方面，国外有许多成功的实践经验值得借鉴。

3. 挑战之三：能力素质的综合化

当今时代是教育理念百花竞放、教育技术层出不穷的时代，这对教师的能力素质提出了很高的要求。作为一名新时期的教师，不仅要有良好的技能技巧，能够胜任幼儿园教学的各项任务，还要有扎实的专业素养和一定的理论水平，以支持自身的专业化成长。不仅要有处理教学过程中可能出现问题的各种技能，还要能在幼儿园教育中发挥主体性作用，具备发现、分析并解决问题的实践反思和操作能力；不仅要有独当一面组织班级幼儿的能力，还要能在与园长、家长以及其他教师相协作的良好氛围中不断完善自我的能力。如此种种，都与传统意义上教师的能力素质结构产生了严重的冲突。现在，仍有很大一部分教师接受的师范教育是重技能技巧、轻专业理论的训练，从而导致了教师专业理论基础的薄弱，知识能力结构的失衡。毫无疑问，当他们处于变革之期时，将深感所学难以致用，教学过程中困难重重。而综合化则更是要求教师摆脱安于服从、习于"各自为政"、疏于家园合作的封闭状态，通过形式各异的实践促进自身能力的和谐成长。由失衡到均衡、由分散走向综合，需要历经一个漫长的发展过程。

挑战如此之多、如此之大，幼儿园教师应该如何面对呢？关键在学习。学会自我更新是时代、形势对教师提出的要求。第多斯惠曾经说过："一个人一贫如洗，对别人绝不可能慷慨解囊，凡是不能自我发展、自我培养和自我教育的人，同样也不能发展、培养和教育别人。"幼儿园教师如能将学习作为自身发展的巨大动力，不断地进行自我塑造和锻炼，加强自身修养，就会在教育实践中展现新时期教育工作者的蓬勃朝气和丰富姿彩。

（二）探索与反思——走向"学习型"幼儿园教师的自我修养

克服教育惯性，树立积极的学习意识。美国社会学家安东尼·吉登斯认为，人的生活需要一定的本体性安全感和信任感，而这种感受得以实现的基本机制是人们生活中习以为常的惯性。惯性形成于人们的实践中，并能通过实践的重复在人们的意识中促发一种指导人们行为举止的"实践意识"。在长久相对封闭的幼儿园教育环境中，幼儿园教师的工作相对安逸、稳定，缺乏变动与创新，幼儿园教师缺乏危机意识。这铸成了他们的教育惯性并严重影响其参与改革的能动性。在改革中，不同的教师呈现出不同的状态。在教育惯性的影响下，有的教师抱着畏难心理，觉得自己不具备充分的能力，新任务做不来，给自己背上了沉重的思想负担；有的教师则出现自我认同的混乱，不知道究竟应该怎样重新给自己定位，对未来发展没有明确的设想，身处混沌，因而也不知道到底该做些什么、怎么去做；还有的教师则仍然遵循传统的职业习惯，上级指示，下面执行，将自身发展视为完成管理层交付的任务，依赖管理工作者的安排与领导，在上级安排的"保护伞"下延续教育惯性的轨道。所不同的是，上级安排比以往多了许多，而当这些游离于他们思想之外的发展"任务"占用他们许多时间时，他们就会感到厌倦不已。在实践中，还有很多基于教育惯性而产生学习惰性的表现。

不论是在上述何种情况下的教师，从思想实质而言，对课程改革背景中自我的专业化成长都缺乏危机意识，在被动应答的状态下难以形成学习的内在需要与动机。毋庸质疑，这样的状态严重影响了他们投入幼儿园新课程建设的兴趣和热情。从某种程度上而言，现今教师的职业压力并不只源于在园事务的增多，还源于精神上的压抑。

而能动性的缺乏恰恰是教师精神压抑的一个重要原因。

德国教育家第斯多惠说"教师必须明确地认识到：（1）凡是不能自我发展、自我培养和自我教育的人，同样也不能发展、培养和教育别人；（2）教师只有先受教育，才能在一定程度上教育别人；（3）教师只有诚心诚意地自我教育，才能诚心诚意地去教育学生。"[1]因此，作为幼儿园教师，贯彻终身学习原则，需树立终身学习的理念，形成终身学习的态度和习惯。具体而言，需做到以下几点。

1. 坚持终身学习的原则，需要教师不断拓展视野

要做到这一点，需要教师读万卷书、行万里路，跳出所任教的学科，乃至跳出教育看教育。看见巍峨的群山，才能深刻感受到沙石的伟大；看见滚滚的江水，才能深刻体会到滴水的力量。教师只有视野开阔了，才能体验到云卷云舒的知识之美，才能更加全面地看待自己所任教的学科和所传授的知识，才能举重若轻地胜任本职工作。因此，作为幼儿园教师，必须能够"走得出去"，多去发达地区、具有办园特色的幼儿园去看看，不断地拓展自己的视野。

2. 坚持终身学习的原则，需要教师不断更新知识

学习如逆水行舟，不进则退。在知识爆炸和新媒体迅速发展的情况下，学生获得知识的途径越来越多元，任何人包括教师都不可能垄断所有知识的传授。如果教师不及时更新知识，仅靠"吃老本"是难以胜任教书育人这一神圣职责的。而且，身处学习型组织的学校，身处不断变革的社会，教师有责任和义务为学生的终身学习提供榜样示范，做学习型社会建设的核心引导力量。作为一名幼儿园教师，只有不断更新知识，完善知识结构，才能更好地解答幼儿提出的各种问题，才能更有针对性地对幼儿进行教育教学。

3. 坚持终身学习的原则，需要教师不断更新学习方式

随着科技进步和学习媒介的多元化、立体化，教师要与时俱进，不断更新自己的学习方式，这样才能提高自己学习的效率和效益。博览群书是学习，谈话聊天是学习，网络互动是学习，上微信、刷微博也都是学习。只要终身学习的理念渗透于自己的身心，每时每刻都是在学习，每处每地都是在学习。

4. 坚持终身学习的原则，需要教师在研究中学习，在实践中学习，在生活中学习

作为教师，仅仅具备专业知识是远远不够的，还必须不断研究教育教学规律，不断研究幼儿，不断提高自己对幼儿教育的理解和对规律的尊重。只有这样，才能在教育教学过程中驾轻就熟、举重若轻。与此同时，教师还要在实践中不断改进、提升自己的教育教学能力，在生活中不断体悟、感知生命的美好，将自己的所知所学融进与幼儿的点滴交往之中，将自己的生命本身塑造成一本书，使自己浑身上下都散发出教育力量。

---

[1] [德]第斯多惠. 德国教师培养指南[M]. 袁一安译. 北京：人民教育出版社，2001：25.

5. 坚持终身学习的原则，需要教师善于向不同对象学习

在《幼儿园教师专业标准（试行）》的专业能力部分的反思和发展一项中写道：幼儿教师要"主动收集分析相关信息，不断进行反思，改进保教工作"，"针对保教工作中的现实需要与问题，进行探索和研究"，"制定专业发展规划，不断提高自身专业素质"。幼儿园教师如何做到以上内容，具备相关的专业能力？只有在日常工作中向不同的对象学习，并且在做中学、做中教，才能使自身的专业能力不断得到提高。

幼儿园教师在日常工作中经常会碰到不同的实际问题，也会接触到不同的人，这些问题、人和事，都是能引发学习的契机。幼儿园教师可以向书本学习、向幼儿学习、向同事学习、向家长学习。不同的学习对象都可以成为解决问题的"好帮手"。向书本学习，书本的内容比较广泛，幼儿教师通过阅读书本杂志，能了解到先进的教育理论和实践策略，可以和古今中外的教育家进行对话，获取教育智慧和灵感。向同事学习，学习的方式具体直接，能够迅速解决实际工作问题，而且相互切磋还能增进与同事间的感情，形成学习研讨的共同体。向幼儿学习，以实际行动践行《幼儿园教育指导纲要（试行）》《3—6岁儿童学习与发展指南》的先进教育理念，体现了教育教育哲学思想，能够帮助教师与幼儿之间建立平等和谐的师生关系；通过对幼儿的观察、学习，幼儿园教师将会更加了解幼儿，发现幼儿成长中的"闪光点"。向幼儿学习是幼儿园教师必须具备的教育理念和专业能力。向家长学习，运用社会更广阔的资源来解决教育中遇到的实际问题，学习通过沟通交流达成教育共识，共同为幼儿的发展谋求更大的可能性。

同时，幼儿园教师只有做到终身学习，才能示范和引导幼儿终身学习。陶行知先生说："要想学生好学，必须先生好学。唯有学而不厌的先生才能教出学而不厌的学生。"因此，幼儿园教师在做中学、做中教的学习态度和行为，能够在日常与幼儿相处的过程中深深影响着幼儿，有利于贯彻《幼儿园教育指导纲要（试行）》中"终身教育、终身学习"的理念，培养热爱终身学习的孩子。

六、尊重家长原则

《幼儿园教育纲要》指出，家庭是幼儿园重要的合作伙伴，幼儿园教师要本着尊重、平等、合作的原则，争取家长的理解和支持、主动参与并积极支持，以帮助家长提高其自身的教育能力。作为幼儿园教师，要做到尊重家长，热情为家长服务，使学校教育和家庭教育形成合力，共同促进幼儿的健康成长。

贯彻尊重家长原则，要求幼儿园教师做到以下几点。

（一）尊重家长不同的需要，耐心对待家长提出的不同问题

每个儿童都是独立发展的个体，都有不同于其他儿童的身心发展的独特性。每个儿童的需要、兴趣、性格、能力和学习方式等都不同，因此，家长对幼儿的期望、对教师的要求也常常表现出明显的差异性。作为一名幼儿园教师，不能因为家长的特殊

需要或者过多的要求而对家长产生不满或厌烦的情绪，更不能因此冷淡或回避家长。而是应该热情、耐心地听取家长的想法和意见，尊重每位家长的不同需要，从每个家庭的差异性特点出发，因家庭而异地进行有针对性的指导性工作。

（二）尊重家长的话语权，耐心接受家长的合理建议

家长在幼儿园的教育教学工作中享有正当的话语权，但是在日常的幼儿园教育实践中，往往会出现一边倒的现象，即教师是绝对的权威，家长只是处于被动地接受和配合的位置上。如此一来，不仅剥夺了家长的话语权，而且也忽视了家长在幼儿教育中的作用和价值。

实际上，家长在与孩子的相处中，对孩子的兴趣、性格、爱好等都了如指掌，家长最能真实、客观地呈现出孩子在家中的表现，而教师也可以借助家长的语言表述来获取幼儿在园外的真实相貌。例如，通过小型家长座谈会，让家长谈谈育儿的心得体会；欢迎家长走进幼儿园的日常生活，全面了解孩子在幼儿园的生活状况；邀请家长参与幼儿园管理，积极为幼儿园教育建言献策。

【名人名言】

对儿童来说，教师的思想与他的个人品质是分不开的。一个受学生爱戴的教师所说的话，与一个与他们格格不入的只受他们鄙视的人所说的话，他们（儿童）接受起来是完全不同的，从后者口中说出的即使是最高尚的思想，也会变成可憎恨的东西。

——克鲁普斯卡娅

一个学校的教师都能为人师表，有好的品德，就会影响学生，带动学生，使整个学校形成一个好校风，这样有利于学生的德、智、体全面发展，对学生的成长大有益处。

——叶圣陶

一个好教师意味着什么？首先意味着他是这样的人，他热爱孩子，感到和孩子交往是一种乐趣，相信每个孩子都能成为一个好人，善于跟他们交朋友，关心孩子的快乐和悲伤，了解孩子的心灵，时刻都不忘记自己也曾是个孩子。

——苏霍姆林斯基

从最广义的教育来说，它是一个社会的过程。所有的人，所有的事物和现象，都在教育着儿童，但其中最重要的是人。在人的当中，父母和教师占首要的地位。

——马卡连柯

教师工作不仅是一个光荣重要的岗位，而且是一种崇高而愉快的事业。它对国家人才的培养、文化科学教育事业的发展，以及后一代的成长，起着重大作用。

——徐特立

教师所奉行的宗旨在于培育人类德行。他要为它贡献出自己的整个心灵，它牢牢地约束住教师……

——第斯多惠

【思考与讨论】

1. 幼儿园教师职业道德原则的要求有哪些？
2. 如何理解幼儿园教师职业道德原则在教师职业道德中的地位？
3. 请结合具体实例阐述幼儿园教师职业道德原则的具体内容。
4. 阅读以下材料，并回答问题。

在幼儿园，我发现教师和幼儿之间有一种好玩的影子效应——幼儿是教师的影子。例如，黄老师严肃、纪律性强，她所带班级的孩子也比较严肃；陈老师性格开朗，直爽随性，她所带班级的孩子比较活泼自由；杨老师崇尚自由民主的教育理念，她所带的孩子则表现出和谐、自主性较强的特点。这种影子效应说明模范学习是幼儿获得经验的主要方式和途径，幼儿常常按照眼前人的行为方式来指导自己的行为，并做出与之一致的行为。幼儿园教师，是除了父母之外幼儿接触时间最长、关系最密切的成人，是幼儿模仿和学习的重要对象。所以，幼儿园教师的言行对幼儿的影响很大。

问题：请结合所学的幼儿园教师职业道德原则的知识，对材料进行分析。

5. 查找阅读有关幼儿园教师职业道德修养的先进事迹，写一篇不少于1000字的心得体会。

【参考文献】

[1] 龚乐进，张贵仁，王忠桥. 教师职业道德[M]. 北京：北京师范大学出版社，1992.

[2] 赵南. 学前教育"保教并重"基本原则的反思与重构[J]. 教育研究，2012（7）.

[3] 朱婷婷. 论幼儿园的师幼关系[D]. 内蒙古师范大学，2013.

[4] 赵国忠. 优秀教师最重要的标准[M]. 南京：南京大学出版社，2009.

[5] 张海丽. 幼儿教师职业道德[M]. 北京：清华大学出版社，2016.

[6] 徐廷福. 教师职业道德修养[M]. 北京：北京师范大学出版社，2015.

[7] 冯婉桢. 幼儿教师专业规范与行为礼仪[M]. 北京：高等教育出版社，2013.

[8] 黄明友. 教育法学与教师职业道德[M]. 成都：西南交通大学出版社，2014.

[9] 冯益谦. 教师职业道德导论[M]. 武汉：华中师范大学出版社，2014.

[10] 路丙辉. 教师职业道德修养[M]. 合肥：安徽师范大学出版社，2015.

[11] 崔培英. 教师职业道德修养[M]. 郑州：郑州大学出版社，2014.

[12] 钱焕琦. 基于标准的教师教育新教材：教师职业道德[M]. 上海：华东师范大学出版社，2016.

[13] 《"四特"教育系列丛书》编委会. 教师职业道德与素质培养[M]. 长春：吉林出版集团有限责任公司，2012.

第三章　幼儿园教师的职业道德认知

【学习提要】

职业道德认知作为师德能力的重要组成部分，是整个师德能力的前提，是教师依据已有的道德认知，对自己将要采取的师德行为进行分析、判断和选择的关键能力，也是教师形成师德行为和习惯的核心条件。因此，幼儿园教师职业道德认知水平是构建幼儿园教师职业道德品质的基础。幼儿园教师的职业道德认知水平决定了幼儿园教师道德品质的发展水平。

第一节　幼儿园教师职业道德认知的内涵及其特征

要形成良好的职业道德，首先要具有科学的、正确的职业道德认知。职业道德认知是幼儿园教师职业道德品质的重要表现。

一、幼儿园教师职业道德认知的内涵

道德认知即"道德再认"，它指的是由于当前道德范例的刺激作用，主体通过再认已有的道德知识和道德范例，形成道德新知的过程。道德认知既是一个从道德刺激到道德新知的形成过程，又是一种形成道德新知的手段。过程与手段是同一的，都是为主体的道德意识增进新的内容，提到新的高度，注入新的血液。具体而言，也即是对职业道德规范及其执行意义的认知，形成一定的道德观念和原则，并运用这些职业道德观念和原则判断是非善恶，调控自己与他人、社会的关系。

道德认知是道德主体对个人与他人、个人与社会的关系，以及调节这些关系的社会道德原则和规范的深刻认识和理解。道德认知促使人们在内心中形成善恶、荣辱、是非、正邪等道德观念和平等、权利、义务、关怀等道德准则，是教师进行师德判断、实施师德行为的基础，是教师实现师德内化的关键。

因此，幼儿园教师职业道德认知可以界定为：幼儿园教师在原有的职业道德认知的基础上，对个人与他人、个人与社会的关系，以及调节这些关系的职业道德原则和规范的深刻认识和理解，也是调整原有的认知结构，通过同化、顺应的加工，从中获取稳定的、清晰的幼儿园教师职业道德新知的心理活动过程。

具体而言，幼儿园教师的职业道德认知应包括以下内容。

1.对于教师职业道德责任和道德义务的了解与思考。这是对教师职业道德现象的现

实性和本质层次的认知过程，是幼儿园教师从事实是怎样—应该怎样做的高度来理解和把握的职业道德，体现了幼儿园教师对道德认知的要求和期待。职业道德的责任和义务并不是主观任意的、可有可无的、可以这样也可以那样的意识现象，它在本质上是社会主体对教师职业发展进程的带规律性的必然趋势的认识成果，是从必然性中引申出来的应然性。由于它通常以社会主体意志的形式呈现在教师的面前，因此往往会被误认为是超认识的、前知识的、先知和自明的。其实，对于教师职业道德的责任和义务的认识和理解，恰恰正是道德认知的最为主要、最为关键的内容。离开了对道德责任、道德义务的了解与思考，道德认知就将称为百无一用的假理论。因此，作为幼儿园教师，首先应对教师职业道德的责任和道德义务进行深入的了解和思考。

2.对于教师职业道德规则的体认和理解。这是一种特定形式，对教师职业道德现象的认知过程，是从行为的角度来理解和把握职业道德对幼儿园教师的要求和期待。职业道德规则或准则是教师职业道德责任和义务的具体体现和具体形式，它更多地表现为对幼儿园教师"应当如何"做出明确规定，实际上这已经将教师职业道德规则或准则所内涵的应然性还原为了教师行为的必然性。

3.关于教师道德善与道德恶的知觉和体认。这是对教师道德现象的评价及其评价标准的认知过程，是从价值分析、价值判断、价值选择的角度去理解和掌握教师道德对教师的要求和期待。道德从形成的最初就是一种带有评价功能的社会意识形态，有关于道德的任何一条命题，事实上不外乎是一种道德价值判断。区别于其他评价性社会意识形式，道德是以善恶为评价尺度的，一切体现道德责任和义务的道德规则都在实质上表现为一种善恶尺度。尽管在教师的职业生活及生涯中曾经形成许多得到普遍认同的道德价值标注，并且这些道德判断标准至今仍有一部分在发挥作用，但是，人们对于教师道德善恶的评判通常总是有时效和情境性的，有时候人们的道德评判甚至会自相矛盾。这或许就是元伦理学主张善的不可定义性的社会根源，因为思维的逻辑总归还是要最终还原为生活的逻辑。因此，对善和恶的进行的认知不仅非常必要，而且要随着时代和社会环境的变更不断更新。

4.对于道德自律、道德修养、道德舆论、道德教育的认识和把握。这是对教师道德现象的功能和运行机制的认知过程，是从可能—应当、他律—自律、价值关怀—人文升华的角度来理解和把握教师职业道德对教师的要求和期待。道德从本质上表现为人的生存方式，但这种生存方式不可能依靠生物遗传获得，而必须依靠社会遗传获得。认真接受道德教育和舆论监督、自觉进行道德修养、努力塑造道德良心，乃是教师实现社会化的基本途径，也是教师职业道德运行的一般机制。尽管人们已经对呆板、僵硬的道德教化普遍感到厌倦，但是这并不能改变道德作为人的生存方式所产生的道德教育的必要性，更不能改变教师职业道德的运行机制。应当和可能改变的仅仅是教师道德教育的内容、形式、方法、手段，而这恰恰是为了进一步增强其有效性，而绝不是相反。因此，对于道德自律、道德修养来说，道德认知、道德教育，不仅关系到师德本身，也是作为人类社会存在方式的有效性保障。

二、幼儿园教师职业道德认知的形成与发展过程

幼儿园教师的职业道德认知，并不是教师从事幼儿教育工作以后自然而然就拥有的，而是必须通过教师自身的修养和外界的帮助才能形成的。所以说，幼儿园教师的职业道德认知是一个自我学习和获得道德新知的过程，也是一种内化的过程。而由幼儿园教师内化产生的道德新知，应该包括道德概念的掌握、道德判断能力的训练、道德信念的确立三个维度。[1]

道德概念是对道德现象本质特征的概括反应，它是个体在一定的道德情境中，在已有的道德表现的基础上，通过有关道德知识的学习形成的。道德个体按照社会道德准则采取行动时必须对这些道德准则有所认识，形成相应的道德观念。道德概念的掌握对道德认知的形成有着十分重要的作用。教师只有掌握了道德概念，才能摆脱行为规范的具体情境，在更广泛的范围内调节和支配自己的行动，使之适合社会行为准则的要求。同时，教师掌握道德知识，常常是以道德概念的形式实现的。

道德判断是个体根据社会的、自己的道德价值观念对自己或他人的行为作出是非善恶的判断和评价。科尔伯格认为，在个体的道德认知过程中，最能体现道德认知水平的是道德判断，因为道德判断是道德情感、道德意志和道德行为的前提，引导、规定和驱动一个道德个体采取一定的道德行为。[2]如果说道德概念的掌握有助于解决个体对社会关系和道德准则认识中遇到的问题，属于是什么的问题。那么，道德判断则是根据已掌握的道德标准对人的行为作出价值判断，属于为什么的问题，它是道德主体运用已有的道德概念进行道德推理并作出道德判断的思维过程。道德判断力的高低是衡量个体道德水平的一个重要标志，通过道德判断可以加深道德主体的道德认识，促进道德信念的形成。因此，在教育教学活动中，幼儿园教师只有不断培养、训练自身的道德判断和选择能力，为自己提供正确的教育行为模式和道德行为典范，分析、判断不良的教育行为表现，才能使自身在教育活动中做到明是非、识真伪、分善恶、辨美丑、知对错，从而为形成良好的职业道德认知奠定基础。

道德信念是个体对自己所奉行的道德准则和道德观念的确信，它是个体道德活动的理性基础。当个体把外界道德要求转化为个人行为准则且坚信其正确性时，会引起相应的情绪体验，这就表明了道德知识已经转化为道德信念，道德信念的确立会使个体的道德行为表现出坚定性和一贯性，从而形成道德品质中的关键因素。个体道德信念的发展确立一般经历无道德信念的阶段、道德信念的萌芽阶段、道德信念的确立阶段等几个时期。只有形成了道德信念，才能把道德知识与道德行为统一起来，才能使个体成为真正意义上的有道德之人。

幼儿园教师工作，是一项复杂、繁琐、细致的工作，需要付出"三心"——爱心、耐心、责任心，对幼儿成长起着至关重要的作用。因此，要求幼儿园教师必须具备良

---

[1] 张大均. 教育心理学（第2版）[M]. 北京：人民教育出版社，2004.
[2] [美]科尔伯格. 道德发展心理学[M]. 上海：华东师范大学出版社，2004：1-2.

好的职业道德素质和修养。2012年2月10日，教育部正式公布《幼儿园教师专业标准（试行）》，它是国家对合格幼儿园教师专业素质的基本要求，是幼师开展保教活动的基本规范，是引领幼师专业发展的基本准则，是幼儿园教师培养、准入、培训、考核等工作的重要依据。"师德为先"是贯穿《专业标准》的基本理念之一。师德为先是幼儿园教师最基本、最重要的职业准则和规范，每一位教师都必须做到热爱学前教育事业，关爱幼儿、尊重幼儿，为人师表、教书育人，担当起幼儿健康成长的启蒙者和引路人的重任。

【拓展阅读】

审视师德，让专业多一点真实[1]

人们常说，"教师是教育发展的第一资源，应该师德师能双轮驱动、专业人文并驾齐驱"。现实中，大多数教师能够主动发展，但也不乏一些教师有失范、失德的行为。

师德是提升队伍水准的总枢纽。学者冯建军认为，道德的良善是优秀者的重要品质之一，它统率着理智，规约着欲望和激情，是人格的指明灯。教师或许因功利价值而从业，但入行后则应注重教育的社会价值，唯有如此才能善教、乐教。

师德决定教师的事业态度。我到一所学校参观时看到，下课时间，学生站成一队等待教师面批作业。在我看来，这是作秀，是教师利用学生的时间完成自己的工作。这种行为暴露的不仅是业务能力问题，还是师德问题。有德行的教师能认清自己的责任，不会把学生当作表演的工具，而是把握时机，给予学生恰到好处的应答和帮助。

师德决定教师的专业品质。教育发展需要具有专业品质的教师，教师的专业品质取决于自身的综合素质，而教师过硬的综合素质又推动着日益深化的教育改革。因此，我们需要有德行的教师，因为他们往往更注重专业发展，能够主动适应教育发展的要求。

师德决定师者的境界。优秀教师的共性是本质善良、灵魂高贵、学识渊博、胸襟宽广，这些都来自长期的自我修炼和教育研究。教而不研则浅，研而不教则空。苏霍姆林斯基也说过，如果你想让教师的劳动能够给教师带来乐趣，就应引导每一位教师走上研究这条幸福的道路上来。只有具备德行的教师才能在研究的征途上完善境界，才能更好地影响和引导学生。

教师是教育事业发展的推动者。因此，我们在营造区域教育生态的过程中，也要构建和呵护教师发展所需的环境，才能保障教育健康发展。

小智善于治事，大智善于用人，睿智善于立法。"立法"就是优化发展机制，为教师提供行为的范本与标准。

言传身教是最有效的育人方式。学生有"向师性"的心理特点，有敬崇、模仿教师的自然倾向性。布鲁纳认为，教师不仅是知识的传播者，而且是模范。从育人的角

---

[1] 朱慧. 审视师德，让专业多一点真实[N]. 中国教师报，2015-11-18（15）.

度来看，身教又往往胜于言教，正所谓"动人以言者，其感不深，动人以行者，其应必速"，教师的道德品行是学生学习的内容，是任何教科书和奖惩制度都代替不了的。

诚实守信是言传身教的根本所在。孔子说："其身正，不令则行，其身不正，虽令不从。"这是行为标准，也是教师做好教育工作的重要保证。人无诚信不立。教师只有表里如一、言行不二，才能树立良好的形象。

终身学习是言传身教的重要内容。每个教师都希望学生努力学习，但是，若教师不学、不思、不研，不能做学习的表率，怎能期待教育教学活动高效展开。所以，教师应将学习作为生活方式和生活常态，不断学习教育学、伦理学、心理学等专业知识，做好教科研，提高综合素质和专业能力。

富有爱心是言传身教的第一法宝。马卡连柯夫说，爱是教育的基础，没有爱就没有教育。爱是教师教育学生的感情基础，是教师取得教育成果的首要前提。一个情感冷漠的教师，只能让学生敬而远之，哪里谈得上指导学生。所以，以情动人、以理服人才是言传身教的核心，才能使教师成为青少年心中不可替代的"阳光"。

三、幼儿园教师职业道德认知的特征[1]

道德认知表现为一个过程，而且是一个活动过程，而任何活动总是有一定的对象的。活动对象的特殊性表现出活动自身的特点。幼儿园教师职业道德认知的特征，除了遵循认识的一般发展路线以外，着重表现为两个方面，具体如下。

（一）道德认知以正确反映利益关系的道德范例为对象

道德认知以正确反映利益关系的道德范例为对象，这是道德认知区别于一般认知的第一个特征。从本质上看，道德是社会的一种意识形态，是中国社会上层建筑的一种意识形式，它是由社会经济关系中最直接、最集中的表现——利益关系所决定的，它是顺应调节人们利益关系而产生的，这种调节采取规范的形式，所以，道德是规范的理论体系。但是，这种规范不是对某种自然物的规定，也不是对某种自然精神的约定，而是对人的行为的规定，这种行为不是一般的生产活动方式，而是在利益冲突面前的多种行为。因此，从道德的本质来看，它是对蕴含有利益关系的行为的规定。这些行为被观念世界所沉淀，就形成道德意识。道德意识既是人的认识世界中的一个观念世界，又是人再去认识道德世界的基础，是道德再认的前提。由利益关系可以引申出道德的系列范畴：勇敢、正义、公正等。道德知识是人类不断认识道德、发展道德的理论结晶，也是道德再认的知识起点。

在处理利益关系中的可效仿典型是道德范例，道德范例是在道德实践中产生的，是具有肯定意义的现实生活的典型，能够使人产生美感的崇高形象，是内在的善品和外在的善行的统一。因此，道德范例也是道德知识的实际体现形式，是道德知识在活生生的现实世界中的确证。道德认知以反映利益关系的道德知识为基础，以道德范例

---

[1] 郑庭海. 幼师生道德认知发展及德育对策研究[D]. 西北师范大学，2004.

的影响作为外界刺激物，这是道德认知的对象区别于一般的认知对象之所在。自然知识描述和揭示自然现象，建立于因果联系之上，通过把握事实对象的特点而制定出关于对象的真理系统。道德认知则是通过对利益关系的约定建立起来的人与自然及人与社会的价值联系。通过把握利益关系的特点而建立起善恶价值系统，前者追求"真"，后者更倾向于"善"的确立；前者陈述式地反映世界"是什么""为什么"，后者指令性地要求人"该怎样""应如何"。通过道德再认，使人的道德认识从"现在已怎样"提高到"应该是怎样"，完成"现有"向"应该"的转化。

（二）道德认知主体以从认知对象中获得价值取向为目的

道德认知主体以从认知对象中获得价值取向为目的，这是道德认知不同于一般认知的第二个特征。

价值是客体满足于主体需要的属性。无论是自然物还是人自身，都是因为主体的存在而体现其价值的存在；价值取向则是在不同的价值观念中选择某种价值观念作为行动目标的决断或确定的心理活动。对主、客体间需要关系的认识来自于主体的知识和经验。有认识才有评价，才有选择，对价值的认识不同进而产生不同的价值选择。一个在丰富道德知识指导下和道德范例感染下的人会采取"人生为大众"的价值取向。"人生为大众"就是不存私心，积极进取，无私奉献，在道德行为上就是先人后己。而道德上的个人利己主义者会选取"人生为我"的价值取向，为了自身的利益不顾他人的利益，为了追求资本和权力，"所有的东西——不仅是土地，甚至连人的劳动，人的个性，以及良心、爱情和科学，都必然成为可以出卖的东西"（《列宁全集》第十二卷，第282页）。

道德认知对象所反映的利益关系与价值观念紧密相连。价值反映的是主客体间的需要关系，主体根据对需要关系的认识从而对客体持肯定或否定的态度。因此价值是通过需要把主体与客体联系起来的。而利益反映个体需要被满足的特性。人们谋取利益，是建立在他们的需要基础之上的，需要是利益的心理诱因，价值则因人的需要而得到体现。因此，主体对利益的认识影响其价值的取向。

道德认知对象对主体起价值取向的作用，而一般认知对象是主体赖以认识和改造客观世界的主观条件，它决定着主体认识和改造世界的深度，但是它不关心主体的行为是"应该的"还是"不应该"的。因此，道德认知的目的和一般认知的目的也是不同的。

第二节 幼儿园教师职业道德认知的影响因素

影响道德认知水平的主要因素，主要是针对道德个体的道德认知水平而言的。在这里，影响幼儿园教师职业道德认知水平的因素可以分为两类：环境因素和主体性因素。

一、环境因素

环境因素是指，除道德个体自身以外，影响道德个体道德认知水平的所有因素。影响幼儿园教师职业道德认知的环境因素包括社会环境及幼儿园环境。具体来说，体现为以下方面。

（一）社会转型期价值取向的多元化冲淡了幼儿园教师的职业道德意识

社会因素对道德个体道德认知水平的影响是很大的。在道德认知发展的过程中，道德个体会受到社会风气的影响，尤其在道德个体可塑性比较强的阶段，道德个体的道德认知很容易接受好的社会风气，也比较容易接受坏的社会风气。在同一时间背景下，不同地区由于地理、文化、习俗的差异，文明发展程度的不同，道德个体的道德认知水平也会呈现良莠不齐的状况。良好的社会环境无疑对道德认知水平的提高有很积极的作用。

在由计划经济向市场经济转变的过程中，西方的思想观念和文化传统对我国现有的文化体系带来了巨大的冲击和挑战。国外各种不良的文化思潮通过各种途径不断渗入校园，功利主义、实用主义等道德观念搅乱了一些教师的职业道德意识，使他们对道德观念良莠的鉴别陷入了困惑和怀疑之中。在市场经济条件下，个人利益被肯定，这一方面大大增强了人们的积极性和主动性，调动了人们的主观能动性；另一方面客观上也导致了一些人利己主义、功利主义和实用主义价值观的出现，在人们的价值取向中，容易出现重经济而轻政治、重物质而轻精神、重实惠而轻道义等一系列变化。这些变化都不可避免地影响着教师的职业道德。幼儿园教师群体是一群生活在这样时代背景下的普通劳动者，而劳动者需要通过按劳分配获得劳动报酬。因此，一些思想觉悟不够高、意志力不够坚定的幼儿园教师在道德认知上就比较容易受到这种市场经济负面思想的影响。市场经济对价值的追求，导致一些幼儿园教师受到拜金主义价值取向的影响，进而人生观、价值观也出现偏差。尤其是当今，由于部分幼儿园教师的道德失范行为被媒体大量报道放大，从而导致幼儿园教师的整体形象受损，幼儿园教师的社会地位逐渐下降，再加之幼儿园教师的待遇普遍不高，所以难免有些幼儿园教师的理想信念出问题，甚至有些幼儿园教师收受家长送来的红包、礼品，有些幼儿园教师还向幼儿家长索取物品。

【拓展阅读】

教育部关于切实加强教育系统廉洁自律和厉行节约工作的通知[1]

教办〔2010〕14号（节选）

根据中央关于廉洁自律和厉行节约的有关文件精神，时至年末岁初，"年、节"将至，现就教育系统切实加强廉洁自律和厉行节约工作提出如下要求：

---

[1] 教育部关于切实加强教育系统廉洁自律和厉行节约工作的通知[EB/OL]. http://www.moe.gov.cn/srcsite/A01/s7048/201012/t20101216_171902.html，2010-10-16.

一、不准用公款搞相互送礼、相互宴请、游山玩水、出国（境）旅游和进行高消费娱乐活动，也不得接受其他单位和个人邀请的高消费娱乐活动。

二、不准到高级宾馆举办茶话会、联欢会等节日庆典和拜年活动；严禁以任何名义发放贵重礼品和纪念品。

三、不准巧立名目突击花钱和滥发津贴、补贴、奖金和实物；严格控制年终各项检查评比达标表彰活动，削减不必要的开支。

四、不准以各种名义向下属单位转嫁、摊派和报销费用。

五、不准违反规定收受和赠送与行使职权有关系的单位和个人（包括上、下级单位和个人）的礼品、礼金、干股、有价证券和支付凭证。

六、不准违反规定在经济实体、社会团体等单位中兼职或兼职取酬，以及从事有偿中介活动。

七、不准收受学生及家长的礼品、礼金、有价证券、支付凭证或其他财物。

八、不准违反规定从事有悖于教师职业道德规范的活动，也不得向学生索要或暗示索要财物。

（二）传统教育模式中的功利化倾向对教师职业道德认知的误导

纵观我国的教育模式，每一个人都经历了由中学到大学直至参加工作的过程，基本是在学校的环境里成长起来的。长期以来，教育在相当程度上被功利化，中学阶段的教育过分注重升学率，学生被学校当作了产生"效益"的工具，大学阶段专业设置的局限性又使学生被束缚在"读书——文凭——铁饭碗（找一个好职业）"的功利模式中。这样一来，对于那些进入教育行业的新一代教师来说，又会用同样的方式来培养学生，因此这种模式产生的影响是深刻而持久的。在这样的教育氛围下，一方面，教师的道德认知被误导，一部分教师虽然掌握了一定的文化知识和专业技能，却既缺乏事业心、责任感，又缺乏必要的涵养；另一方面，学校德育不同程度地偏离了完善学生人格这一根本目标，而往往被视做"灭火器"，基本的伦理道德教育也常常因受应试教育的影响而遭到学生本能的排斥，出现了道德教育的"逆反心理"。

（三）幼儿园园所氛围的影响

幼儿园是一片独特的小天地，每所幼儿园所散发出的气息也都不一样。在园长教育理念的指引下以及各位幼儿园教师的努力中，每所幼儿园所呈现出的氛围也都大不一样。廉洁奉公、积极进取、融洽和谐的园所氛围有利于幼儿园教师体验职业幸福。坚守正确的职业价值观，有利于教师、幼儿在和谐友善、正直的氛围中树立自信，学会判断和关怀。相反，如果是在一种相互攀比、勾心斗角、自私冷漠的氛围中，就只能形成唯利是图、拜高踩低的园所氛围，而这对教师的职业道德认知、幼儿的价值观等都是非常不利的。

（四）教育外部压力的影响

在社会舆论作用下，教师的社会实践活动和教师内化职业道德认知受到了一定的影响，主要表现在：幼儿园教师的信任危机引起教师的警觉，促使教师端正认识；教师妥善处理各种社会诉求，产生心理变化；采取专业行动挽救专业信任危机；社会舆论影响幼儿园教师对职业道德的认知程度，社会舆论作为社会意识形态的载体，以集体潜意识的方式影响幼儿园教师对自身专业的认识。如2012年冬季发生的幼儿园虐童案件，社会舆论广泛关注幼儿园教师的生存状态与幼儿在园受照看的状况，舆论界对此事件的评论直接影响教师的职业道德认知。又如2012年初教育部下发通知集中整治幼儿园教育小学化现象，主流媒体跟进报道这一政策，这给教师的执教知识、执教方法以及教育观、幼儿观带来社会压力。社会压力对幼儿园教师职业道德认知的内化主要表现在两个方面：一方面形成社会文化环境，提出社会对幼儿教育的道德要求，帮助教师提升服务质量；另一方面社会各界通过赞扬或者批评某一行为，形成社会舆论，影响教师的专业决策。

二、主体性因素

影响道德认知的主体性因素是指道德个体自身存在的，影响道德个体道德认知的内部因素。影响道德个体道德认知的因素是繁杂多样的，在这里，影响幼儿园教师职业道德认知的主体性因素主要包括：道德需要、教师个体的自觉意识、教师的人格品质。

（一）道德需要是影响幼儿园教师职业道德认知的内在动因[1]

需要是一个心理学概念，是指当有机体的生存体内物质和能量的动态平衡被打破，物质或能量代谢失去平衡之后产生一种心理状态及反映。[2]由此可见，需要不是人的特权，而是一切有机体的共性特征。但人的需要有别于其他动物，其表现在人除了要满足生存的物质需要，还有更广泛、更高的精神需要。"人以其需要的无限性和广泛性区别于其他一切动物。"[3]人的需要是有层次的。人本主义心理学家马斯洛对需要层次曾做过很好的说明。作为需要理论的代表人物，马斯洛以人为研究对象，建立了以满足为基础的需要层次论，把人的需要看成一个由低层次向高层次的发展过程，在满足基本的生理需要基础上，又分化出新的精神需要，形成需要的体系。具体而言，马斯洛的需要层次理论主要包括生理的需要、安全的需要、归属与爱的需要、尊重的需要、自我实现的需要。

道德需要是社会生产力发展到一定阶段后，为维持社会稳定，维持社会中各种道

---

[1] 杨云芳，杨云霞．试论法官职业道德认知的影响因素[J]．西北大学学报（哲学社会科学版），2012，42（3）．
[2] 孟昭兰．普通心理学[M]．北京：北京大学出版社，2003：360．
[3] 中共中央马克思恩格斯列宁斯大林著作编译局．马克思恩格斯全集（第49卷）[M]．北京：人民出版社，1979：130．

德力量之间的平衡而衍生出来的一种社会需要。道德需要是人的高层次需要，是人们基于对道德所具有的满足自我与社会的价值、意义的认识和把握，亦即基于对道德的价值性认识而产生的遵守一定的道德原则和规范，做一个道德人的心理倾向。

在教师的品德心理结构中，道德需要处于重要的地位，是个性心理特征的基础，更是行为的直接动力。道德行为应主要归因于道德需要，没有对道德的需要就不会有道德的内化，就不会有自主、自觉的真正的道德行为。人类创造道德并不仅仅是为了约束和限制自己，而是为了发展和肯定自己。道德具有约束性，但更重要的是它具有激励作用。它不是社会用来对付个人、反对个人的工具，不是与人的自由自觉的生命本质相对的异己力量，而是人的需要和生命活动的一种特殊表现，是人探索、确证、完善自己的一种重要方式，它在本质上与人的创造精神，与人的自我实现、自我发展的内在需要是一致的，道德需要是道德教育的出发点和推动力。

因此，道德需要是幼儿园教师职业道德认识的出发点，有了道德需要，才会有道德认识的发生。道德认识的发生与人的道德需要紧密联系，这种需要不是低级的满足生存的需要，而是高级的社会需要。我国自古以来就有尊师重教的传统，历来认为教师应当以身作则，为人师表，即幼儿园教师在教育教学过程中，要从言行举止、衣着仪态等方面为幼儿作出表率，从而去影响幼儿和教育幼儿。每一位幼儿园教师或是立志于做一名优秀幼儿园教师的人都应该认识到这种表率作用的重要性，并严格要求自己，向着标杆前进。只有实现这一社会需要，幼儿园教师的个人需要才能得以充分满足。只有认识到这一点，幼儿园教师的职业道德认知才能提升到与社会需要相符合的高度，幼儿园教师的职业道德教育也才能更加有效。

（二）幼儿园教师个体的自觉意识

自觉意识可以说是道德个体的道德敏感程度。因此，在幼儿园教师的道德认知形成与发展的过程中，如果其自觉意识比较强，那他便会对自己已经形成的道德认知进行自觉的反思，同时还会对自己的道德情感、道德行为进行自我评价，促发道德认知进一步发展。因而我们说幼儿园教师个体的自觉意识对于其道德认知的发展有很大的影响，能清醒客观地对自己的道德知、情、意、行进行反思和评价的幼儿园教师，往往道德认知发展比较稳定成熟。

（三）幼儿园教师的人格品质

人格，指人类心理特征的整合、统一体，是一个相对稳定的结构组织，并在不同时间、地域下影响人的内隐和外显的心理特征和行为模式。人格的属性包括整体性、稳定性、个体性、适应性、自然性、社会性等。由于人格的心理属性的变异（心理疾病）所导致的人格缺陷，是家庭暴力、社会危害的重要源头和成因之一。

人格缺陷是相对人格障碍而言的。人格障碍是一种病态，心理学上对其研究已经较为丰富，而人格缺陷在正常人身上均有所体现。人格障碍的反面是人格健全。人格缺陷是人格的某些特征相对于正常而言处于一种边缘状态或亚健康状态，可与酗酒、赌博、嫖娼、吸毒等恶习相关或互为因果，是介于人格健全和人格障碍之间的一种人格状态，也可以说是一种人格发展的不良倾向，或者说是某种轻度的人格障碍。[1]常见的人格缺陷有自卑、抑郁、怯懦、孤僻、冷漠、悲观、依赖、敏感、多疑、焦虑或暴躁冲动、破坏等，这些都是不良的心理因素。而所有这些不良的心理因素、不健全的人格品质均会对幼儿园教师的职业道德认知产生影响。

【典型案例】

"多面幼师"颜艳红[2]

一张存在微信里的照片，让20岁的颜艳红从一个小城市的普通幼师，一夜间成为全国人人喊打的虐童"妖女"。28日，记者了解到，颜艳红已被报请批准逮捕，温岭市人民检察院尚未作出批准逮捕决定。

公众在愤怒的同时，也有很多问号，她这样做的动机是什么？记者找到多名颜艳红的亲人和朋友，用一个又一个故事串联出一个接近真实的她。

颜艳红的同事说：她是阳光和气的"人气老师"

蓝孔雀幼儿园地处温岭城乡接合部，附近的居民大多数都是外来务工人员，幼儿园目前的285名学生中，外地孩子比例超过60%。相比另外一家民办幼儿园，蓝孔雀幼儿园在家长心中也颇具人气，因为"这里教写字，能学到东西"。虽然每学期也要2100多元学费，但很多家长还是舍近求远把孩子送到这里来。学校也颇为自豪地把浙江省三级甲等幼儿园几个大字挂在巨幅广告的最显眼处。

蓝孔雀幼儿园现有17个老师、5个阿姨，17个老师平均年龄21岁。在幼儿园进口处，所有教师的照片被贴在显眼的位置，颜艳红和实习教师小童的照片在24日被拘当天就摘了下来。

白色的墙壁上，"让我们真诚地用爱心浇灌身边一棵棵幼小的幼苗"的标语，在此时看起来颇为刺眼。

2010年年末，颜艳红从温岭市教师进修学校毕业后，就到这里工作。在颜艳红被刑拘之后，网络上一度盛传她之所以没有资格证而成为幼师，是因为有"关系"，甚至冒充颜艳红名义的"道歉信"中直言有一个"好干爹"，但记者采访后确认，颜艳红是从温岭市教师进修学校毕业之后，通过老师的介绍到蓝孔雀幼儿园工作的，在温岭，只要有温岭市教师进修学校的毕业证，想要到民办幼儿园工作并不是一件难事。

颜艳红曾是蓝孔雀幼儿园的"人气教师"，无论是家长、同事，都对颜艳红印象不错，"她人挺开朗的，也比较和气，反正就是看起来很阳光，我们都感觉她应该很喜欢

---

[1] 雷玲. 优秀绞死的8种心理素质[M]. 上海：华东师范大学出版社，2013：69-70.
[2] 程绩. "多面幼师"颜艳红[N]. 新闻晚报，2012-10-29（06）.

小孩,有的家长在报名时还特意要求让孩子进入她的班级。"同事们也对颜艳红的虐童照感到惊讶,"她平时上课都挺好的,也没听有家长投诉过她。"蓝孔雀幼儿园园长陈茜则透露,颜艳红入职前在一场几十个人的面试中表现很不错。

颜艳红的闺密说:她是爱美又爱钱的 90 后

和善和阳光其实只是颜艳红的一面,她讨厌爱找麻烦爱提要求的家长,2011 年的小二班,就是她拍摄最多虐童照的那个班级,被她认为是"最难搞"的班,让她"一个头 18 个大"。

工作中,颜艳红是育苗的园丁,而在生活中,她和绝大多数 90 后一样,有点叛逆,有点贪婪,甚至有点"脑残"。颜艳红喜欢穿豹纹装,自称"豹纹控"。

颜艳红并不满意自己的工作和生活,她每月的收入只有不到 1400 元,虽然单位包食宿,但每月的手机费、同伴聚会和添置新衣服等花销,还是让她成为月光族。颜艳红感叹命运的不公平,"为什么要有我的出世,原来都是痛苦,受不了。"

去年开始,颜艳红迷上了微信,特别喜欢和别人分享自己认为有趣的照片。微信上,她的名字叫 lady gaga,她使用的手机与身边的人相比并不算差,但她还是很羡慕用"苹果"的潮人。她渴望像时尚偶像剧里的城市女孩一样,想买什么就能买什么,颜艳红的一个闺密说,"衣服、打底裤和鞋子这三样东西,她永远都不会嫌多的。"

颜艳红还喜欢泡吧,朋友圈子里是出名的"随叫随到型",爱喝啤酒,最喜欢"百威"。心情不爽或情绪高涨的时候,颜艳红还会爆几句粗口,手指一抬让人"滚"。

颜艳红觉得幼儿教师的工作压力实在太大,她经常在酒吧里对朋友抱怨太多压力让自己喘不过气,说自己"伤痕累累""想死"。

颜艳红一位很亲密的朋友透露,颜艳红其实有些看不起外地人,而她自己所带的班级中,超过半数都是外地孩子,这也许是她虐童的最主要原因之一。

个人情感上:对某些人的火,全发泄在学生们身上

初二就离开农村来到温岭,虽然只相隔 25 公里,但颜艳红的很多事情对于家人来说都是谜。

其实,了解颜艳红的都知道,从小家庭的不幸和周遭人的冷言冷语,让她比其他同龄女孩子更加渴望被爱,表现在感情生活中,就是多愁善感和多疑。

颜艳红的微博,绝大多数内容都是关于自己感情生活的,甜蜜的记录几乎没有,大多都是猜疑和焦虑:"无论遇到什么事情,都不要轻易说你不喜欢我,不要轻易放弃我这段感情,因为下一站的人未必比我好。""不是欺骗就是瞒,你很有种。""以后在家里全部关机,爱怎样就怎样,不理不问更看不到,反正在线你也很少找,少点气受受。"

感情世界里,这个乖乖女有着暴戾的另一面,了解她的一位密友透露,她经常会分析自己男友的一举一动,进而怀疑对方背叛自己,她不止一次"警告"男友,背叛自己就要砍死他。去年 8 月,颜艳红结束了一段让她刻骨铭心的恋情,原因就是对方

认为她太多疑，而颜艳红曾经希望做那个人"一辈子的女朋友"，分手那天，她在网络上留下一句话"我知道我不能再为你而哭了"。她曾经对自己的一个密友说，她想早点结婚，但又担心太仓促的选择会复制自己家庭的不幸。

个人感情带来的情绪变化，直接影响颜艳红对待幼儿园孩子的态度，她曾在2011年发过这样一条微博："对某些人的火，全发泄在学生们身上，烦！"

走进颜艳红的家乡："穷人家"的掌上明珠

颜艳红出生在温岭一个名叫横塘头的浙南农村，家里现在只有她和年逾花甲的父母。父亲颜本友是村里出名的老实人，有肺结核不能干重活；母亲因为经受不住两次丧子之痛，沉默寡言。颜艳红从小就在这样的家庭氛围中长大。

亲戚间贫富落差大

紧靠温州，温岭人自然也有相似的商业基因，近30年在横塘头村，很多人家都因为开汽配商店或经营造船生意富了起来，村里5层的高楼林立。

相比之下，"寒酸"二字远远不能体现颜艳红家巨大的落差，她家几十年的老式楼房在横塘头村已极为罕见。颜艳红家唯一的一辆二手电瓶车，还是今年开电瓶车商铺的侄子送给颜本友的。

颜本友是家里的长子，他有两个兄弟，二弟在新河镇和温岭市都经营电瓶车店铺，三弟更是在村里赫赫有名，5层楼的房子在整个村子也是排得上号的。家境的巨大落差，也导致三兄弟间除了偶尔一起吃一顿喜酒，几乎从不来往。

父母的掌上明珠

颜艳红是父亲43岁的时候生的，他还为这第二个女儿交了一笔不菲的超生罚款。虽然家里的条件极其拮据，但中年得女，颜本友和妻子还是把这个迟来的孩子视作掌上明珠，从小到大基本没让颜艳红受过苦。

在村民的印象中，颜本友是挺"宠爱"小女儿的，"她用的手机都和村里其他人家孩子一样的，也经常看她穿新衣服"，为此很多人都暗地里指责颜艳红"不懂事"。颜艳红到温岭念职高后开销增加了不少，每个星期都要一百多元的生活费，颜本友为了女儿的学费和生活费，就把家里仅有的一亩二分地以每亩600元一年的价格承包给他人，自己则在村里接一些装修小工的活儿。

她只爱唱歌跳舞

因为成绩太差，颜艳红考高中根本没希望，所以才在老师的建议下到温岭市教师进修学校读文化艺术专业，这个专业未来就业的主要方向就是幼师。父亲对颜艳红这个小女儿寄予厚望，用尽全力供她上学，可惜颜艳红从小学开始成绩就是班级的最后几名，心思也不在读书上，反而对唱歌跳舞比较喜欢。

思考：

请你用职业道德认知的相关知识对此案例进行分析。

第三节　幼儿园教师职业道德认知的培养

道德认知能力是幼儿园教师接受道德知识、践行道德要求、逐渐形成个性道德品质的前提，是道德人格形成的起点。因此，形成正确的、科学的道德认知，对于幼儿园教师的专业发展而言非常重要。那么，幼儿园教师的职业道德认知应通过哪些途径来进行培养呢？在这里，我们主要是通过内外因两个方面展开，也即是教师自身的努力及相关外部环境的支持。具体而言，包括以下几个方面。

一、加强理论学习，增强自觉自律意识

幼儿园教师自身是提升幼儿教师职业道德认知的关键。苏格拉底说："道德就是知识。"苏霍姆林斯基说："真正的道德则是对道德的追求。"因此，无论是在职前学习，还是工作以后，幼儿园教师都应该加强对职业道德的追求，而这种追求实现的途径之一就是加强理论学习，通过对教师职业道德理论的学习，掌握辨别是非、善恶的道德方法，才能在自己的思想领域战胜错误的、落后的道德观念，才能在思想意识中反思教师道德原则和规范，并以崇高的道德品质作为自己行为的目标，才能在道德修养中不迷失方向，才能在道德行为中有较强的自觉自律意识，从而成为一名具有较高职业道德修养的幼儿园教师。

（一）树立正确的人生观和价值观

教育是塑造灵魂的事业，教师在塑造别人的灵魂中净化了自己的灵魂，学生的人生价值是教师自身价值的无限延伸，这是教师职业的圣洁所在，也是教师的人生意义之所在。教师正确的人生观和价值观，是一个教师高度的社会主义师德觉悟。正如浙江温岭虐童事件发生后，网友们纷纷评论该教师枉生为人，其人生观迷失谈何育人？因此，作为幼儿园教师，只有树立正确的、科学的人生观、价值观，才能科学、全面、深刻地认识人与人、人与社会之间的关系，才能坚定不移地热爱和献身教育事业，自觉地将个人的生命意义、人生价值与教育事业紧密地联系在一起，才能把培育幼儿、为幼儿教育事业做贡献看作人生最大的幸福和快乐。

此外，幼儿园教师只有树立正确的价值观，才能发挥正确价值观的导向作用，才能不受外界过多的干扰和诱惑，才能以正确的、科学的教育观、教师观、儿童观和发展观去培育儿童，才能在认识和处理涉及职业道德问题时站稳立场，以正确的态度对待幼教事业。

（二）学习和掌握职业道德规范的真正内涵

幼儿园教师应该在理论学习中深刻理解教师职业道德的规范和要求，明辨道德是非，提高遵守师德规范和要求自觉性。教师道德的规范和要求，是社会道德在教师职

业活动中的具体体现。它作为伦理学的一个分支，从社会主义教育事业的根本利益出发，批判地继承了古今中外一切优良的师德传统，正确地回答了教师个人与他人、与集体、与社会、与国家之间的利益关系，具体地向教师表明应该做什么，不应该做什么，什么是善的，什么是恶的。要将师德要求转化为教师个人的内心信念，需要教师有一个自觉学习、接受教育的过程。有的教师违背师德要求，常常不是有意的，而是因对遵守教师道德规范和要求的必要性、重要性缺乏了解和认识引起的。[1]因此，幼儿园教师学习和掌握社会主义师德的基本知识是非常重要的，只有学习和掌握了职业道德规范的真正内涵，教师才能将其内化为符合道德要求的自身行为。

（三）认真刻苦，勤于学习

一个教师的一生应该是学习的一生、追求知识的一生、自我完善的一生。首先，要认真学习马列主义、毛泽东思想、邓小平理论、江泽民同志"三个代表"重要思想和党的"十六大"会议精神，学习党和国家的教育方针以及有关法律知识，树立科学的世界观、人生观和价值观，具备良好的师德，真正做到教书育人、为人师表。第二，要认真学习共产主义道德理论和新时期教师职业道德规范，树立共产主义的道德观和崇高的道德理想。第三，要认真学习中外教育家的论著、名言，特别是新时期涌现出来的模范人物的事迹。模范人物的身上集中体现了新时期所提倡和需要的优秀品德，他们的事迹使比较抽象的道德原则更规范、更具体化、更形象化，更能唤起人们的亲近感和趋同感，具有巨大的感召力和影响力。第四，要认真学习，博览群书，不断扩大自己的知识面，做到横向联系，赋予教育教学以新的内涵。

二、在道德实践中深化职业道德认知

一切真知都只能来源于人的社会实践，人的道德意识也只能在人的道德实践中不断养成。幼儿园教师离开了自身的职业道德实践活动，就不能形成职业道德品质，而培养和造就幼儿园教师高尚的职业道德品质，就是为了更好地促进幼儿园教师职业道德实践活动。道德实践的过程就是精神升华的过程，也是灵魂光辉闪耀的过程。可以说，道德实践是获得正确师德认知的来源，是师德品质形成发展的源泉和基础，在幼儿园教师职业道德品质行程中具有决定作用。

因此，不学习，盲目实践，会使人目光短浅、孤陋寡闻，不利于道德修养的提高。离开了道德实践，道德修养就成为无源之水、无本之木。只有在教育实践、道德实践中，才能正确认识教育活动中的各种利益和道德观念，才能正确认识教师的职业使命，树立良好的职业形象。

幼儿园教师首先要有较高层次的职业道德认知，之后只有通过躬身实践、持续地

---

[1] 李春秋，王引兰. 中小学教师职业道德修养[M]. 北京：北京师范大学出版社，2012：218.

去做，把通过各种途径获得的职业道德认知用以指导自己的实践活动，获得独特的内心体验，最终才能深入理解职业道德认知。实践是检验真理的唯一标准，教育实践就是检验幼儿园教师职业道德认知的最佳方式。只有深入理解了教师职业道德，幼儿园教师才会知道该坚持什么，该放弃什么，从而形成较高的职业道德品质。

三、加强幼儿园教师的法律意识教育，完善社会支持系统

教师法律意识的提高有利于教师职业道德认知水平的提升，树立正确的教育观念。有了正确的认识后，教师就会自觉作出符合法律、法规要求的行为。这将避免现实生活中很多违背师德又触犯法律的事件发生。当前，部分幼儿园教师法律意识淡薄，因此在师德教育中要注意加强法律法规的学习。在教师职前教育中，尤其是大中专示范院校的课程开设中，一定要突出教育法学和教育法律、法规课程的学习；在职后培训中，幼儿园可以通过课外活动、党团组织活动、社会实践等方式，开展形式多样、内容丰富的学法、用法和普法活动，以求进一步提高教师的教育教学法律、法规素养；也可以聘请专家、学者等进行讲座，集中为广大教师授课，开设法律法规知识的专门课程，帮助广大教师建立法律法规意识体系；或者运用报告会、看录像、知识竞赛、墙报等形式宣传教育教法、法规，还可以经常性地开展交流、调研和座谈会活动，以提升法律意识。

要建立、健全师德教育的学习培训机制。尽管教师本身就是教育者，但是为了强化教师的师德意识，有组织、有计划地对广大教师进行师德教育的学习培训是十分必要的。师德学习培训的内容，包括师德规范、职业理想、职业情感、职业意志等的学习和培训，更重要的是根据教师的思想实际和教育实践中所遇到的问题，有针对性地进行学习教育。首先，师德培训应当更换内容角度，贴近教师的生活与心理。例如，通常将教师比喻为"春蚕""蜡烛"，片面强调教师应当奉献。而在师德的培训中，应当引导幼儿园教师体会教师这份职业所带来的喜悦、成就与满足感，通过职业生活感受共鸣，改变以往枯燥无味的纯知识的灌输形式，采用一种融知识传递、情感体验为一体的、积极愉悦的感悟和学习的过程，关怀教师的生命体验，关注教师的情感诉求，并通过各种手段创设情境，使培训过程洋溢着人性关怀与情感体验。学习培训的方式，可采用专题讲座、师德报告会、案例分析会等。总之，师德培训教育应做到灵活多样，实际有用。

四、营造和谐的园所氛围

幼儿园教师每天身处幼儿、同事、领导和家长的关系网中，营造一份和谐的园所氛围是每一个幼儿园教师心中所想。如何构建和谐的园所氛围，让幼儿园教师体验到职业幸福，让幼儿健康成长呢？

（1）建设良好的园所文化环境

良好的园所文化环境拥有优美的环境、和谐向上的学习氛围和正确的育人导向，良好的园所环境可以使人心情愉悦，和谐向上的学习氛围能够使促进教师不断进步，

正确的育人导向是引领教师不断前进的内在动力。

"心理学研究表明，人的习惯、态度与行为方式，在群体中明显地存在着类化的现象，群体中大多数人的态度和行为方式，在很大程度上是个体行动的指南。"[1]园所文化是一种无形的力量，潜移默化地引导并影响着身处园所的每一个人。在幼儿园，大多数人的价值观念和行为方式，会成为其他人的巨大影响力，会使得其他人在校园文化这个大环境下，自动自觉地改变自身的思想观念与行为方式，向主流文化靠拢。因此，只有建立和谐的校园文化环境，才能营造出良好的育人氛围，及时发现并解决各种矛盾，优化幼儿园教育教学环境，才能为幼儿园教师职业道德建设造出和谐的园所环境。

（2）建设良好的校园人文环境

人文环境建设引导着学校的其他各项建设，在一定程度上决定着一所幼儿园各项建设的文化内涵与品位，当然也包括幼儿园教师职业道德素质提升的实现与否。所以，建设良好的德育环境，体现"以人为本"的教育理念，体现出"人文精神"的校园文化就显得尤为重要。人文精神"首先意味着一种为了人、理解人、关注人的思想情怀，其全部思想的内涵就是建立在对人的本质的深入理解的基础之上。幼儿园如果没有人文精神的灌溉，那么就会是无水之源、无本之木，校园环境就会失去其生命力。要建设良好的人文环境，可以开展形式多样的校园文化活动，鼓励教师以活动为载体，把职业道德教育融于丰富多彩的校园文化生活中，寓教于乐，提高职业道德教育的有效性。提升校园文化内涵需要人文气息，需要一种昂扬向上的精神，有了丰富的校园文化的内涵，会让人感受学校深厚的文化底蕴。我国拥有五千多年的历史，文化博大精深、源远流长，传承中华文化、体现中华精神的良好校园人文环境，会以一股潜移默化的力量影响和激励着身处其中的每一位教师，并促进、培养教师和幼儿的爱国主义精神、集体主义精神，促进和谐园所的构建。

（3）对幼儿园教师职业形成良好的公共信任氛围

公共信任、支援的氛围会使教师具有高度的自尊感，促使他们把教育教学视为一种可追求的事业，从而对其持有积极肯定的看法，幼儿园、家长及社会大众对教师抱有合理的期望，以减少教师的压力。

（4）建立、健全师德教育榜样示范机制

榜样可以产生巨大的影响力和感召力，具有教育和激励的作用。蔡元培、叶圣陶等老一辈教育家为教育呕心沥血、无私奉献的师德师风，曾经激励和鼓舞着成千上万的人民教师为教育事业而努力工作。如今，我们要继续学习和发扬老一辈教育家的精神和风范，及时发现、培养当代的模范教师先进典型，宣传他们的先进事迹、师德教育，要考虑教师本身特点，贴近教师的思想和生活实际，切忌把师德教育变成空洞的道德说教。对教师进行道德教育，必须与教师的提薪晋升、职称评定以及在市场条件下提高竞争实力结合起来。为此，要引导教师在教育工作中爱岗敬业、为人师表、以

---

[1] 杜坤林.羊群效应与高校学生思想政治工作策略探究[J].黑龙江高教研究,2004(08).

身立教；要激励教师积极进取，不断提高自身的思想道德素质和专业技术水平，提高自身的综合素质和竞争实力，在岗位竞争中立于不败之地；同时还要指导教师树立正确的价值观、教育观、师生观、人才观和发展观，不断适应教育面向现代化、面向世界、面向未来的需要。总之，师德教育要从关心、理解、体贴教师出发，即从推己及人的角度进行教育和引导，将师德教育寓于教师的立身、立业之中，在全心全意为教师服务中增强师德教育的感召力和影响力，使教师真正认识到师德是教师的立身之本、立业之基，使师德教育化虚为实，收到实效。

第四节 幼儿园教师职业道德认知案例分析

【典型案例一】

苏州一幼儿园教师向家长要生日红包[1]

"过年过节送点礼我们也就忍了，做微商卖东西我们也忍了，自己过生日也要在朋友圈索要礼物，这也太夸张了，还能不能教好小朋友？"

近日，苏州一名家长向澎湃新闻爆料称，她孩子所在幼儿园的一位教师主动"索要红包"的行为令他们忍无可忍。

澎湃新闻从该幼儿园获得证实，园方介入调查此事后，女教师已退还了此前收取的学生家长的红包，而园方也对涉事女教师进行了辞退处理。

家长：幼儿园老师索要生日礼物

网友"@Missmissdudu"在微博发文称，今年8月20日，其朋友女儿所在幼儿园班级的女老师在微信朋友圈里，竟然公然开口向家长索要生日礼物，自己实在看不惯，遂将该教师的朋友圈截屏图发布在网上。

澎湃新闻记者看到，该截屏中有一个身穿礼服女子的自拍照，附文称："听说今年七夕又是和我生日同一天，各位礼物准备好了吗？我提前通知哦，别假装看不到。说你们呢，要礼物要礼物。"

据网友发布的截屏显示，当天，该女教师还在自己朋友圈里晒出了收到的红包和礼物，红包金额从8.20元到888元不等，还有1件快递。其中一份200元的红包及快递，标有"学生家长"等字样。

"这年头做老师的，家长送点东西不奇怪。这明目张胆地仗着自己生日开口跟别人要，就不对了。"该网友称，自己就是看不惯这个教师的作为才发出来。"作为老师，为人是这样的，怎么能教好小朋友，非常令人担忧。"她还说，其他不送礼的家长，其

---

[1] 澎湃新闻网. 苏州一幼儿园教师向家长要生日红包[EB/OL]. http://www.cq.xinhuanet.com/2015-08-28/c_1116405787.htm, 2015-08-28.

孩子可能会受到不公平对待。

该网友还指出,这名幼儿园教师平时兼做微商,很多家长都是她的顾客。"她不仅索要礼物,还高调地晒出各种礼物和红包,试问这种素质的人如何配当一名老师,家长如何放心把宝宝交给这样的老师?"

该幼儿园一名家长也向澎湃新闻记者证实,就她知道的,当天班上有4个家长向这名教师发了红包,有200元的,也有8.88元的,数额不等。

该家长表示,这名胡姓教师平时确实在做微商,自己及其他学生家长也在她手上买过东西。不过,女教师索要红包事件被曝光后,这些学生家长已被这位女老师用微信屏蔽掉了。

女老师:压力太大,已在家休息

澎湃新闻记者辗转了解到,这名苏州网友及家长爆料的教师系苏州姑苏区某幼儿园(平江园)星星E班的胡某。

8月27日,胡某在电话中称,她不想就此事做任何回应:"我是很喜欢幼教这份职业。现在网上曝光了我的头像,给我的家庭都带来了很多负面的影响。我现在压力很大,现在要在家休息一段时间,等我调整一下再重新出发。"

据名城苏州新闻网报道,胡某在接受该媒体采访时承认,自己确实在朋友圈发了"要礼物"的微信。不过,微信中的"你们"指的是她自己的闺蜜等私人朋友,并不包括学生家长。

胡老师说,她微信里的朋友很多都是她信得过的闺蜜,大家平时也经常玩抢红包的游戏,也有互赠礼物。由于今年七夕节正好是自己的生日,她就和朋友圈里的闺蜜开玩笑,讨要生日礼物。

在发出这个"要礼物"的微信后,胡某先后收到了七八十个红包和礼物。其中一个200元微信红包并注明"生日快乐!永远年轻快乐!"的确是一位学生家长发来的。

胡老师说,由于红包实在太多,她根本没看清是谁发的,就收下了。

事后,胡某说,她也考虑到朋友圈有几位家长,觉得有些不妥,也想把红包退回。不过,在她生日的第二天(8月21日),她与几位朋友到外地旅游,由于忘记携带手机充电器,加上手机故障和信号不畅,未能登录微信及时将家长的红包退还。目前,她已退还了家长发的红包。

幼儿园:当事女教师是临时工

澎湃新闻记者了解到,这家幼儿园是当地一家颇为知名的私立幼儿园,于2009年9月正式开园。

该幼儿园负责人刘园长对澎湃新闻表示,目前园方已对当事人胡某作出了辞退处理。"(被网络曝光时)她正在休假,我们把她喊回来了,(8月)24号把这个事情汇报到教育局,25号就辞退了胡老师,26号再次跟教育局反馈了处理情况。"

对于曾有家长投诉胡某在上班时间开微店卖东西这一问题,刘园长告诉澎湃新闻,7月确实接到过两位家长的投诉,园方当时就在调查后对胡某进行了处分,扣除其当月奖金。当时胡某也承诺自己今后不再做微商。

对于部分家长反映涉事的胡某并不具有幼教资格证一事，刘园长也给予了证实，称胡某目前属于幼儿园的临时用工，"几年前，胡老师通过幼儿园的双休日亲子活动被招聘入园，到现在已在该园工作3年"。

是不是因为幼教收入过低，才导致当事女教师既开微店又索要红包呢？对于外界的疑虑，刘园长称，胡某一个月3000多元，且她家境很优渥，不缺钱。

"发生这样的事情，我自己也觉得特别丢人，我肯定是有责任的。我们园方监督不到位，应该反思。"刘园长说。

案例评析：

此案例反映的实质就是教师严重违背了师德，且违背了教师职业道德认知中的第2条内容——对教师职业道德规则的体认和理解。对于教师收受红包或者索取红包的行为，相关部门态度非常明确，且禁令不断。2010年12月，教育部发布《关于切实加强教育系统廉洁自律和厉行节约工作的通知》，其中规定老师"不准收受学生及家长的礼品、礼金、有价证券、支付凭证或其他财物"。2012年8月，国务院出台相关意见，评价教师实行师德"一票否决"，情节恶劣的按有关规定予以严肃处理直至撤销教师资格。

其实，每当教师节或其他节日来临之际，给教师送礼就会成为社会热点话题。有人甚至直言教师节变成了"送礼节"。公众对教师节的关注度在不断提高，但如果焦点只集中在送礼上，不免让人遗憾。

尊师重教是中华民族的优良文化传统。逢年过节特别是教师节来临之际，学生和家长发自内心地送上些鲜花、贺卡等小礼物，表达对教师悉心培养、辛勤工作的感谢，是尊师重教的具体表现。但是如果所送物品价值过高，甚至是现金礼券，而且还往往夹杂着想获得教师额外照顾的目的，就超出了正常人情交往的界限。此外，如果幼儿园教师在工作中利用职务之便收受或索取学生和家长的财物、礼金等，利用工作之便谋取私利，利用幼儿家长为自己办事情等，不仅会玷污纯洁的师生关系，对幼儿的价值观产生不良影响，同时还会影响到整个社会对教师群体的看法，破坏整个幼儿园教师队伍的声誉，而且还会让人对整个社会的道德风气产生怀疑。因此，在当前社会一切向钱看、道德滑坡等不良风气的影响下，幼儿园教师一定要坚守教师职业道德准则和职业操守，加强对教师职业道德的认知，真正发挥为人师表的精神楷模作用。

【典型案例二】

信任"合约"[1]

墙角下，一个小小的身影正注视着那一株悄悄开放的淡紫色雏菊，眼神中有一些

---

[1] 尹坚勤，管旅华.《幼儿园教师专业标准（试行）》案例式解读[M]. 上海：华东师范大学出版社，2013：32.

无奈，一丝期待。

女孩曼曼正如这雏菊，长相平常，性格内向，不爱说话，做事慢条斯理，优柔寡断，干事情总是少一股子冲劲。平时生活中，其他小朋友早已用餐完毕，只有曼曼一个人还慢条斯理地吃着已经变冷的饭菜；午睡起床，其他小朋友都已穿好衣裤、叠好被子，享用美味的午点，曼曼却还坐在床上犹豫着是先叠被子还是先穿衣服……渐渐地其他小朋友都叫她"小慢慢"。一次数学活动课上，我要求孩子们以小组 PK 的形式完成活动内容，其他组的小朋友很快就完成了，只剩下了 Y 组。"你快点啊，就是你，害我们组又是最后一名。""是啊，和曼曼一组真倒霉，每次都拿不到第一名！"Y 小组的成员们不停地埋怨。此时的曼曼，显得特别委屈，小脸涨得通红，她紧紧地咬着嘴唇，努力着，时而托着腮帮子冥思苦想，时而慢吞吞地在纸上画一画，又突然间顿悟似的把所画的内容全部擦除，然后又继续思考，反反复复。我悄悄走到曼曼身边，看了看曼曼画在纸上的内容，俯下身子对曼曼说："曼曼，这很好啊，为什么要擦掉呢？"曼曼抬头望着我，疑惑地说："真的吗？老师，我有点不相信自己……""是的，曼曼，你完成得很好！"在我的鼓励下，曼曼很快地完成了，并郑重其事地将纸放到我的手中。我摸着曼曼的头说："曼曼加油啊，老师相信你是一个非常聪明的孩子，只不过有时候做事情的速度慢了些。如果你做事的速度再加快一点，小朋友们会越来越喜欢你的！"曼曼点了点头，擦了擦眼角即将掉落的眼泪，默默地站在教室的窗前若有所思……

看着曼曼失落的神情，我不断地追问自己：怎样帮助曼曼调整现状，让她尽快树立信心，并得到同伴的信任和喜欢呢？

一次自主性游戏中，小舞台电脑上不经意间播放了一段儿童戏曲视频《天上掉下个林妹妹》，孩子们都被小演员的表演深深吸引，突然我发现在角落里玩耍的曼曼居然会演唱这段戏曲，而且还有模有样地学着小演员做起了动作，陶醉在戏曲和舞蹈中的曼曼自信开朗与平时判若两人，原来曼曼喜欢戏曲表演，我心里一喜……我主动找曼曼妈妈沟通，了解到曼曼在家常常跟着外公外婆学唱戏，而且还登台表演过许多次，还获得过奖项。曼曼也很想在小朋友面前表演，可是一直没有机会。曼曼妈妈说了解曼曼在幼儿园的情况，曼曼的慢性子让她失去了伙伴们的认可，这个问题也一直困扰着曼曼的家庭。针对孩子的这一情况，我和曼曼妈妈悄悄签订了一份信任"合约"，决定共同帮助曼曼寻回自信赢得小伙伴们的支持。

为了让小朋友们更加喜爱戏曲，我在班级里开展了主题活动《我是中华小戏迷》，和孩子们一起了解戏曲的种类，欣赏戏曲的服装、道具，学唱几段经典戏曲，班级里刮起了一阵戏曲风，连家长们都参与进来了。在整个主题活动中，曼曼的表现都非常积极，她会主动和小朋友们讲一些戏曲的知识，还会手把手地教女孩子们走台步、甩袖子，有一次曼曼还主动邀请她的外公外婆为小朋友们现场演唱。

主题活动进入尾声，我决定在班级开展少儿戏曲表演大赛，报名活动火热进行中，可我迟迟未等到曼曼。一次放学后，我悄悄留下了曼曼和她的妈妈："曼曼，马上就要开始戏曲表演大赛了，你为什么不报名呀？""老师，我还没想好……"曼曼低下头使劲揉搓着衣角，"曼曼，你肯定行，听说你演的林妹妹特别棒，老师好想看看，小朋友们都非常期待你的表演呢！""对啊，曼曼，咱们就演林妹妹，妈妈帮你准备服装和道具，还可以邀请外婆的好朋友帮你一起排练，你绝对没问题！"在我们的共同努力下，曼曼终于露出了笑容，鉴定地说："好，老师，我就演林妹妹。"

隐约中，我仿佛看到了舞台上那个自信、优美、舒展着自己的小小舞者——曼曼……

比赛如期举行，小选手们一个个铆足了劲，生怕自己落后了。终于轮到曼曼上场了，只见曼曼身着一身藕粉色戏服，长长的长袖，飘动的裙摆，一双缀满小花的绣花鞋，梳着林妹妹样子的古装头，化着精致的戏曲妆，一亮相就得到了观众热烈的掌声。随后的表演中，曼曼一转身、一迈步、一颦一笑像极了林妹妹，全班孩子都被曼曼的表演折服了！表演结束后，孩子们都拉着爸爸妈妈要求和曼曼合影，此时的曼曼眼里终于露出了自信的笑容。

让我意想不到的事还在继续着，曼曼真的变了，连做事的速度都快了不少，那双眼睛似乎更坚定更有神了……

墙角下，那一株雏菊终于等来了一群小朋友，她们有的给它浇水，有的称赞它漂亮，有的还用笔给它作画，野菊把腰杆挺得直直的，在秋日的阳光下尽情绽放。

案例评析：

苏霍姆林斯基说过："每一个儿童都是带着想好好学习的愿望来上学的。这种愿望像一颗耀眼的火星，照亮着儿童所关切和操心的情感世界。儿童以无比信任的心情把这颗火星交给我们，做教师的人。"教育者需要信任幼儿，信任幼儿是教育的基础，它能促使儿童克服困难，获得成功的体验。看似平常的一句鼓励、一声安慰或是一个肯定的眼神，有时恰恰能成为孩子进步的动力。

在日常教育中作为教师的我们更应该尊重幼儿在发展水平、能力、经验、学习方式等方面的个体差异，因材施教，主动了解和满足有益于幼儿身心发展的不同需求，努力使每一个幼儿都能获得满足和成功。案例中的老师通过观察、了解，主动与家庭沟通，努力挖掘孩子身上的亮点，发现了孩子喜爱戏曲并在戏曲表演中有一定的天赋，也非常想在同伴面前展现，于是教师根据孩子的需求制定了一份"个性化计划"。最终，孩子在教师、家庭的共同配合下，逐渐摆脱困扰，寻回自信，并赢得了伙伴的支持。整个活动中教师充分认识了孩子的个性特点，从幼儿的个体差异中寻找突破口，尊重孩子、信任孩子，并确定了"以优势带弱势满足孩子需求"这一教育路径，努力为孩子营造了一个爱与信任的环境，与孩子进行心灵的沟通，聆听孩子的心声，帮助处理一些难题，成为孩子信赖的朋友。这正是一名了解幼儿的好教师。

只要多给孩子一些信任，去欣赏他、赞扬他、信任他、鼓励他，努力挖掘孩子身上的亮点，为他们感到骄傲和自豪，一定能帮助他们重新树立起自信，激发出学习的兴趣，自信自强，走向成功。

综上所述，提高幼儿园教师的职业道德认知，应该切实抓好教育过程的各个环节。

知、情、意、信、习是良好师德品质形成的五个环节，也是师德教育的一般过程。具体来说，一是提高教师对师德的认知水平。教师要有良好的道德行为习惯，必须有正确的道德认知。道德认知是道德行为乃至整个道德品质形成的基础和先导。作为教育者的教师，理应对师德有更深刻的认知水平，才能德高为师，为人师表。二是陶冶师德情感。因为没有炽热的师德情感，就不会有对学生的关爱，也不会有对教育事业的忠诚，更不会有对师德理想人格的执着追求。三是磨炼师德意志。师德意志是师德品质和师德人格形成的关键。如果没有坚强的师德意志，就不能在师德实践中克服困难，节制或牺牲个人利益，战胜邪恶和私欲，把师德发扬光大。四是确立师德信念。信念是知、情、意各种因素的凝结，只有识深、情笃、意坚，才能形成坚定的师德信念。只有坚定师德信念，才会有更高的师德理想和师德境界追求。五是养成良好的师德行为习惯，达到从心所欲不逾矩的境界。在师德教育的实践中，要注意这五个环节的相互联系、相互影响和综合效应，并不断地进行师德教育和自我修养，使教师的道德品质和道德境界不断地升华。

【名人名言】

我们由于从事建筑而变成建筑师，由于奏竖琴而变为竖琴演奏者。同样，由于实行公正，而变成公正的人，由于实践节制和勇敢而变为节制、勇敢的人。

——亚里士多德

如果一个人没有掌握作为道德修养的基础知识，他的精神修养将会是不完善的。

——苏霍姆林斯基

是故善为师者，既美其道，又慎其行。

——董仲舒

职业本身就责成一个教师孜孜不倦地提高自己，随时补充自己的知识储备量。

——夸美纽斯

每一个人都应该记住，只有当他们自己的行为正直而高尚的时候，他所坚持的道德观念才能深入到孩子的心灵中去，并支配孩子的思想和感情。没有实际行动就谈不到道德。为儿童树立榜样首先意味着激励孩子去做好事。

——苏霍姆林斯基

【思考与讨论】

1. 幼儿园教师职业道德认知的影响因素有哪些？
2. 结合实际阐述如何培养幼儿园教师的职业道德认知。
3. 试阐释职业道德信念与职业道德认知的关系。
4. 结合《幼儿园教师专业标准（试行）》，谈一谈在职业道德上，幼儿园教师应具备哪些职业理念？该如何践行？

5. 给自己制定一份读书计划，搜集古今中外幼儿教育名家的职业道德思想，并概括这些幼儿教育名家职业道德思想的共同特征。

【参考文献】

[1] 李春秋,王引兰. 中小学教师职业道德修养[M]. 北京：北京师范大学出版社,2012.

[2] 郑庭海. 幼师生道德认知发展及德育对策研究[D]. 西北师范大学，2004.

[3] 蒋云蔚. 道德认知——当代道德困境的症结[D]. 苏州大学，2014.

[4] 窦炎国. 论道德认知[J]. 西北师大学报（社会科学版），2004（06）.

[5] 朱运致. 幼儿教师职业道德实践[M]. 上海：华东师范大学出版社，2013.

[6] 韩传信. 教师职业道德——学陶师陶做陶[M]. 合肥：安徽大学出版社，2013.

[7] 线亚威. 幼儿园教师职业道德读本[M]. 北京：高等教育出版社，2013.

[8] 孙炳海. 关爱与共情：心理学视野中的教师职业道德[M]. 北京：高等教育出版社，2016.

[9] 姜忠喆. 教师职业道德与素质手册[M]. 合肥：安徽人民出版社，2012.

[10] 檀传宝. 走向新师德：师德现状与教师专业道德建设研究[M]. 北京：北京师范大学出版社，2009.

[11] 冯婉桢. 与诤友对话：幼儿园教师师德案例读本[M]. 上海：华东师范大学出版社，2016.

第四章　幼儿园教师的职业道德情感

【学习提要】

在个体道德品质从知到行的过程中，道德情感作为道德认知到道德行为转化的中间环节，起着至关重要的作用。职业道德情感作为教师职业的本质要求，在教师职业道德的养成中起着重要作用。本章着重于让读者了解幼儿园教师职业道德情感的内涵、影响职业情感的相关因素以及职业道德情感的培养，并结合相关案例让读者更多地认识到教师职业道德情感的重要作用。

【拓展阅读】

"迷途"心灵的"诺亚方舟"[1]

安静的教室里，学生们正在专注地默写《捕蛇者说》。我正笃定地坐在前面的讲台旁忙我的事——我一向坚信他们的诚实！过了一会儿，我觉得有点累，决定站起来走一走。谁知不走则已，一走则使我目瞪口呆，因为我一向信得过，几乎全班同学也公认是好同学的他——小吴，竟然在偷看语文书！这实在让我吃惊不小！我该怎么办呢？是当众狠狠批评他一顿，还是……理智促使我决定选择后一种方法！我不动声色地走着，并且在快到他面前时，我故意加大了脚步声。我看见他脸涨得通红，额头甚至沁出了细密的汗珠，手有些发抖，同时，他用身体将书悄悄地推进了课桌里……后来，我在他的默写纸的分数旁打了"？！"……

接下来的几天，"风平浪静"。在课堂上，我看到他依然积极举手，积极发言，我趁势多表扬他……他欣喜的目光中藏着几许惊疑……

那天上午第四节课，他们班是体育课。我吃好饭后，假装随意散步走到了他们附近，并且加入到了他们当中一起打羽毛球。打了几下后，我找了个借口将小吴同学叫了过来，为避开同学视线，我将他引到了实验室（教室里空无一人）。在教室里，我先拿出餐巾纸给他擦了擦汗，并且和他谈了刚才的球技，而后转到了他勤奋好学、热情诚恳的优点上来。我对他说："任何一个好同学，他的好成绩都不是天上掉下来的，而是勤奋好学的结果。就像你！但我知道，'勤奋'是离不开'苦'的，在这个过程中，人们的毅力总会有暂时支撑不住的时候。即使名人也不例外。如：牛顿、爱迪生，曾

---

[1] 杭白娴. 迷途"心灵的"诺亚方舟"[EB/OL]. http://blog.sina.com.cn/s/blog_5df738f50100i4c9.html，2016-02-13.

经创造出令世人瞩目的成绩，但晚年时却一个陷入虚幻的神学中，一个掉入经济利益的怪圈中，终至再无所建树。但人们并未因此而彻底看轻他们，而是依然大力肯定他们曾经的辉煌。毕竟"人无完人，金无足赤"。任何人都有"迷途"之时，即使是名人、即使是好学生也不例外。但"迷途"后，若能及时"知返"，那就更足以证明其毕竟是名人、毕竟是好学生。老师知道你好强、知道你爱面子……我特意选择这个时候带你到这儿来……"我话还没说完，他已经涕泪俱下，说："老师，我知错了。"我趁势问他用什么行动来表示他的诚意。他信誓旦旦地说："老师，我决不会让你失望的。"他眼泪盈眶，但目光坚定有力……

下午第一节课后，我看到办公桌上静静地躺着一封信，里面是他的认错书和"作弊招术一览"。我欣慰地笑了……

欣慰感叹之余，我深切地体会到了老师的真诚宽容对于学生成长的重要性。学生学途漫漫，难免有心力疲累、心灵迷糊之时。此时，为人师者若不分青红皂白就给学生一阵"暴风骤雨"，无疑会使学生稚嫩的心灵再受重创，这显然不利于学生的健康成长，也不符合"诲人不倦"的师道风范；相反，若在此时示以他们以理解与宽容，则无疑是给了他们以一缕温暖的阳光、一抹轻柔的春风、一捧甘甜的雨露。这，才是启发学生心智的钥匙！普渡"迷途"心灵的"诺亚方舟"！

育人之术的灵魂！苏霍姆林斯基所说的"文明教育"大概即是如此！

第一节 幼儿园教师职业道德情感的内涵及其特征

一个好的教师除了具有丰富的学科专业知识外，应当有较高的情感投入。教育家夏丏尊说过："教育者的情感和爱就像池塘里的水，没有水不能成为池塘，而没有感情，没有爱，就没有教育。"教师作为一种天底下最光辉的职业，职业道德情感作为教师职业的根本，不仅体现出其所具有的责任感，更体现出教师职业的专业素养。

一、职业道德情感的内涵

各行各业都有自己所从事各自职业的行为准则，也就是常说的职业道德。职业道德是从事相同职业的人们，通过特定的职业活动所凝结成的具有自身职业特征、比较稳定的、能够影响和指导自身职业实践的价值观念、道德准则和行为规范的总和。[1] 各行各业在其所从事的行业领域中都会形成自身所具有的职业道德，教师职业道德是指教师在其职业生活中，调节和处理与他人、社会、集体、职业工作等关系时所应遵守的基本行为规范或行为准则，以及在此基础上所表现出来的观念意识和行为品质。[2]

---

[1] 左志宏主编. 幼儿园教师职业道德[M]. 北京：北京师范大学出版社，2014：57.
[2] 费海娟. 教师职业道德浅析[J]. 职业，2008，(14)：79.

情感是人对客观事物的态度体验及其相应的行为反应。道德情感是人类在社会生活中所特有的一种情感，是人们在道德认识的基础上，对现实道德关系和道德行为是否符合一定的道德标准而产生的一种情感，是人对客观外界的刺激肯定或否定的心理反应。[1] "道德情感是道德意识的内容之一，指人们基于一定的道德认识而对现实生活中的道德关系和道德行为所产生的倾慕或鄙弃、爱好或憎恶的内心体验和情绪态度。道德情感同理智感、美感等一样，同属于人的高级情感。道德情感是形成相应道德品质的基础环节，它与道德认识、道德意志、道德信念、道德行为习惯一起，是构成道德品质的重要因素。"[2] 只有当道德认知与道德情感融合在一起形成坚定的道德意志和信念时，才能实现道德认知向道德行为的转化，达到知行合一。教师作为一种特殊的社会劳动，教师自身的素养对教育活动的提高起着重要的促进作用。在幼儿教育得以迅速发展的当下，对幼儿园教师的要求也在日益提高，面对幼儿这一特殊群体，幼儿园教师的职业道德更是与幼儿的健康成长和全面发展息息相关，其中，教师的职业道德情感起着重要的催促作用。

著名作家魏巍先生说得好："教师这份职业，——据我想——并不仅仅依靠丰富的学识，也不仅仅依靠这种或那种的教学法，这只不过是一方面，更重要的是他有没有一颗热爱儿童的心！也许正是因为这样，教师——这才被称为高尚的职业。"职业道德情感是在职业道德认知的基础上，对现实道德关系和道德行为是否符合一定的道德标准而产生的一种情感。教师职业道德情感是指教育工作者根据一定的教师职业道德观念，在处理相互关系、评价某种行为时所产生的内心体验，[3] 是教师在教育教学活动中对人或事物及其周围环境的关切、喜爱的心理活动，是高级社会情感，是一种积极的情感表现，具体内涵主要包括职业正义感、职业责任感、职业义务感、职业良心感、职业荣誉感和职业幸福感等内容。[4]

【拓展阅读】

《中小学教师职业道德规范（2008年修订）》中明确指出：爱岗敬业。忠诚于幼儿教育事业，志存高远，勤恳敬业，甘为人梯，乐于奉献。对工作高度负责，认真备课上课，认真批改作业，认真辅导学生。不得敷衍塞责。

二、幼儿园教师职业道德情感的特点

教师作为一种职业，其职业道德情感也是极其丰富的，有一定特殊性，并随着时代的发展不断地增添新的内涵。

---

[1] 李亚文. 试论教师职业道德情感的培养[J]. 辽宁师专学报（社会科学版），2012（4）：82.

[2] 崔师瑞. 高职院校大学生道德情感教育研究[D]. 山东师范大学，2011.

[3] 丘佳佳. 教师情感智慧发展的实践研究[D]. 华东师范大学，2012.

[4] 左志宏主编. 幼儿园教师职业道德[M]. 北京：北京师范大学出版社，2014：58.

（一）丰富性

爱尔维修曾经说过，只有"伟大的感情才能产生伟大的人物"。教师的职责不仅仅是传道授业解惑，在学生丰富多样的性格及个性面前，教师的职业道德情感也必须是丰富的，幼儿园教师更是如此，因为其教育对象幼儿本身的特点就是极其富有多样性的，因此，幼儿园教师对幼儿的爱，也是源自于其道德情感的丰富性。具体表现为：（1）博大的胸怀。爱作为幼儿园教师工作的出发点和归宿，在工作中，幼儿园教师必须包容幼儿的撒娇、哭闹以及他们的稚嫩、笨拙，这需要道德情感做支撑。（2）细微的情感体验。幼儿是柔弱娇嫩的，他们的成长需要及时而正确的引导，因此教师要有敏锐的"嗅觉"来洞察幼儿细微的情感变化。（3）自觉的情感调控。幼儿园教师在工作中要面临各种各样的压力，比如家长对子女的殷切期盼、幼儿园中人际关系的复杂等，因此，面对压力，幼儿园教师要学会调控自己的情感，努力挖掘工作中阳光的一面，时刻保持积极向上的心态。（4）灵活地以情化人。幼儿的成长离不开情感的滋润，这就需要幼儿园教师在教育幼儿（尤其是犯了错的幼儿）时，把握好策略，以情感感化为主。[1]

（二）特殊性

幼儿园教师职业道德情感的特殊性首先源于其教育对象的特殊性，幼儿教育是以3-6岁幼儿为教育对象，这一阶段的幼儿身心发展的可塑性非常强，幼儿多以自身的情感主宰自己的世界，情感是幼儿活动的激发者和驱动者，支配着幼儿的心理活动。这一时期的孩子，对教师的依恋远远大于中小学生，因此，幼儿园教师的情感会直接影响幼儿的情感，进而对孩子的身心发展也会存在极大的影响。此外，由于工作的特殊性，幼儿园教师的工作多是纷繁冗杂的，幼儿园教师每天的时间几乎都是和幼儿待在一起，要密切关注幼儿的点点滴滴，工作时间与工作强度极大。这一特殊的工作原因，直接导致了幼儿园教师职业道德情感的特殊性。幼儿园教师只有以良好的职业道德情感为依托，才能真正做到《幼儿园教育工作指导纲要》中所提出的"教师的态度和管理方式应有助于形成安全的、温馨的心理环境，言行举止应成为幼儿学习的良好榜样"。

（三）时代性

任何事物的发展，都被赋予了时代性，因为，只有随着时代的发展，不断地去更新换代才能适应发展的需要。幼儿园教师的角色从来都是多元的，在幼儿教育飞速发展的今天，对幼儿园教师的角色要求也有了变化，要求幼儿园教师不仅仅是幼儿学习的引导者、幼儿全面发展的促进者，在家园共育理念下，还要求幼儿园教师要成为家园共育的合作者和指导者，在这一系列新型角色的指引下，幼儿园教师的职业道德情感也变得丰富多彩，打上了时代的烙印。

---

[1] 左志宏主编. 幼儿园教师职业道德[M]. 北京：北京师范大学出版社，2014：65.

三、幼儿园教师职业道德情感的作用

（一）激发和引导职业道德认知，提升教师职业认同感

首先，道德情感对道德认知有着激发作用，它促使一个人积极接受某种道德教育，努力掌握有关的道德知识，并推动道德知识转化为道德信念。其次，道德情感对道德认知有一种引导作用。个体接受某种道德概念或者道德准则之前总带有某种倾向性，这种倾向性促使个体乐于接受某种道德概念或准则或者接受某人的教育，这就是道德情感的引导作用。[1]

良好的职业道德情感对于幼儿园教师的职业认同感的提升有着重要的促进作用，不仅能够让幼儿园教师积极主动地学习相关的道德知识，坚定自身的道德信念，还能够让幼儿园教师充分发挥自己爱岗敬业、乐于奉献的精神，使幼儿园教师在工作上收获成功。

（二）调节和控制职业道德行为，敦促自身行为

道德情感对道德行为的调节和控制作用是通过情感的信号功能和感染功能实现的。一个人可以通过他人的情绪、情感表现，了解他人的愿望和要求，并据此作出相应的情绪和情感反应，推动自己采取相应的道德行为。[2]

幼儿园教师在教育教学工作中，由于职业的特殊性，会遇到许多问题并作出相应的行为反应，那么，以何种行为应对所出现的种种问题是恰当合理的呢？这有赖于幼儿园教师职业道德情感对其行为做出调节和控制。

（三）监督和评价教育过程，帮助教师自律自省

教师职业道德情感作为一种内在的道德信念，是教师投身教育工作的精神支柱。它贯穿于教师职业行为的始终，并对幼儿园教师的教育过程进行监督和评价，促使教师自觉履行职责，并及时反思自己的教育行为。[3]良好的职业道德情感可以使幼儿园教师在面对不同的教育问题时，能从多角度去思考，并对自己的行为进行反思，促使自身的道德行为、教育教学水平等得到提升。

（四）传递和扩展道德情感，加深师幼感情

某种道德情感一旦扩展为社会性的情感，就会不同程度地影响社会道德风尚。幼儿认识过程的一个重要特点就是以无意为主，容易受自身情绪左右。由于幼儿其大脑皮质对皮质下中枢的控制能力不足，导致幼儿冲动性强，自控力差，学习活动往往带有情绪性，加之知识经验的缺乏，幼儿常常以情感支配理智。[4]在与幼儿交往的过程中，教师的影响居于主导，教师不同的情绪和情感调节着教师与幼儿以及幼儿之间人际交

---

[1] 左志宏主编. 幼儿园教师职业道德[M]. 北京：北京师范大学出版社，2014：66.
[2] 左志宏主编. 幼儿园教师职业道德[M]. 北京：北京师范大学出版社，2014：66.
[3] 左志宏主编. 幼儿园教师职业道德[M]. 北京：北京师范大学出版社，2014：67.
[4] 左志宏主编. 幼儿园教师职业道德[M]. 北京：北京师范大学出版社，2014：67.

往频率和交往方式。教师良好的情绪情感会使得教师与幼儿之间建立一个和谐融洽的心理交流环境，有利于教师与幼儿之间互亲互爱，也有利于幼儿教师教育教学活动的组织开展。

幼儿从教师的和风细雨、平等相待中懂得了尊重；从教师的先人后己、无私奉献中学会了分享；从教师的循循善诱、语重心长中理解了宽容。教师对幼儿的关心、爱护和尊重，不仅可以使幼儿获得更多的知识与成功的喜悦，更重要的是有助于幼儿在良好的心境中保持心理平衡。所以，幼儿园教师应当努力培养积极的道德情感，奋发向上，以身作则，营造一种和谐生动的精神氛围，更好地促进幼儿身心健康发展。

【典型案例】

谁是笨孩子

多多是班里的小明星，学习东西快，记忆力好，懂礼貌，受到很多小朋友的喜欢以及张老师的喜爱，张老师直呼多多为"儿子"。班里还有几个孩子比较受关注，他们在教育活动时不会安静地坐在小椅子上，总想摸摸这、看看那，注意力不集中。令张老师头疼的是，这些孩子只要学东西就不感兴趣，什么都不会，其他的活动他们倒是精力充沛、活蹦乱跳的，还经常扰乱活动的秩序……张老师总夸赞多多是个好孩子、聪明的孩子，而那几个淘气包比较笨，学本领慢。

问题：
1. 结合相关的职业道德情感知识，对张老师的行为进行分析。
2. 如果是你，你会怎么做？

第二节 幼儿园教师职业道德情感的影响因素

尤·布朗芬布伦纳认为有机体与其所处的即时环境的相互适应过程受各种环境之间相互关系，以及这些环境赖以存在的更大环境的影响。幼儿园教师的职业情感受到很多因素的影响，最主要就是幼儿教师所处的生态环境，即社会这一大环境、幼儿园环境和幼儿园教师自身与各环境之间的相互影响。

（一）社会环境因素

社会环境作为幼儿园教师赖以生存的环境，对幼儿园教师职业道德情感有着重要的影响，最为主要的社会因素主要有幼儿园教师的社会地位及其职业特征。

1. 社会地位

由于受到传统教育观念的影响，幼儿园教师的地位低下。在古代，一些慈幼组织机构对婴幼儿都是"养"而非"教",其中的"教师"也多为老人。清末出现的蒙养院是现代幼儿园的雏形,而其中的教师被称为"保姆",由乳媪和节妇担任。新中国成立后,尤其在1958～1965年期间,由于幼儿教育的盲目发展,造成幼儿园教师师资短缺,当地年老体弱、诚实可靠的妇女都可当幼儿园教师,大大影响了幼儿园教师队伍的质量。[1]正是因为这样,人们对幼儿园教师持有偏见,导致了幼儿园教师的社会地位低下,虽然随着时代的发展,幼儿教育的师资队伍日益规范化,但是仍然存在很多弊端,又因为受到传统思想的影响,幼儿园教师的社会地位相对较低,这对幼儿园教师良好道德情感的形成造成了很大的困扰。

2. 职业特征的影响

职业特征对幼儿园教师职业道德情感的养成有着直接的影响。幼儿园教师的首要责任就是要保证幼儿的安全。处于幼儿期阶段的孩子对周围的世界充满好奇,但是由于幼儿的自我保护能力弱,容易发生危险,因此幼儿园教师比其他类型的教师负有更重大的安全责任。

其次,由于教育对象的特色性,幼儿教师的工作时间较长。根据皮亚杰的儿童认知发展理论,幼儿期的孩子正处于前运算阶段,形象思维比较发达而抽象思维能力尚不够健全。幼儿园教师在教育的过程中,不仅要关注并提高幼儿的思维水平,还需要花费更多的时间为幼儿的发展创设园所、班级环境,制作教学教具等,这些工作都在不同程度上使得幼儿园教师的工作时间无形中增加了许多倍。

最后,工作强度较大。根据最新的"国家标准",我国全日制幼儿园每班要配备2名专任教师、1名保育员(或配备3名专任教师),保教人员与幼儿比应达到1∶7甚至1∶9;半日制幼儿园要配备两名专任教师。然而目前仍有许多地方,尤其是西部地区及大多数偏远农村地区的幼儿园无法达到标准,导致教师负担过重。

(二)园所因素

幼儿园既是教师进行教育工作的场所,也是教师职业身份的归属地。幼儿园因素主要有工作环境、管理制度等。

1. 工作环境

环境是一个人赖以生存的空间,英国教育家Elizabeth Holmes在《教师的幸福感——关注教师的身心健康及职业发展》一书中指出,在教师们的眼中,一个理性的工作环境应该具有这样的特征:(1)有共同的目标和期望。(2)作为专业人士,得到上级、家长和学生的尊敬和认可。(3)有权参与决定影响教师工作的事务。(4)与同事有平等的升职机会。(5)对于努力和成就给予重视和奖励。(6)可以为专业提供发展机会。

---

[1] 刘陈岑. 幼儿园教师职业认同的影响因素及其提高策略[J]. 当代教育论坛, 2011, (4): 75.

（7）像样的工作条件。[1]由此可见，工作环境对幼儿园教师职业道德情感的养成有着重要的影响，不仅仅需要幼儿园内有优美的物质环境，健全的设施设备，为幼儿园教师创造舒适的空间，更需要和谐的人文环境给幼儿园教师带去心理上的安慰。

2. 管理制度

管理制度的好坏会直接影响职工的情绪。著名的霍桑实验中专家们用两年多的时间，找工人谈话两万余人次，并规定在谈话过程中，要耐心倾听工人对厂方的各种意见和不满，做详细记录，对工人的不满意见不准反驳和训斥，这使得霍桑工厂的产量大幅度提高。这是由于工人长期以来对工厂的各种管理制度和方法有诸多不满，无处发泄，"谈话试验"使他们这些不满都发泄出来，从而感到心情舒畅，干劲倍增。幼儿园教师本就处在工作时间长、工作繁杂的环境中，好的管理制度可以使幼儿园教师得到好的发展，其中好的考评制度可以促进幼儿园教师的成长。

【典型案例】

知人善用——调动员工积极性的法宝[2]

王老师是某幼儿园小班的一位带班老师，由于性格较外向，给别的教师造成的印象就是：大大咧咧、组织纪律性差、松散，干什么都不行。久而久之，这种看法也影响到了王老师本人工作的积极性。她在平日工作中的工作热情越来越低，对教学敷衍了事，对幼儿也漫不经心，使得该班班长及其他教师对此很不满，向园领导反映了情况。

园长立即找王老师谈话，但并没有给她处分，而是在日常工作中加强了与她的接触。经过一段时间的观察，园长发现王老师本人有一个很大的优点：爱学习。凡幼儿园有外出学习的机会，不论机会大小、是否由园里安排学习名额，她都积极要求参加。而且，别的派出学习的老师都会去找园长讲条件：怎样补回学习所占用的假日；因学习而带来的加班费等问题。但王老师从来不为此提出任何要求，每一次仍积极要求参加学习。接触过程中，园长还发现王老师每次都能将她学到的东西与园长讨论一番，并有自己的认识、见解。

园长觉得王老师并非像她表面表现出来的那样大大咧咧、随随便便，在一些教育问题上，她还是很细致认真的。园长经过一番思考后，认为她外向的性格在一定程度上能给幼儿一个较为宽松的环境，又鉴于她对理论知识的学习热情，就决定让王老师负责幼儿园里角色游戏的开展工作。在与王老师商量后，王老师愉快地接受了这一任务。以后的事实证明，园长的决定是正确的。王老师的角色游戏工作开展得有声有色，成为园内外观摩活动中必不可少的一部分。通常大家认为无法在小班开展角色游戏，

---

[1] 邵政. 对教师缺失职业幸福感的思考[J]. 考试周刊，2009（41）.

[2] 知人善用——调动员工积极性的法宝[EB/OL]. http://web.preschool.net.cn/index.html，2016-02-20.

可是王老师带过的小班角色游戏开展得也很好。王老师自此保持着一种很好的精神面貌和很高的工作积极性，她的工作也得到了大家的一致好评。

（三）人际因素

1. 教师自身的因素

教师的职业道德情感与自身的人格特征、职业兴趣和个人专业水平等因素有着直接的关系。

（1）人格特征

人格是构成一个人的思想、情感及行为的特有模式，这个独特模式包含了一个人区别于他人的稳定而统一的心理品质。[1]人格特征是影响教师职业道德情感的首要因素。人格特征是指人们在不同的时间和不同的情景中保持相对一致的行为方式的一种倾向，它能引发并主动引导人的行为。不同的人格特征对幼儿教师职业情感的养成起到不同的作用。意志坚强、开朗豁达的幼儿园教师对人、对事持乐观态度，自信心强，自控能力好，有上进心，面对困难、挫折更能激发斗志，能很好地自我调试工作中的压力，较容易养成良好的职业道德情感；相反，性格孤僻内向、胆小懦弱的幼儿园教师面对职业压力更为被动、无所适从，从而又加重了压力，这类教师职业道德情感的培养则需要经历一个较长的过程。[2]

（2）职业兴趣

兴趣是个体力求认识某种事物或从事某项活动的心理倾向，它表现为个体对某种事物或从事某种活动的选择性态度和积极的情绪反应，而职业兴趣就是个体对自己所从事职业的一种心理倾向。职业兴趣是人们从事职业活动的强大动力，凡从事符合个体兴趣的职业活动，职业动机就高。职业兴趣与职业道德情感的培养息息相关。有研究表示，职业兴趣与专业的一致性程度会对适切性专业认同感产生影响，职业兴趣与专业的一致性程度越高，适切性专业认同感就会越高，也越容易养成良好的职业道德情感。

【拓展阅读】

霍兰德职业兴趣测试量表[3]

约翰·霍兰德（John Holland）是美国约翰·霍普金斯大学心理学教授、美国著名的职业指导专家。他于1959年提出了具有广泛社会影响的职业兴趣理论。认为人的人格类型、兴趣与职业密切相关，兴趣是人们活动的巨大动力，凡是从事具有职业兴趣的职业，都可以提高人们的积极性，促使人们积极地、愉快地从事该职业，且职业兴

---

[1] 彭聃龄主编．普通心理学[M]．北京：北京师范大学出版社，2006：440．
[2] 左志宏主编．幼儿园教师职业道德[M]．北京：北京师范大学出版社，2014：70．
[3] 霍兰德职业兴趣测试量表[EB/OL]．http://baike.so.com/doc/5615709-5828320.html．

趣与人格之间存在很高的相关性。Holland认为人格可分为现实型、研究型、艺术型、社会型、企业型和常规型六种类型。

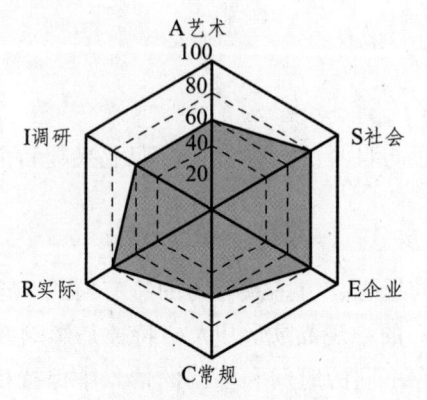

霍兰德职业兴趣量表

1. 社会型：（S）共同特征：喜欢与人交往，不断结交新的朋友，善言谈，愿意教导别人。关心社会问题，渴望发挥自己的社会作用。寻求广泛的人际关系，比较看重社会义务和社会道德典型职业：喜欢要求与人打交道的工作，能够不断结交新的朋友，从事提供信息、启迪、帮助、培训、开发或治疗等事务，并具备相应能力。如：教育工作者（教师、教育行政人员），社会工作者（咨询人员、公关人员）。

2. 企业型：（E）共同特征：追求权力、权威和物质财富，具有领导才能。喜欢竞争，敢冒风险，有野心、抱负。为人务实，习惯以利益得失、权利、地位、金钱等来衡量做事的价值，做事有较强的目的性。典型职业：喜欢要求具备经营、管理、劝服、监督和领导才能，以实现机构、政治、社会及经济目标的工作，并具备相应的能力。如项目经理、销售人员、营销管理人员、政府官员、企业领导、法官、律师。

3. 常规型：（C）共同特点：尊重权威和规章制度，喜欢按计划办事，细心、有条理，习惯接受他人的指挥和领导，自己不谋求领导职务。喜欢关注实际和细节情况，通常较为谨慎和保守，缺乏创造性，不喜欢冒险和竞争，富有自我牺牲精神。典型职业：喜欢要求注意细节、精确度、有系统有条理，记录、归档、据特定要求或程序组织数据和文字信息的工作，并具备相应能力。如：秘书、办公室人员、记事员、会计、行政助理、图书馆管理员、出纳员、打字员、投资分析员。

4. 实际型：（R）共同特点：愿意使用工具从事操作性工作，动手能力强，做事手脚灵活，动作协调。偏好于具体任务，不善言辞，做事保守，较为谦虚。缺乏社交能力，通常喜欢独立做事。典型职业：喜欢使用工具、机器，需要基本操作技能的工作。对要求具备机械方面才能、体力或从事与物件、机器、工具、运动器材、植物、动物相关的职业有兴趣，并具备相应能力。如：技术性职业（计算机硬件人员、摄影师、制图员、机械装配工），技能性职业（木匠、厨师、技工、修理工、农民、一般劳动）。

5. 调研型：（I）共同特点：思想家而非实干家，抽象思维能力强，求知欲强，肯动脑，善思考，不愿动手。喜欢独立的和富有创造性的工作。知识渊博，有学识才能，不善于领导他人。考虑问题理性，做事喜欢精确，喜欢逻辑分析和推理，不断探讨未知的领域。典型职业：喜欢智力的、抽象的、分析的、独立的定向任务，要求具备智力或分析才能，并将其用于观察、估测、衡量、形成理论、最终解决问题的工作，具备相应的能力。如科学研究人员、教师、工程师、电脑编程人员、医生、系统分析员。

6. 艺术型：（A）共同特点：有创造力，乐于创造新颖、与众不同的成果，渴望表现自己的个性，实现自身的价值。做事理想化，追求完美，不重实际。具有一定的艺术才能和个性。善于表达、怀旧、心态较为复杂。典型职业：喜欢的工作要求具备艺术修养、创造力、表达能力和直觉，并将其用于语言、行为、声音、颜色和形式的审美、思索和感受，具备相应的能力。不善于事务性工作。如艺术方面（演员、导演、艺术设计师、雕刻家、建筑师、摄影家、广告制作人），音乐方面（歌唱家、作曲家、乐队指挥），文学方面（小说家、诗人、剧作家）。

（3）专业化程度

由于受到传统思想的影响，人们对幼儿园教师的理解多是唱唱跳跳，由此造成了我国幼儿园教师普遍存在"重技能，轻理论"的现象，幼儿园对教师的专业成长多停留于表面。但是，幼儿园教师的专业化，不仅仅局限于技能，还需要更多的理论素养。幼儿园教师的专业化程度越高，越能在工作中找到自信，也更利于幼儿园教师从幼儿身心发展规律出发去引导幼儿的全面发展。这样，对幼儿园教师职业道德情感的养成才更有帮助。

【典型案例】

某学校一位实习老师，教数学。他上课很有趣，但对学生很严格，如果有上黑板演示题目的做不出题，他就会骂人。最严重的一次是，一个学习不好的男同学被教了好几次还做不对，他一怒之下就把人家的头往黑板上撞，用非常粗俗的话骂他。那个男生受不了这样的刺激，最后厌学，不肯再读书了，连高中都没上。

感悟：

教师对待学生的道德，从理想层面上看，教师要热爱学生；从原则层面上看，教师要平等、公正、民主地对待学生；从规则层面上看，教师不准以任何借口歧视、侮辱学生，使用威胁性语言体罚或变相体罚学生。案例中的数学实习教师，要让学生学好数学，对学生要求严格并不错，但必须严而有度，严而有方。可是这位教师，学生演示不出数学题目就要骂人，甚至对教了几遍还不会的学生，使用威胁性语言体罚甚至体罚学生。这种做法是错误的。

2. 幼儿因素

幼儿是教师教育的对象，在教育过程中直接与教师相互作用。可以说，幼儿园教师在教育工作中的情感体验直接来源于幼儿。幼儿园教师最直接的工作即是关于幼儿的工作，幼儿园教师每天的工作时间几乎都是和幼儿在一起，无论是保育，还是教育，都与幼儿直接作用，幼儿的各种行为表现直接影响着幼儿园教师的情绪情感体验及教学效能感。由于幼儿个性的差异，不同的家庭教养方式等，都会导致幼儿不同的行为习惯，如有的幼儿专注度高、守纪律，有的注意力涣散、好奇好动，这些都会影响幼儿园教师职业道德情感的养成。

【典型案例】

玩具，大家一起玩

早餐后，伴随着欢乐的音乐声，孩子们按照惯例手拿自己的进区标志，分散在教室的各个区域，自由选择自己喜欢的区域活动。突然，从建构区传来了福辉的尖叫声，刘老师连忙跑过去，原来福辉和林林正在争抢一块积木。林林看见刘老师来了，大声地说："这是我的！他抢我的！"在耐心询问了情况之后，刘老师找了一块相同的积木给福辉，让他们握手言和，还做好朋友，并告诉福辉玩具要一起玩才好。两人的争吵终于平息下去了。

过了一会儿，英文角又传来了福辉的尖叫声，刘老师走过去一看，原来福辉和萱萱在争抢一个空盒子，当福辉发现萱萱不肯松手时，竟然动手推了萱萱小朋友一下，而此时地上仍然有好几个相同的空盒子，刘老师又连忙用相同的办法制止了福辉的行为。

从这以后，刘老师便开始留意起福辉在自选游戏区的表现了。经过几天的观察，刘老师发现在区域游戏进行自由活动时，福辉的眼睛总是注意别人手上的玩具，即便他拿到了和别人相同的玩具，也不会玩太久，玩一会儿就放弃了。刘老师于是又与福辉的家长进行了沟通，了解到福辉从小由奶奶带大，奶奶对他宠爱有加，为了减少孩子的吵闹，奶奶经常让他看电视，对福辉的要求百依百顺。福辉到了幼儿园后，看到幼儿园有这么多家里没有的玩具，很高兴，这个也想玩，那个也想要玩，但却不知道怎么玩，一旦发现同伴有好的玩法，他就认为这是好玩具，就去抢同伴手中的玩具，哪怕是自己手中已有了一个和同伴相同的玩具，也会把它据为己有。

思考：

1. 请对福辉小朋友的行为进行分析。
2. 如果你是老师，会怎样做？
3. 家长因素

家长作为幼儿教育中不可或缺的重要因素，对幼儿园教师职业道德情感的形成有着重要的影响。《幼儿园工作规程》明确规定，幼儿园应主动与幼儿家庭沟通合作，为家长提供科学育儿宣传指导，帮助家长创设良好的家庭教育环境，共同担负教育幼儿的任务。在家园共育的新型理念指导下，幼儿园教师的任务不仅仅是教育好幼儿，还要对家长进行有益的指导。因此，家长工作在幼儿教育工作中也是极为重要的。但是，在我国目前幼儿教育观念相对落后的状况下，幼儿家长的育儿理念同幼儿园、幼儿园教师存在很多的差异。幼儿家长的育儿观念，对待教师的态度等，都会影响幼儿园教师职业道德情感的养成。

第三节 幼儿园教师职业道德情感的培养

【拓展阅读】

职业道德情感的培养目标

《幼儿园教师专业标准》关于幼儿园教师职业道德情感的培养目标：

理解幼儿保教工作的意义，热爱学前教育事业，具有职业理想和敬业精神。

认同幼儿园教师的专业性和独特性，注重自身专业发展。

关爱幼儿，重视幼儿身心健康，将保护幼儿生命安全放在首位。

尊重幼儿人格，善待幼儿。维护幼儿合法权益，平等对待每一个幼儿，不讽刺、挖苦、歧视幼儿，不体罚或变相体罚幼儿。

信任幼儿，尊重个体差异，主动了解和满足有益于幼儿身心发展的不同需求。

重视生活对幼儿健康成长的重要价值，积极创造条件，让幼儿拥有快乐的幼儿园生活。

富有爱心、责任心、耐心和细心。

乐观向上、热情开朗，有亲和力。

善于自我调节情绪，保持平和心态。

一、利用幼儿园文化建设的感染力提升幼儿教师的道德境界

（一）将"一切为了孩子，为了孩子的一切"作为主旨，构建现代学校文化

学校按照"以人为本""以幼儿为中心"的理念，在尊重原有文化特色的基础上，重新构建符合各自特点的新型学校文化。幼儿园要把园所文化重构的过程，变成为教师新的教育观的形成过程，引导教师反思传统教育习俗的利弊，思考新的时期应以什么样的态度对待幼儿，以怎样的情感对待自己的职业。更新教师的教育观念，通过"以幼儿为中心"的校园文化建设，强化教师的教师意识，从思想深处认识、感悟教师道德情感，感悟教师的神圣职责。

（二）重塑教师榜样，树立新的典型

教育具有理的特性，教师的职业道德实质上是一种专业道德，教育的过程实质就是师生伦理互动的过程。为此，我们重塑模范教师的形象，重新评估教师的职业道德情感，倡导教师人人成为"复合型"教师。在日常的教育教学中，既有高超的教学技

艺，又有高尚的思想道德，将"爱"体现在平平淡淡的日常教育教学之中，将"责任感"体现在教学目标确定、教学过程设计、教学策略选定、教学评价导向之中。树立这样的榜样，更倡导学习这样的榜样。因为一切教师的道德实践都是师德理论的具体化，都具有鲜明生动的形象特点，优秀教师的先进思想和模范事迹可见可信，具有较强的榜样感染力，对教师职业道德情感的培养作用巨大。

（三）以幼儿教育理念为本，引导教师改变落后的教育观念

要改变传统的教学巡导功能，将教师的思想道德建设与转变教师的教育教学方式结合起来，将教学巡导与克服自身陋习结合起来，坚持"教师的思想首先应体现在日常教育教学行为中"这一观点，并形成一系列的教学管理制度。要利用制度的力量，督促、改变教师的落后教育习俗及行为，帮助教师树立正确的职业道德情感。

二、立足教育教学活动，在教学工作中升华教师的职业道德情感

教师思想道德建设，关键在于引导教师全身心投入到教育教学工作之中，使他们体验到教育人生的真谛，升华其道德境界。

（一）体验教育

理解幼儿是热爱学生、热衷教学的前提。理解幼儿，就是要教师在教学交往过程中，通过对教育活动互动的体验、对幼儿一日活动的精神状态的体验、对幼儿平时表现的体验，了解幼儿的体验与感受，了解幼儿需要什么。教师要走进幼儿的心田，真正成为幼儿的知心朋友，获得生命相拥的幸福体验，感受到德福相济，从而更加热爱幼儿，热爱自己的工作。

（二）反思教育

理解反思教育是幼儿教育成功的前提。教师要有较为扎实的教育理论功底，要有较为全面的分析问题、解决问题的能力。我们要求教师参与到叙事研究中来，要能将自己成功的教育教学经验说出来，包括反思日常教育教学行为是否遵循了教育教学的规律，是否尊重了学生的身心发展规律，对幼儿认识过程、对幼儿人格形成过程是否具有促进意义，并以此为前提，进一步丰富与强化成功教学的经验。通过反思教育，克服不足，寻到成功，将教师职业情感培养落到实处。

（三）创新教育

创新教育是享受教育的前提。创新教育，就是要求教师在目标导向的基础上，充分满足幼儿身心发展的需要，在遵循教育教学规律的基础上，要求教师将个人的志趣与幼儿的需求统一起来。它是受教育教学规律制约的，但它又是自由的，充分表现了教师的个性魅力，是教师形成教学风格的重要过程，要让教师在创新教育中获得教学的自由感、成功感、自信感与成就感，让教师获得职业的尊严。

三、唤起教师职业内驱力情感，提升其生命质量

职业内驱力情感，也即是职业的荣誉感、社会的责任感、历史的使命感，是一个教师做教育的内在动力。它要求教师对教师职业有一个正确的认知，产生浓厚的兴趣，对教师职业有自豪感和认同感。美国伦理学家居友认为："生命首先要能够维持存在，才谈得上生命的运动，才有其道德可言。"加强教师思想道德建设，必须唤醒教师的生命意识，即从关心教师的生活疾苦、化解教师的工作压力入手，引导教师善待生命，用良好的心态面对生活，用欣赏的眼光看待生命，这既能增进教师的生命意识，也能提升教师的生命质量，还能引导教师从生命的角度理解自己、理解幼儿，从而提升教师爱的情感。教师缺少生命意识，必然缺少对幼儿、工作、学校的爱，必然缺少对教师职业的爱，也必然不会有做教育的强大动力。

（一）改善教师的生存条件，提高工资待遇

根据赫茨伯格的双因素理论，一个职业能否让人满意，包括"保健因素"和"激励因素"两方面。其中，保健因素包括用人单位政策、管理措施、监督、人际关系、物质工作条件、工资、福利等。当这些因素恶化到人们认为可以接受的水平以下时，就会产生对工作的不满意。这样的情感一产生，何来的工作热情与动力？因此，要丰富幼儿园教师的职业道德情感，必须要提高其工资待遇，完善各项福利，切实改善教师的生存条件。

（二）改善教师的心理环境

心理健康问题虽不属于思想道德问题，但由此而来的冲动及其过激行为往往是违背道德的。有研究表明，教师竞争意识强、工作节奏快、社会压力大，以及由此带来的心理健康问题严重地影响着教师的生存质量，进而影响教师对工作的态度。为此，要加强教师心理健康的引导，指导他们建立现代健康观念与生活观念，将心理健康放在重要的位置，指导他们化解由于经济条件改善后而带来的物欲膨胀、消费攀比、贪图享乐等问题，将教师的情感引导到工作中来，引导他们在团体合作中享受生命的快乐。

（三）改善教师的课余生活

相比其他职业，幼儿园教师工作繁杂，有重复性，教师极易心理疲惫。课余生活是教师情感的调节器，学校要改善教师的课余生活，让教师的课余生活丰富多彩。学校应配置教师艺术活动的设施设备，组织学校艺术活动。这些活动能促进师生的素质得以全面提升，但更为重要的是能丰富教师的课余生活，使教师身心愉悦，能唤醒教师的生命意识，激发教师的爱心。

【典型案例】

有一次，在上课时，班里有几名男生利用空余时间玩小汽车，这几名男生平时守

纪观念差，自我意识强。当课程结束时，李老师并没有指名道姓，而是策略地指出这类错误的危害，并由此及彼地把平时上课的其他不良现象联系起来，如：在老师讲课时自行操作，随便说话等，引起大家的反思。然后话锋一转，认真地说，学生犯错误，老师责无旁贷。这样师生间的距离缩短了。事后，李老师把这几名学生找到办公室，他们精神很紧张，认为准挨训，可李老师避而不谈，谈了一会儿，看到师生间的隔阂消除了，情感逐渐融洽起来，李老师便在这个基础上开始正面教育，并培养他们对老师的亲近感。当时，这几名同学马上承认了错误，并在班级作了自我批评，使全班同学都受到了教育。后来这几名同学的纪律明显进步，学习也认真勤奋起来，有位同学在日记中写道："在温暖中我感悟了错误，我非常喜爱我的老师。"原来，学生对老师产生爱戴亲近感，会给学习、纪律等方面带来深刻的影响变化。

案例分析与反思：

与好生相比，后进生的自尊心更强。因为学习不好或不守纪律，长期受冷落、歧视，他们一般都很心虚，对外界极敏感，外表又套有一层硬壳，但是这些孩子往往又是机灵、活跃、反应灵敏、动手能力很强的，在活动课程上会显露出一定的优势。由于纪律不好，公众形象比较差，所以在优势课上也会经常犯些错误，但是在他们的内心深处仍渴望得到老师和同学的理解和信任。因此，一旦他们犯错，教师一定要做到心平气和，以诚相待，切忌当众批评、挖苦或变相体罚，否则必定会刺伤他们的自尊心，增强转化工作的难度。

常言道：机不可失，时不再来。一个人事业的成功，常常离不开善于把握垂青于身边的机遇，失去一次机遇，也许就失去了一回成功。同样之理，教育工作者要取得德育工作的成功，也往往离不开德育机遇，更离不开对德育机遇的艺术把握。一个善于把握德育机遇的教育工作者，他的德育工作总是充满着朝气与活力，总是富有时代感和预见性，总是事半功倍，成效显著。课堂上发生类似这样的事件，教师只要抓住这个偶然的机会，把它作为一个良好的教育契机，能充分利用偶发事件，开展教育工作，不仅会促使个别学生的转变，而且会对其他学生产生良好的影响。

我们都知道，孩子们最大的特点是凡事爱观察，好发问，且容易接受新鲜事物，但由于他们的生活阅历浅，很多事情都处在似懂非懂之中，这就要靠成人去正确引导他们，但若采取单纯的说教，会显得枯燥无味，是不易被孩子所接受的，所以我们可以利用孩子乐于接受的方式，将感情教育渗透进去。所谓情感，是人们对客观事物态度的体验、是人的需要是否获得满足的反映。情感的种类十分多，它渗透在人类社会的方方面面。情感不仅仅是成人的专利，孩子也不例外，这一点我们必须承认。我们应该让学生懂得人与人之间可持续发展的关系与情感。当他们感受到了来自教师的关爱与尊重，自然也就会接受教师以及教师的教育。因此，作为教师要具有热爱教育、爱护学生、教学严谨、不怕辛苦、活泼开朗等良好品质，这对学生都是美好的熏陶。

蒙台梭利说过："教育就是激发生命，充实生命，协助孩子们用自己的力量生存下去,并帮助他们发展这种精神。"成长中的孩子,在他们的身上每时每刻都会发生变化,有时,这种变化是截然相反的。孩子是变化发展的,教师的观念要跟得上孩子的变化发展。只有以一颗真诚的心去对待每一个孩子才会在引导学生获得知识的同时,责无旁贷地担当起孩子的心理健康医生,维护他们的心理健康,使其人格健全发展,我们就像润物细无声的春雨,为他们的成长导航把舵。爱是人类一个美好的永恒主题。人类需要爱,社会需要爱,教育需要爱,孩子需要爱。切莫因学生的某些不足就对他们放弃培养和转化。我们要正确认识他们,将浓浓的师爱洒向他们,让这些迟开的"花朵"沐浴阳光雨露,健康成长。

第四节 幼儿园教师职业道德情感案例分析

【典型案例一】

把教师的冷暖放在心[1]

张老师幼师毕业后在园里工作了十年,开始表现一般,业绩平平,但后来工作热情很高,与同事相处融洽,业务能力迅速提高,在幼教工作中取得了一个又一个可喜的成绩。这其中除了她自己的努力外,园领导树立的正确情感管理机制也是一个重要因素。

前段时间,张老师的爱人得了重病,她请假在医院里守候了一个多月。在她的精心护理下,爱人的病情终于减轻了,回家边休息边治疗。张老师在家照顾丈夫期间,幼儿园的领导抽空上门看望她。她的爱人和婆婆非常感动,都说:"教师的亲属病了,园领导都来看望,真是太关心了。"第二天下班时,全园的二十几位老师也来到张老师的家里看望她和她的爱人。她婆婆高兴地拉着她的手说:"你们幼儿园真是个温暖的家,园长好、老师好。你能在这个温暖、凝聚力高的集体里工作,真幸福!今后你要好好工作,报答领导和大家对你的关心。"张老师望着这二十几个姐妹,眼泪禁不住地流了下来。她说:"非常感谢大家对我的关心和支持。这些天,我在医院里守着爱人,精神都要崩溃了,吃不好、睡不着,嘴唇都长了疮。现在大家都来看望我、关心我、安慰我,我一辈子都忘不了。"从此,张老师在工作中表现出更大的热情,努力矫正自己的普通话,积极参加教研活动,不断提高自己的业务水平,所设计的教学活动《玩球》在全园观摩时受到大家的好评,多次被评为优秀班主任和先进工作者。

案例评析:

在幼儿园的科学管理中,最重要的是对人的管理。如何以科学、有效的方法激发

---

[1] 张燕,邢利娅. 幼儿园管理案例及评析[M]. 北京:北京师范大学出版社,2011:174.

教职工的工作热情，充分调动人的积极性，是提高教育质量、创建良好园风的关键。在对人的管理中，要树立正确的情感管理机制，让每位教职工能够在幼儿园这个大家庭中友好相处，感受到家庭般的温暖，获得心理上的愉悦，增强工作的愿望。这就需要园领导当好大家庭的协调员、联络员，以身作则，真正与教职工建立良好和谐的人际关系。

张老师的爱人得了重病，张老师的精神负担重，吃不好、睡不着，园领导能够上门看望，把对教师的关心、爱护和帮助落到具体行动上，自然使教师深受感动。领导在生活中的种种体贴，更容易使领导与教师达到心灵上的沟通、情感上的融合，进而成为教师事业上的理解者与拥护者。张老师在困难中需要领导与同行的理解与支持，园领导与众姐妹上门看望，使张老师深刻感受到了大家庭的温暖，感受到了集体的凝聚力，在以后的工作中必然会为集体付出极大的热情。这种效果是单纯的制度管理所达不到的。

另一方面，从张老师的家庭来说，看到张老师受到园领导和老师们关怀、慰问，家属的内心也产生了不小的震动，在以后的生活中肯定会更加理解和支持张老师的工作，消除她的后顾之忧。

而在整个事件中，受益受感动的绝不只是张老师一人，园里的其他老师同样也会感受到集体团结的力量。谁不愿意在这样一个温暖、和谐、团结、向上的大家庭中工作呢？而园长对教师的理解、尊重、关心、爱护必然会赢得全体教工的敬佩与爱戴。以这种情感方式树立自己良好的领导形象，对以后的工作有百益而无一害。这种情感管理机制在幼儿园的科学管理中起着制度管理不可替代的作用，作为园领导，要善于把握和运用该种管理机制，做到恩威并施，在管理中渗入情感因素，使大家能自觉自愿地接受规章制度的约束，以利于形成团结奋进、积极向上的集体。

【典型案例二】

教师串班引起的事故[1]

黄老师是某幼儿园的一名幼儿教师，在上班时，偶尔会到别的班聊天，教师和园领导对她的这种行为十分不满，给她提建议和批评她，可她都当耳边风，置之不理，并以各种理由和借口仍旧串班。

有一次，在黄老师当班时，她又去串班。班里的几个"调皮大王"趁着老师走开就大闹，结果小军把小文的脸抓破了，还淌了血。在放学时，小军和小文的妈妈同时来接孩子。黄老师对小文的妈妈说："你孩子的脸是小军抓破的。"又对小军的妈妈说："你的孩子任性、淘气，看把小文的脸抓成这样，这是你们家长的失职，要好好管教孩

---

[1] 张燕，邢利娅. 幼儿园管理案例及评析[M]. 北京：北京师范大学出版社，2011：99.

子。"小军不服气地说："是小文先打我的。"小军的妈妈听后很生气地说："我们把孩子交给幼儿园,是对你们的信任,孩子出了事是老师的责任。我要找你们的园长。"而黄老师却说："不行你就告吧!"结果小军的妈妈找到园长,怒气冲冲地说明事情原委。园长向家长道歉,表示出现这种事情是幼儿园在管理方面的漏洞,是教师责任心不强造成的,应由园里承担一切责任,并及时找黄老师谈话,首先对她工作取得的成绩给予肯定,又指出孩子打架的现象是由于她一贯以来的责任心不强、上班时"串班"造成的。黄老师听后,深受启发,表示晚上愿到孩子家去家访,进行道歉,并向园长许诺从今以后要自觉遵守幼儿园的纪律,并要求园长按规章制度处理。第二天,园长召开了园务委员会议,根据黄老师的表现和她乘认错误的态度,做出决定:一是写书面检查,并在大会上检讨;二是扣发当月的劳动纪律奖。

案例评析:

这个案例涉及幼教管理和园长、教师的职责问题。从案例中可以看到,黄老师责任心不强,对孩子照料、关怀和爱护不够。在孩子事发打架后,不是妥善而有效地处理问题,而是在家长间挑拨离间,使事态扩大,这是其工作失职、不到位的表现。但同时也在一定程度上反映出该园规章制度不健全、管理缺乏科学性。园长作为总负责人,应承担相关责任。

在此案例中,园长处理问题的态度是诚恳的,解决问题的方式是正确的。园长向家长道歉,并主动承担责任,得到了家长的谅解;同时对黄老师的批评处分是严肃认真的,也借这个"机会"让黄老师深刻地反思了自己的行为,使其改正了错误,端正了工作态度,加强了责任心。

思考:

1. 幼儿园中由于教师责任心不强造成事故的现象频发,有的事故后果甚至很严重。对于这类问题,园长应怎样防患于未然?
2. 你认为上述案例的幼儿教师的道德情感该如何提升?

【名人名言】

教育上的水是什么?就是情,就是爱。教师没有了情爱,就成了无水的池,任你四方形也罢,圆形也罢,总逃不了一个空虚。

——夏丏尊

没有情感,道德就会变成枯燥无味的空话,只能培养出伪君子。

——苏霍姆林斯基

爱,应该是教育的工具,又是鉴别教育的尺度,而教育的目的是人道。

——别林斯基

集体的温柔和善良的情感,集体的关切——这是一种多么巨大的力量啊!它就像一股汹涌的急流，撼动着感情最冷漠的学生。

——苏霍姆林斯基

凡是教师缺乏爱的地方，无论品格还是智慧都不能充分地或自由地发展。

——罗素

如果一个教师只爱事业，那他会成为一个好教师。如果教师只像父母那样爱学生，那他会比那种通晓书本，但既不爱事业也不爱学生的教师好。如果教师既爱事业，又爱学生，那他是一个完美的教师。

——托尔斯泰

【思考与讨论】

1. 如何理解幼儿园教师职业道德情感的特征和作用？
2. 影响幼儿园教师职业道德情感的因素有哪些？
3. 结合实例说明如何培养幼儿园教师的职业道德情感？
4. 近年来虐童事件频发，请结合幼儿园教师职业道德情感的相关知识阐述如何避免类似事件的发生。
5. 认真阅读《幼儿园教师专业标准（试行）》当中幼儿园教师职业道德情感的培养目标，然后结合实例说明如何做才能达到这些目标。

【参考文献】

[1] 莫源秋. 做个快乐幸福的幼儿园教师[M]. 北京：中国轻工业出版社，2013.

[2] 金忠明，林炊利. 教师，走出职业倦怠的误区[M]. 上海：华东师范大学出版社，2011.

[3] 潘利英. 新课程改革背景下教师的职业道德义务与职业道德情感[J]. 思想理论教育，2013（10）.

[4] 卫岚. 教师的情感艺术在幼儿园班级管理中的实践研究[D]. 上海师范大学，2009.

[5] 邱佳佳. 教师情感智慧发展的实践研究[D]. 华东师范大学，2012.

[6] 周尚全. 做职业与人生幸福的教师[M]. 重庆：西南师范大学出版社，2015.

[7] 郭兴举. 教师获取职业幸福的途径[M]. 南京：江苏美术出版社，2011.

[8] 王力娟. 做个幸福的老师：教师自我管理和职业提升的五堂课[M]. 重庆：重庆大学出版社，2015.

第五章　幼儿园教师的职业道德意志

【学习提要】

职业道德意志是教师职业道德品质的基本要素之一，它是教师克服困难、教书育人的动力和保证，同时，对幼儿形成良好的道德意志品质和道德人格的完善具有重要作用。幼儿园教师形成职业道德意志的过程，也即是确立目标、抵制不良诱惑、排除障碍、战胜困难的过程。

第一节　幼儿园教师职业道德意志的内涵及其特征

一、幼儿园教师职业道德意志的内涵

在了解幼儿园教师职业道德意志的含义之前，我们有必要先了解意志和道德意志的含义。

（一）意志的界定

意志问题在我国引起一些有识之士的重视是从20世纪80年代末开始的。

在哲学中，"意志"一词主要指人根据自己的意愿进行自主选择或自主决定的能力。奥古斯丁在解释意志时认为：人渴望永恒的正义和崇高，还是追求临时的享受与满足，都完全取决于意志本身的决断，因而都属于意志本身。意志的善恶之分取决于意志本身决断要什么，意志并不必然决断以善为目的，它也可能决断以恶为对象。意志在善恶之间。古希腊哲学家亚里士多德也认为，意志是人在理性与非理性之间进行自主选择的能力。由此，西方哲学家提出了意志自由，并进而推广为意志决定论。意志在此含有明显的"意向、意愿"之意。

心理学中对意志的理解与哲学中的有所不同，在这里意志多指"毅力"或"意志力"。例如，《当代西方心理学新辞典》中将意志定义为：人自觉地确定目的，并支配行动去克服困难以实现预定目的的心理过程。杨清的《心理学概论》中将意志定义为"人为了要实现某种预想的目的，因而依据自我对于客观规律性的认识，能动地和坚决地通过克服各种困难去变革某一客观过程的实践活动"。并进一步解释说人的意志强弱的衡量标准是他所克服的困难的大小。人只有在实现预期目标的过程中，在遇到困难却又能顽强不屈和深思熟虑地加以克服的时候，才会明显地表现出意志的作用。所以说，在心理学研究领域，研究者更加注重的是对意志活动中克服困难、压抑冲动这一

特性的研究。

（二）道德意志的界定

当我们了解了"意志"一词的含义之后，我们可以进一步推导出"道德意志"一词的含义。"道德意志"一词，是由"道德"和"意志"组合而成的复合词。"道德"是"意志"的定语，是用来修饰"意志"的，就如同"学习意志""训练意志"等。"道德"一词在《伦理学大辞典》中的定义是：反映和调整人们现实生活中的利益关系，用善恶标准评价，依靠人们的内心信念、传统习惯和社会舆论维系的价值观念和行为规范的总和。根据定义我们可以看出，"道德"作为一种特殊的社会价值形式，总是以善恶、正当不正当的形式表现出来。它既是一种价值体系，又是一种规范体系。"道德"和"意志"结合在一起，就出现了两种解释：一种是指"道德的意志"，即"善良"意志，这种理解明显包含有意向之意。另一种是指在道德活动领域中的意志。在这种解释中，道德意志就等同于意志，只不过特指在道德活动领域中的意志，是与非道德领域中的意志相区别的。这时，道德意志本身不再具有善、恶的指向性，它只是一种内驱力，具有"坚强"或"薄弱"的特征。而"善"和"恶"则是对道德意志活动结果所进行的道德评价。这种对道德意志的理解也暗合了王阳明在四句教中所说的："无善无恶是心之体，有善有恶是意之动，知善知恶是良知，为善去恶是格物。"

道德意志是指主体在道德活动中，为履行一定的道德义务和责任，根据某种道德原则来支配、调节、控制自己的道德观念和道德行为，克服困难、消除障碍，从而实现预定目的的精神力量和心理过程。

（三）幼儿园教师职业道德意志的界定

由"意志"和"道德意志"的界定，我们可以将幼儿园教师职业道德意志理解为：幼儿园教师按照幼儿园教师职业道德原则和要求进行道德抉择时调节行为、克服困难的能力，是在履行职业道德义务过程中所表现出来的决心和毅力。它主要表现为幼儿园教师职业道德行为中的坚定性和坚持精神，是为实现一定的道德理想和信念做出的自觉而顽强的努力，是调节教师职业道德行为的重要精神力量。没有幼儿园教师职业道德意志，就没有幼儿园教师职业道德行为。然而，职业道德意志并非人天生所具有的，而是在职业道德实践活动中长期磨炼成的。

幼儿园教师所从事的幼儿教育事业，是一项光荣且艰巨的事业。在这一过程中，教师不仅要付出辛勤的劳动，有时甚至还需要作出一定的牺牲，同时还要面对来自外界的各种阻力和承担内在压力，比如物质条件的制约、错误舆论的责难等。这时候，就需要教师要有顽强的意志和坚持不懈的精神。具体而言，幼儿园教师职业道德意志可从以下三方面来理解：

首先，幼儿园教师的职业道德意志表现为其在道德实践中克服困难的勇气。一方面，幼儿园教师在处理同事之间的竞争以及来自社会舆论的压力时，必须具备顽强的毅力和坚定的信念，否则将很有可能在竞争中迷失自我，在压力下违背初衷，从而无法战胜困难。另一方面，幼儿园教师在解决主观方面的问题时，比如身体状况欠佳、教学能力欠缺、心理素质较差等，同样需要有坚韧不拔的道德意志，帮助其在克服困难的道路上前行，促进其专业向好发展。

其次，幼儿园教师的职业道德意志表现为其在道德实践中战胜诱惑的能力。就像困难无处不在，在幼儿园教师的生活与工作中，诱惑也时常伴随。尤其是在当今发达的市场经济体制背景下，幼儿园教师需要凭借自己的道德意志，抵制外界的种种诱惑，坚守自身的道德底线，坚守这块暂时清贫却孕育着希望的教育阵地。

最后，幼儿园教师的职业道德意志还表现为在其道德生活中的自制力。自制力就是善于掌握和支配自己言行的意志品质。坚定的自制力是教师对自己的职业道德需要、动机、情感、行动的控制和调节能力。现实生活中，幼儿园教师需要控制和调节自身品质中自私、懒惰等成分，注意自己的言行举止，保持良好的教师形象，为幼儿树立良好的榜样。此外，总有一些教师在面对幼儿时"恨铁不成钢"，会爆发出一种不能控制的激动情绪，出现大骂、讽刺幼儿的现象，给幼儿造成心理伤害。如果幼儿园教师的自制力越强，其行为就越富有理性，不会因为教育行为受阻而情绪失控。同样，在面对失败和突发情况时也不会变得萎靡或不知所措。幼儿园教师在任何情况下都应理智地控制自己的情绪，把握自己的言行。

（四）幼儿园教师职业道德意志的特点

由于生活实践和所受教育程度的不同，幼儿园教师的职业道德意志既有共同特点，同时也存在着很大的差异，既有积极的成分，也有消极的成分；有的教师职业道德意志坚强，有的则较薄弱。职业道德意志的差异也构成了幼儿园教师职业道德意志的品质特征。了解、研究和掌握幼儿园教师职业道德意志的特点及其差异，不仅可以更好地在职业实践中自觉地强化积极方面，抵制消极方面，而且对于提高职业道德修养、更好地教育幼儿，具有重要的作用。

具体来说，幼儿园教师职业道德意志的特点主要表现在以下五个方面。

1. 职业道德意志的自觉性

职业道德意志的自觉性，是指幼儿园教师具有明确的行动目的，并对目的的意义及其社会意义有明确而深刻的认识，从而支配自己的行动、服从社会目的的一种道德意志品质。幼儿园教师职业道德意志所表现出的自觉性，则是其基于明确高尚的从教目的，并深刻认识到其教育和教学的社会意义，使自己的行动自觉服从社会需要的目的，并始终如一地为之努力，乃至为之献身的坚定性。一个有一以贯之的目标并能够自觉为之奋斗的幼儿园教师，通常能主动以社会要求、职业道德规范为准绳，自觉地、独立地调节自己的行动，对于符合预定目的和社会要求、职业道德规范的事，即使是遇到障碍和危险，也能以全部的热情和力量，勇往直前。自觉性反映了一个幼儿园教师坚定的立场和信仰，既是坚强意志的表现，又是产生坚强意志的源泉。

与自觉性相反的则是职业道德意志的动摇性和盲目独断性。动摇性是指一个人没有以正确认识为基础，也没有认识到自己行动的真正意义及其社会价值，因而对自己的行动缺乏独立精神，常常表现出犹豫、徘徊、易变，只有在得到命令、建议、提示、默许等时才会表现出个人积极性。盲目独断性是动摇性的另一个极端，表面上似乎是独立地采取行动和执行决定，实际上他们不能认真考虑自己采取的行动是否合情合理，而是固执己见，顽固地拒绝他人的任何建议或意见，或者不顾实际情况而一意孤行，其结果只能是在客观规律面前碰壁。动摇性和盲目独断性都是由没有真正意识到行动的意义、缺乏自觉性所致，是意志薄弱的表现。因此，作为幼儿园教师，要能主动、自觉而有计划地加强自身的职业道德意志教育。

2. 职业道德意志的果断性

意志的果断性，是指遵从意志目的而善于及时地采取决断的能力。幼儿园教师职业道德的果断性，则是教师在从事教学活动、游戏活动、保教活动等中，所表现出的迅速而又经过深思熟虑地选择目的和确定方法的一种意志品质。它表现为教师在处理具体问题或突发事件过程中能够因材施教、因势利导、当机立断，甚至在危及生命时也能敢作敢为，而不是患得患失、优柔寡断。它要求教师在工作中要尽量避免草率的决定和犹疑不决。

与果断性相反是优柔寡断和草率决定。优柔寡断表现为思想、情感分散，动机冲突没完没了，在需要采取决定时不能当机立断，而是患得患失、踌躇不前。而草率的决定表现为懒于思考，到了紧要关头只好仓促决定，凭一时冲动鲁莽行事，是欠缺思考、逃避动机的选择，因而轻率地作出决定，这是冒失。优柔寡断和草率决定都是缺乏勇气、缺乏主见、意志薄弱的表现。因此，幼儿园教师，要能善于驾驭客观形势，及时选择时机，做出正确判断，并积极开展各项工作。

3. 职业道德意志的自制性

意志的自制性，是意志行动过程中所表现出的抗干扰能力。是一个人在意志行动中，善于控制自己的情绪，约束自己的言行，并调节二者以符合既定目标的一种意志品质。幼儿园教师职业道德意志的自制性，是教师在从事教学活动、游戏活动、保教活动等中所表现出的控制自己的情绪、约束自己言行的一种意志品质，具有高度的克制力和忍耐力，是教师抗内部干扰和外部干扰的能力。抗内部干扰，即抗自己情绪的干扰，它表现为高度的克制力和忍耐力。具体说来，即教师对于幼儿的调皮、恶作剧、哭闹等行为的一种克制和忍耐力，以及不把自己的不佳情绪带到学校、课堂，对自己情绪冲动的一种控制力。抗外部干扰，则表现在不为困难环境和诱惑客观所扰，避免自己产生与完成计划、达到目标所不容的动机或行为。

4. 职业道德意志的坚韧性

意志的坚韧性，是意志行动过程中所表现出的对待困难的心理特征和态度。意志的坚韧性也叫坚持性、坚定性。幼儿园教师职业道德意志的坚韧性，则是幼儿园教师对待幼教职业和从教过程、保育活动等当中的困难所持的心理特征和态度。它表现为教师在教育教学、保育活动、游戏活动中坚持决定，以充沛的精力和坚韧的毅力，百折不挠地克服一切困难，实现预定目的的一种意志品质。坚韧性要求一个人锲而不舍，善始善终，在困难面前不裹足不前，在失败面前不气馁、不退却，在成绩面前不居功自傲或陶醉止步。

幼儿园教师职业道德意志的坚韧性产生于对客观事物的深刻认识和崇高理想，产生于实践的锻炼和考验，因而它是人们克服前进道路上的各种困难与险阻，完成艰巨任务，取得成就的重要心理品质。坚韧性是自觉性、果断性和自治性的综合表现，而自觉性、果断性和自治性又是坚韧性的基础和保证。没有自觉性，坚韧性就失去了基础；没有果断性，坚韧性只能陷入空谈；没有自治性，坚韧性就无法实现。

5. 职业道德意志的能动性

职业道德意志的能动性是幼儿园教师心理能动性的突出表现。它支配和调节幼儿园教师的内外活动，是幼儿园教师与客体能动关系的反映，这也是职业道德意志的总体品质特性。这一品质特性实际上是上述四种职业道德意志基本特性相互联系、有机结合的综合表现。职业道德意志能动性品质主要表现为幼儿园教师在与环境的相互作用中，不是为了消极地适应环境，而是以自己的实践活动，去改造客观环境以适应自己的需要。

（五）幼儿园教师职业道德意志的功能[1]

道德意志是连接道德内在心理与外在行为的关键环节和纽带，道德意志一旦形成，在个体的道德意识生成和道德行为选择以及社会道德生活中，就成为道德发挥作用的强大精神动力和调控力量，就能够成为个体德性的守护神。具体而言，道德意志具有目的定向、动机优化、情感调节、行为控制、人格塑造、境界提升等多方面的功能。正确认识道德意志的功能，有利于幼儿园教师在道德教育和道德修养过程中，有针对性地培育道德意志，养成坚定而良善的德性。

1. 对道德目的的定向功能

道德活动总有一定的目的或目标，没有无目的的道德行为。"从表现形式上看，活动目的是人对自己为什么进行活动、怎样进行活动和通过活动最终获得什么的预先设想，是对活动结果的超前意识；从根源和内容上看，活动目的是人对自己的需要及如何满足的自觉意识。"[2]

道德活动目的的确立是一个极为复杂的过程，往往需要经过长期周密思考、反复权衡主客观条件，还需要道德意志的积极参与。道德意志具有支持道德主体统一道德价值目标趋向的力量和能力。人的道德活动都是有目的的活动，人在道德活动之前都

---

[1] 沈永福，张友国. 论道德意志的功能[J]. 首都师范大学学报，2011（6）.
[2] 龚振黔. 人的活动研究[M]. 贵阳：贵州人民出版社，2000：190-191.

要事先确定活动的目标。由情感引起的活动往往没有经过事前考虑，也没有明确的目的，因此称之为冲动的行为。而有意志的活动则不同，意志能够为主体自觉地确定活动的目的，并依据所确定的目的来支配自己的行动，克服障碍以实现活动目标。活动目的从来就是与需要和价值观念紧紧联系在一起的，需要是目的形成的客观依据，目的是自我意识到了并准备以行为去满足的需要，主体根据自身的需要和价值观念形成活动目标。人的需要是多种多样的，而且在同一时间内，人往往不只有一种需要，正是同时存在的多种需要和由这些需要派生的多种愿望、情感、动机，决定着人们在同一时间内产生了多种目标。几个或很多个可供采纳的目标，就会使人发生心理上的冲突，在不同的目标之间举棋不定，特别是在各个目标的价值和意义相近时，这种心理冲突就更加尖锐。因此，在道德实践活动中，要确定活动目标，就需要意志发挥作用，即必须依靠意志来排除其他目标的诱惑和干扰而做出决定。特别是当几个目标对人都具有重要意义，从而对人都具有很大的诱惑力，而它们又是相互排斥，或者虽不排斥，也不可兼得时，此时就必须以极大的意志力排除困难，解决矛盾，然后才能确定目标。苏联著名教育学家马卡连科在谈到意志在人的认识活动中的选择性或定向性功能时指出："坚强的意志——这不但是想什么就获得什么的那种本事，也是迫使自己在必要时抛弃什么的那种本事。没有制动器就不可能有汽车，而没有克制也就不可能有任何意志。"[1]

道德意志对人的活动目的的定向功能，是指意志在社会实践的基础上，对主体的需要和情感进行选择与巩固，以保证人的活动方向的唯一指向性。意志与目的相连，坚强的意志会使人的活动具有明确的目的性和方向性。相反，消极的意志如盲从、独断等，则会影响活动的方向，阻碍个人能力的发展。意志总是根据主体的需要来决定活动方向。对活动客体而言，活动客体在活动过程中会受到来自外界各个方面的影响和干扰。此时，意志在活动过程中会不断克服那些暂时被压抑了的、次要的、不现实的需要和情感的冲动，排除它们对当前活动的影响，同时战胜来自主体外部的其他妨碍活动正常进行的各种阻碍和诱惑，从而保证主体活动目的始终朝着一个方向开展。

道德意志对活动目的定向功能表现在两个方面：一是道德意志能够调节活动主体以最高的效率捕捉新信息，按照内外尺度的统一对事物进行观念的分解和综合以确定道德目的。由于人脑所获得的初始信息往往是杂乱无章的，为了全面地把握客体信息及主体的需要，主体就需要通过意志来调节，以保持神经网络、脑皮层及主体的感受器官在追踪信息过程中的专一性和耐受性；二是道德意志为了确立一种具有必要性、合理性、可行性的活动目的，通过意志努力来分析、比较各种目的实现的条件和可能性，预测目的实现的后果，最后选定活动目的。心理学所说的随意注意，作为认识活动的一个重要心理机制，是意志在认识活动中定向和选择作用的集中体现。在随意注意的作用下，人把自身有限的心理资源集中起来，指向一个主要的目标，使之在主体心目中从外部世界千事万物所组成的浑然一体的图画中分离开来、突出起来，与主体

---

[1] [俄]马卡连科全集（第4卷）[M]．北京：人民教育出版社，1981：512-513．

构成现实的主客体关系，成为认识活动的对象。而该目标之外的其他事物，虽然在客观上与目标同时并存，处在普遍联系的网络之中，但在主体看来却被淡化或舍弃了，仅仅把它作为认识活动的背景或环境来考虑。因此，没有随意注意，就不可能有主体对认识对象的选择，也就不可能有认识活动的唯一指向性。然而，认识活动中随意注意的形成和巩固，一步也离不开意志行为的参与，甚至在一定意义上，随意注意本身就是一种意志行为过程。在心理学中，随意注意力的优劣强弱是衡量或评价一个人意志品质的主要参数。离开意志，就不可能有随意注意，也就不可能有认识活动的选择性或定向性。

因此，道德意志的作用就反映在帮助人选择、确定活动目的，并明确其价值取向。只有意志的选择，才是现实的可行性的选择。正如苏联著名心理学家彼德罗夫斯基所说："意志动作的特征，不仅在于把目的理解为所希望的东西，而且在于把它理解为原则上可以达到、可以实现的东西。"[1]

2. 对道德动机的优化功能

人的意志行动是由一定动机引起的。动机是引起人去行动的原因，它激励人去确定行动目的。道德动机是道德主体在行为过程中趋向一定道德目的的主观愿望，是道德行为的基本动因和出发点。在道德目的确定之后，虽然主体的内部心理状态获得了统一，但这并非就能一劳永逸。在道德行为发动之前，人的道德动机往往是复杂多变的。在现实生活中，主体由于受到各种内在的需要、欲望、情感的影响和来自外部的诱惑，主体可能产生出形形色色新的愿望与动机。这些动机可能绝大多数都是与原定的认识目的相左乃至冲突的，这些不同等级、不同时限的动机构成了一个动机网络，其中绝大部分都有某种实现的可能性和必要性，势必造成动机矛盾和心理冲突，它们会使主体为之分心走神，因而干扰道德活动的正常进行，甚至会停止进行中的道德活动转而去满足其他愿望。在冲突的诸动机面前，要立即采取行动是很困难的。"在对我们发生影响的许多感觉、许多刺激之间，我们有力量选择这种可能性而不选择那种可能性。我们可以说：'让这种可能成为现实'。"[2]这就需要发挥道德意志在认识活动中的选择作用，由道德主体根据自己的道德原则和道德信念统一调适自己的各种行为动机，确定认识目的，为道德活动决定明确的目标指向。

动机的冲突，是道德意志行动的主要内部障碍，它表现在人的内心中对两种或两种以上的愿望加以赞成或反对的权衡过程。意志行动中的动机冲突是指动机之间相互矛盾时，对各种动机权衡轻重，评定其社会价值的过程以及解除意志的内部障碍的过程。从动机冲突的内容来看，它分为原则性动机冲突和非原则性冲突。凡是涉及个人愿望与社会道德准则相矛盾的动机冲突属于原则性动机冲突。例如，当涉及国家、集体、个人三者利益的矛盾时，如何摆正自己的位置，解决这类原则性动机冲突，就要

---

[1] [俄]彼德洛夫斯基. 普通心理学[M]. 北京：人民教育出版社，1981：432.
[2] [美]威廉·詹姆斯. 心理学原理[M]. 唐钺译. 北京：商务印书馆，1963：134.

经过激烈的思想斗争，因此也最能体现出一个人的意志品质。一个意志坚强的人善于有原则地权衡和分析不同的动机，及时地选择正确的动机，并确定与之相应的目的。意志薄弱者则会长久地处于犹豫不决的矛盾状态，甚至确定目的以后，也不能坚持，并且还会受到其他动机的影响而发生改变。凡是不与社会准则相矛盾，仅属个人爱好、兴趣、习惯等方面的动机冲突属于非原则性的动机冲突。例如，休闲时间是看电影或看小说还是复习功课，是先做数学题还是先念外语单词等等并不涉及原则，也不会有激烈的思想斗争。

动机冲突一般有四种类型：双趋冲突、双避冲突、趋避冲突、多重趋避冲突。[1] 各动机间的矛盾越大，斗争越激烈，需要确定目的而作出的意志努力也就越大。道德意志的力量在这一阶段，恰恰表现在正确地处理动机斗争，选择正确的动机，确定正确的目的。道德意志主要通过三个环节对诸多道德动机进行优化，实现道德动机的正确选择。一是对诸道德动机进行审查，审查它们的来源、内容、性质及可行性；二是过滤、剔除一些不合理、不规范、不道德的道德动机；三是整合具有合理性、迫切性、相似性的道德动机，使它们成为一个有机整体，达到优化状态，以此来推动道德行为活动的发生与发展。

解决动机冲突，最终必须以动机冲突的性质为转移或转向。若动机冲突的性质是非原则的，可以根据实际需要的轻重缓急而迅速作出决定。如果动机冲突的性质带有原则性冲突，则必然引向两种思想斗争，善与恶的博弈、高尚与卑鄙的缠斗，不是东风压倒西风，就是西风压倒东风。道德意志坚强的人，对于原则性的动机冲突会毫不犹豫地、坚定不移地使自己的行动服从于社会道德标准、服从于集体和国家的需要，总能用高尚的道德动机战胜个人的自私自利的动机；而对于非原则性的动机冲突，也总是根据当时需要的程度，毅然作出决定。道德意志薄弱的人，无论对于何种动机，往往会犹豫不决、摇摆不定，对于原则性的动机冲突，不良的欲望、爱好和个人自私自利的动机常占上风，不能使自己的行动服从于集体或国家的需要，或在作出决定后，常常改变主意、朝秦暮楚、朝三暮四。当一个人牢固地树立了一种高尚的动机，剔除了自私自利的动机，即使在生死关头、存亡之际，他也会毫不犹豫地贡献出自己的生命。英雄行为，绝不是短暂的偶然冲动所决定，而恰恰是长期巩固了的高尚动机所决定的，如水银泻地般欢畅地流溢。[2]

3. 对道德情感的调节功能

所谓道德情感，是"人们基于一定的道德认识，从某种人生观和道德理想出发，对现实道德关系和道德行为产生的一种爱憎或好恶的情绪态度"。[3] 道德情感与道德意

---

[1] 张履祥. 普通心理学[M]. 合肥：安徽大学大出版社，2002：333-335.
[2] 北京师范大学、东北师范大学等编写. 普通心理学[M]. 北京：北京师范大学出版社，2012：487.
[3] 罗国杰主编. 中国伦理学百科全书·伦理学原理卷[M]. 长春：吉林人民出版社，1993：92-93.

志作为个体道德内部心理要素，既各自独立、各有特点，但又互相联系、互相影响。

道德情感与道德意志就像一对孪生姐妹，往往相伴而生、形影相随。如热烈的情感、坚定的信念、顽强的斗志、执著的追求等，都很难说只是情感而不是意志，或只是意志而不是情感，它们都是情感和意志的有机统一和现实展开。

由于道德意志具有"主向"根本特性，故对道德情感具有方向性把握和谋划作用，情感只有通过意志才能真正具有主体意识，正如朱子所言"情如舟车，意如人去使那舟车"（《朱子语类》卷五）。道德意志对道德情感的影响，主要表现在对情感的调节。正态的意志即坚强的意志可以增强道德的或积极的情感，克服不道德或消极的情感；负态的意志即脆弱的意志则会削弱、挫伤道德的情感、积极的情感，听任或助长不道德的、消极的情感。意志能够控制主体的情感，排除消极的、不道德的情感，保留和巩固积极的、道德的情感，使主体在道德活动中，始终保持稳定的情感，集中注意力，并积极向道德行为转化，道德情感能否得以行为实现而成为一种品质，在很大程度上就看道德意志努力的程度。道德情感必须以善良意志为指导和调控，勇敢、坚韧、果断、节制等情感，如果没有善良意志为指导，就可能是极大的恶。正如康德所言："假如不以善良意志为出发点，这些特性就可能变成最大的恶。一个恶棍的沉着会使他更加危险，并且在人们眼里，比起没有这一特性更为可憎。"[1]

当然道德意志与道德情感并非总是方向一致的，如平时人们所说的"理智与情感的冲突"，实际上就蕴涵意志与情感的冲突；所谓"理智驾驭感情"，伦理学意义上实质就是由道德意志遵循德性的要求而实现的对非道德的情感（欲望）的控制；所谓"情感战胜理智"，是指非道德的情感（欲望）挣脱了道德意志的控制，或是意志力不足以抑制情感的冲动而成为情感的俘虏，背离了道德的方向。亚当·斯密在《道德情操论》一书中指出，大体有两类道德情感容易使人们误入歧途，一类是包括恐惧、愤怒和其他那些与这两种激情相混合或有联系的激情构成的，另一类是由舒适、快乐、赞扬和其他许多自私的满足之热爱的激情所构成的。[2]这两类激情具有持续不断的诱惑力，如没有一种自制的控制，在人的一生中极易出现严重偏差，而自制就是一种典型的道德意志能力。

道德意志对道德情感的调节性功能，主要体现在两个阶段，一是在主体的道德认识活动中，道德意志以确定的认识目的为根据，通过主体内部在认识过程中出现的各种情感反应的自我意识和自我评价，选择和控制自己的道德情感，调节自己的内部心理状态，主宰自己，为完成认识活动的目的提供一个良好的内在动力环境。认识主体的自制力，是认识活动中意志调节的具体体现。意志的自制力在认识活动中所起作用的主要表现，就是对于那些干扰或妨碍当前认识活动的非道德情感或消极情感，认识

---

[1] [德]康德.道德形而上学原理[M].苗力田译.上海：上海人民出版社，1986：43.
[2] [英]亚当·斯密.道德情操论[M].余涌译.北京：中国社会科学出版社，2003：203-208.

主体能以自制力予以压抑或排除，以减少和避免其可能对认识活动过程造成的不良影响。传统儒家的正心、诚意的心性修养方法在很大程度上就是教导人们培植善良意志，规化、纯净人们的道德情感。孟子、荀子的"养气""治气"之说也是分别主张运用意志的力量扬善和止恶。二是主体在执行决定的过程时，可能遇到种种困难甚至失败，可能会使主体在心理上产生恐惧、沮丧或挫折感等情感，这些情感往往可能导致其他一些消极的情感反映，引起主体在心理上和行为上的各种变化，如丧失道德行为的信心、勇气和坚持的毅力。或者，当主体道德活动取得一定的成绩时，可能滋生一些自满骄傲情绪，也会对后续道德活动带来消极影响。只有意志力强的人，才能不断地调节自己的道德情感，做到"胜不骄、败不馁"，百折不挠，克服那些消极情感反应。

4. 对道德行为的控制功能

包尔生说："全部道德文化的主要目的在于塑造和培养理性意志，使之成为全部行为的调节原则。"[1]道德意志的魅力，一是它鲜明的道德目的性，另一个就是它的调控功能。道德目的是道德意志的价值指向，一个人在自己的生活中如果没有明确的生活目的和长远的价值目标，他就不会有道德意志，同时，道德目的如果没有道德意志的作用发挥，道德目的也就不能实现。道德意志正是通过对道德行为的调控来实现道德目的。

道德行为是按照一定道德准则采取的行为方式，它是在道德意志的支配和作用下才得以实现的。要使道德行为不受主客观各种不利因素的影响和干扰，自觉地调节道德行为，使其保持一贯性，就特别需要内部的力量，这个力量即道德意志。一个人有了道德意志，才会自觉调节行为，克服困难，消除障碍，使道德行为得以坚持，实现一定的道德目标。从广义的角度说，道德行为是一种意志行为，即表现为个体自身成功克制自身的欲望和爱好、克服内在外在困难。相反，不道德的行为从某种程度上是个体道德意志的丧失或脆弱，即屈服于自身不当的欲望和爱好。因而，可以肯定地讲"有道德意志，一定有道德行为，一定有相应的品德；没有道德意志，一定没有道德行为，一定没有相应的品德"。[2]道德意志对个体道德行为的调控功能主要表现在以下几个方面：首先，它促成了个体道德行为的实现。一个人的德性如何，必须通过行动来证明。说得再好，想得再美，没有实际行动，就没有真正意义上的道德。道德意志的作用就在于它能促使个人完成行为动机斗争，迅速将自己的道德认识、道德情感、道德信念转化为道德行为；其次，道德意志是调节道德行为的内在力量，它使个体的道德行为遵循道德意志的指令来实行。正是通过道德意志的作用，个人才能克服内部和外部的各种困难障碍，无论在顺境或逆境中，都能坚持自己认为正确的行为方式；再次，监督道德行为的全过程，预测行为发展的结果，及时调整行为的行进方向，以实现道德行

---

[1] [德]包尔生. 伦理学体系[M]. 何怀宏等译. 北京：中国社会科学出版社，1988：412.

[2] 王海明、孙英. 寻求新道德[M]. 北京：华夏出版社，1994：404.

为的连续性、彻底性、稳定性和有效性，确保道德行为的善始善终；[1] 最后，道德意志还检验、评价道德行为的结果。道德意志是评价主体得以确立的内在根据，是评价活动的重要机制。道德意志对于实践的评价作用主要体现在对实践效果、实践效能和实践效率的评价。主体通过实践评价，检查、审视原有的行为目的、行为方案、行为手段、行为操作方式等，进而调整、修正行为活动的运行，建立行为系统的反馈调节机制。[2]

道德意志对行为活动的调控是一种主体意志的自律，而不是外在的强力压迫，它是在一定道德目标的感召下，在道德责任或道德义务甚至是道德良心的支配下，面对困难和障碍时，主体的一种自我选择、自我决策、自我约束、自我控制，并且能够做到坚持不懈、勇往直前，直到实现理想目标。道德意志对行为的调控主要有两种形式：一是积聚积极的道德情感、信念去驱动行为，克服困难，清除障碍，实现目标，如英雄人物的杀身成仁、舍生取义的行为；二是抑制不正当的欲望和情感，克制自己的不道德行为，或排除妨碍实现道德价值目标的障碍和干扰因素，制止可能发生的不道德行为，如官员的拒贿行为、见义勇为的行为等。道德意志能够通过发动或抑制某些欲望、动机、情感，调动信念和理想的力量，为实现确定的目的作出积极努力，对行为施加直接的影响，正如荀子所说的"自禁也，自使也，自夺也，自取也，自行也，自止也"（《荀子·解蔽》），这里的"禁""使""夺""取""行""止"就是道德意志对自我道德行为的调控，正是这种"行其所当行，止其所当止""生其所当生，死其所当死"乃至"行乎其不得不行，止乎其不得不止"，甚至有时候要像孔子那样"知其不可而为之"等意志力量的作用，才最终有了道德行为的彰显。[3]

5. 对道德人格的塑造功能

伦理学研究人格，仅仅与处在社会关系之中的、进行着社会道德活动的个人相联系，与人的本性相联系。"所谓人格，就是指人与其他动物相区别的内在规定性，是个人做人的尊严、价值和品质的总和，也是个人在一定社会中的地位和作用的统一。"[4] 伦理学的人格概念也即道德人格的同义词。马克思恩格斯曾经指出："特殊的人格的本质不是人的胡子、血液、抽象的肉体的本性，而是人的社会特质。"[5] 道德人格不仅研究人格的非动物性，即"人是什么的问题"，而且研究"人应当是什么"的人格标准问题，阐释人的好与坏、善与恶、高尚与卑下等问题。人的社会性的特质表明个体的道德人格是个体社会化的结果，是社会道德内化的结果，是个体所具有的一种内在精神，对一定社会道德关系、生活方式所持的具有个性特征的确定的态度和立场，也是一以

---

[1] 李肃东. 个体道德论[M]. 武汉：华中理工大学出版社，1994：77-78.
[2] 张明仓. 论意志在人的活动中的作用[J]. 东岳论丛，2001（2）.
[3] 张明仓. 论意志在人的活动中的作用[J]. 东岳论丛，2001（2）.
[4] 罗国杰主编. 伦理学[M]. 北京：人民出版社，1989：438.
[5] 马克思恩格斯全集（第1卷）[M]. 北京：人民出版社，1956：270.

贯之的行为总体表现。[1]

道德人格是人的道德认识、道德情感、道德信念和道德行为习惯的有机结合，与人的道德意志紧密相连、相互渗透，同时又是人主体性本质在道德方面的集中体现。道德人格的形成与道德意志的人格塑造功能是分不开的。道德意志体现着人们自觉选择的做人范式，这是以认识到自己的道德责任和道德义务以及人生的价值和意义为前提或基础的，而道德责任或义务的确认、人生价值和意义的确认，首先是在人们的道德意志中得以完成的，或者说，是在人们的道德意志中得以整合和确立，并在实践层面上得以铺陈开来的。道德意志作为个体道德意识的最深层结构和文化积淀，体现着人之为人的主体能动本质，体现着个体对人生、社会和世界的终极价值追求和终极关怀，道德意志必然表现为对人生价值和意义的设问、探索、追求和回答，制约和引导着人生的方向和道路。作为知、情、信等内在道德心理和外在道德行为统一与协调的纽带，道德意志本身就必然铸造和承担着一种道德人格的任务。

道德人格的形成根据是什么？是对道德法则毫不动摇的坚定信仰和绝对服从。人之所以优于其他动物，就在于人能摆脱自己自然本性的干扰和自然规律的摆布，而有坚决服从自我良心或外在律令的意志，这就是内心的善良意志。善良意志使人对道德法则产生由衷的信服，并追求崇高的道德目标，同时，善良意志又在实践活动中，使道德主体受到严格约束和规范，使人格保持自觉性、连续性、稳定性。可以说，只有具有意志自由和善良意志的人，才能说真正具有了人格、道德人格。人格、道德人格离不开人的尊严，而只有对道德法则的绝对信奉，才能保障人有人格，保障人有尊严。这里有两层意思，一是说只有对道德法则的信仰并践行道德法则的人格才值得敬重；二是说只有形成道德意志、道德人格的人，才可能怀有对道德法则的敬重。由此可以看到，道德人格与道德意志的密切关系，看到道德意志对道德人格的奠基和维护作用。道德意志对道德人格的意义又体现在个体责任的承担上，也就是一种"担当"精神。孔子所言的"杀身成仁"，孟子说的"舍生取义"，顾炎武倡导的"天下兴亡，匹夫有责"，中国士大夫的这种自强不息、为国为民的使命感、责任感和坚强意志，是中华民族生生不息的精神纽带和力量源泉，是血与火浇铸的民族之魂。而有些历史人物因意志的脆弱或丧失，在人生的重要关节点坏德败行，永远被钉在耻辱的台柱上。每个普通平凡的个体在日常生活中，实际上也承担着自我人生的责任，同样需要有决心、恒心和毅力，需要有意志的力量来维护道德人格。

6. 对道德境界的提升功能

伦理学中的境界，就是指人们接受道德教育、进行道德修养所达到的程度。更确切地说，道德境界"是一种复杂的道德意识现象，是指人们通过接受道德教育和进行道德修养，所达到的道德觉悟程度以及所形成的道德品质状况和精神情操水平"。[2]道

---

[1] 唐凯麟，龙兴海. 个体道德论[M]. 北京：中国青年出版社，1993：274-275.
[2] 罗国杰主编. 伦理学[M]. 北京：人民出版社，1989：465.

德境界与人生境界密不可分，在最高层次上二者是合二为一的。如在中国传统文化中，儒家所提倡的圣人、贤人、君子等不同的境界，既是不同的人生境界，更是不同的道德境界，"天人合一"的境界，既是人生的最高境界，也是人在道德上的最高境界。

冯友兰先生把人生境界划分为四个层次：自然境界、功利境界、道德境界、天地境界，[1]这不仅是人生境界的水平层次，也是道德意志的水平层次。从道德意志的角度而言，一个人的道德意志越强烈、越崇高，其人生境界也就越高。当前我国伦理学界，一般也把现阶段人们的道德境界区分为四个层次：一是自私自利的境界，二是公私兼顾的境界，三是先公后私的境界，四是大公无私的境界。这四种境界主要是根据人们如何认识和处理公与私的关系来划分，实际上也考量人们道德意志的成分。道德理想和目标低下，道德意志缺失或脆弱，不能控制自己私欲的人当然处于最低层次，处于自私自利的境界；有一定的道德目标，道德意志不是很坚定，常有犹豫，当损公肥私时心情有所不安，克己奉公时于心又有所不忍；处于第三种境界的人具有高尚的道德目标，道德意志坚定，能够控制各种欲望，先集体后自己，先他人后自己；处于第四种境界的人具有崇高的道德目标，道德意志具有极强的自主性、自觉性、自律性、自控性，能够做到毫不利己专门利人。[2]人们应该摆脱第一种境界，并从第二种境界向第三、第四种境界不断提升。在不同的历史条件下，道德境界具有不同的层次，对不同的人有不同的要求。道德意志的强度和水平越高，人们的道德境界相应地就会随之不断提升。

认识道德意志对道德境界的提升功能主要从两个方面来把握。一是从"实然"与"应然"的关系上来把握；一是从"规范性"与"导向性"的关系上来把握。[3]从实然与应然的关系着眼，道德意志既要面对实有的利益关系，直面一种现实或现状，同时道德意志由于其强烈的目的性，追求的是一种理想的道德关系，表现的可能是一定的未来利益关系，因此，道德意志正如渡河上的方舟，指引、帮助人们从"实然"之此岸到达"应然"之彼岸，途中可能还要应对急流漩涡甚至惊涛骇浪。也恰是道德意志的应然性、理想性的指向，使人们不至于在世俗和功利的世界中慵懒乃至沉沦。从规范性与导向性的关系着眼，一方面，道德意志通过一定的道德原则与规范，对自我行为的约束与控制，即把自我的行为规范在一定界限内，履行道德义务和责任，以此来维持一定的正常道德秩序。另一方面，道德意志又具有"导向性"作用，即具有社会的示范效应，对他人、社会起着积极的带动影响作用。由此可以看到，道德意志作为个体实践精神的动力之源，其本质上是个体在道德上的自我超越，这种超越主要内含着社会之我对个体之我的超越、精神之我对肉体之我的超越、理想之我对现实之我的超越、无限之我对有限之我的超越等方面，超越的标志是道德境界、人生境界的提高。

[1] 冯友兰. 三松堂全集[M]. 郑州：河南人民出版社，1989：301-302.
[2] 罗国杰主编. 伦理学[M]. 北京：人民出版社，1989：465.
[3] 夏伟东. 道德体制论[M]. 北京：中国人民大学出版社，1991：17-18.

人们的道德意志越坚定，人们的道德境界的提升就越快，道德的超越性也越强。哪怕这种道德意志"如果他竭尽自己最大的力量，仍然还是一无所得，所剩下的只是善良意志（当然不是个单纯的愿望，而是用尽了一切力所能及的办法），它仍然如一颗宝石一样，自身就发射着耀目的光芒，自身之内就具有价值"。[1]传统儒家伦理思想中，孔颜乐处、大丈夫浩然气节、杀身成仁、舍生取义等，都是道德意志精神力量的高度张扬，都是意志精神在道德境界上的显著体现，在中国历史上产生了广泛而深刻的影响，激励过一代又一代的仁人志士。

总之，道德意志赋予人生以道德价值的内涵和意义，它在观念层次上体现为意志的努力，在实践的层次上，实现价值目标，并在这种认识和实践的结合中获得对象化的生命，并从中充分体验到人生的价值、尊严和幸福。

（六）幼儿园教师职业道德意志的发生过程

1. 职业道德情感与信念的融通

职业道德意志发生的前提条件是情感与信念的融通。存在于自然界、人类社会以及个体的思维活动的一种最普遍、最基本、却又是最隐蔽的作用方式就是融通。如果人类想在认识主观世界中获得新的突破，在改造客观世界中得以生存，那么，就离不开融通。对于人脑的思维过程而言，融通其实就是意识间相互作用的一种特殊形式。它的特殊性表现在以下两个方面：第一，融通是高度和谐的，也可以说融通有不由自主的自然之感；第二，融通是潜显两种意识共同作用的结果。道德意志之所以能够作为道德心理中的一个重要因素发生作用，首先依靠的就是情感和信念的融通。

人对客观事物所持态度的体验，人对客观事物的特殊反映形式就是所谓的情感。它与人的需要密切相连，互作互用。人的需要是否得到了满足决定着情感的产生与否。需要可以激发人的意识活动，需要是意志发生的根本诱因。虽然说需要也可以表现为兴趣、欲望、动机、愿望等价值意识形式，但是，相对来说，情感对需要的表现则更具有外在性与综合性。在现代心理学的研究中，认为外部环境、生理状态以及个体的认知过程等因素可以对情感因素起到制约的作用，在这些因素中起到决定作用的是认知因素。我们可以毫不含糊的说，情感之所以会产生，是因为认知活动的"折射"。如果我们把意志看做是主体需要的现实形式，那么，我们可以将情感看做是由主体需要到意志努力的重要因素、重要环节。

信念是意志行为的基础，是个体动机目标与其整体长远目标相互的统一，没有信念人们就不会有意志，更不会有积极主动性的行为。信念是一种心理动能，其行为上的作用在于通过士气激发人们潜在的精力、体力、智力和其他各种能力，以实现与基本需求和欲望和信仰相应的行为志向。道德信念对道德意志的发生起直接作用，这可以通过以下两个方面看出：从价值论的角度来看，信念的作用在于为个体确定思想上

---

[1] [德]康德.道德形而上学原理[M].苗力田译.上海：上海人民出版社，1986：43.

的和行动上的有效原则和正确目标，对于不应该做的，告诫个体要抵制；对于应该做的，告诉个体要坚持。它所制定的行为目标是指向未来的，是对个体有益的，是可以满足个体的需要的。从认识论的角度来看，道德信念就是个体自身所认为正确的并且坚定不移地信仰的道德观点，道德观点一经确立，就不会再轻易发生改变，就具有了相对的稳定性，它可以直接参与道德意志活动。

通过以上的分析，我们可以看出，情感要么成为确立道德意志发生的基本动力，要么成为确立道德意志发生的基本阻力，它可以使人的需要态度化、体验化；能够为道德意志的发生树立目标，提供"加油站"的则是信念本身的坚定性。我们可以这样来描述情感与信念与道德意志的关系：情感为道德意志的发生提供了"硬件"，而信念则为道德意志的发生提供了"软件"，二者相依相扶，共同作用产生了工作状态，而工作的操作系统则是存在于人的认识、心理、观念和意识形态中的有关价值内容成分的总称，也是人的价值意识。价值意识表现为欲望、信念、动机、兴趣、理想、情感、意志等。它是非逻辑与逻辑、非理性与理性、潜意识与显意识的结晶。从价值意识的层次来看情感与信念的话，诚然，信念属于观念水平，情感则属于心理水平，而意志是由心理水平过渡到观念水平的中介。所以，个体要想将对道德现象的情感体验转化为永久的道德信念，就必须依靠道德意志的力量；反之，如果个体想将道德信念外化为具体的道德行为，则须用道德情感作动力，这时候的道德意志就成了动力的"摇杆"。所以说，道德意志是在情感与信念的双重融洽与沟通中得以发生的。

2. 排难与抗惑的互补

道德意志发生的目标指向指的是排难与抗惑的互补。明确的道德目的是道德意志的实质和核心，也是道德意志发生的起点。意志是在有意识地、自觉地确定目的的行动中表现出来的。正是基于以上的原因，意志发生的首要标志就是能够自觉地确定行动的目的。如果一个人离开了自觉的目的，盲目地去谈意志，那么他就是空谈，是不切实际的。目的作为规律决定着一个人活动的方法和方式，人必须使他的意志服从这个目的。目的的产生，目的是否有效、正确，意志是否真正把握了目的、意志是否能够真正保证目的的实现，这些都不是目的和意志自己就可以解决的，它必须依靠道德实践来解决。

在现实的道德实践中，某些时候，为了达到某种善的目的，意志必然会受到主体自身的道德需要和外界的道德情境的制约。主体自身的道德需要为其提供可能，外界的道德情景则为意志努力提供必要。道德意志行动就体现在主体克服困难之中。"因为道德的一个最根本的特性就在于使人的行为实现'现有'到'应有'的跨越，具有超前性。"[1]这种超前性就意味着一般人在一般的情况下不容易做到一定的道德规范，而恰恰是因为这些道德规范不容易做到，所以我们才必须要提倡，所以才需要有道德意志来作为其得以实现的保障。个体只有在实现自己所期望达到的目的的过程中，遇到

---

[1] 曾钊新．道德心理学[M]．长沙：中南大学出版社，2002：228．

了一些不能轻易克服的困难，遇到了一些容易动摇其决心的诱惑，而又能不改初衷地、坚定不移地、有意识地去克服这些困难，抵制这些诱惑，才显示出意志的重要性、不可替代性。道德意志强弱的衡量标准就是个体克服困难的大小。道德意志越坚强的人，在道德活动中克服的困难就越大；反之，道德意志薄弱的人，就不能很好地克服道德活动中遇到的困难。

3. 抉择与行动的协同

道德意志的发生是抉择与行动共同作用、相互协同的结果，二者之间并不存在绝对的先后之分。道德意志的发生是要经过许多次的反复才可以实现的，而并不是像一些人所认为的一次性就可以完成的线性过程。在这些反复的过程中，道德动机的反复斗争、比较和选择是道德意志发生的首要契机，它最终导致道德行为的产生。人们要想产生和完成一定的道德行为，就需要以一定的道德动机为其内在的动因，道德动机和行为目的既相互联系，又相互区别。一定的道德动机是个体产生一定道德行为的内因，而道德目的则是个体认为其行为所应该实现的预期目标。一定的目的是由与其相适应的动机产生的，但我们不能说相同的动机就必然会有相同的目的。道德动机一般是由以下三个方面的原因产生的："首先是道德认识。道德认识水平高的人就会以社会需要作为自己道德行为的动机。其次是个人的需要。有了道德的需要，才会产生道德的动机。最后是具体的情境"。[1]个体在不良的环境中容易形成不良的道德动机，只有在良好的环境中才容易形成正确的道德动机。道德动机之间的斗争是通过进行优势或主导动机的抉择，为目的性行动提供动因这两个步骤来实现的。道德动机的抉择通过两种情形表现出来：首先是相同性质动机的抉择，主要表现为确定动机的主次与先后。具有较高道德意志水平的个体，做选择的时候能够做到随机应变，因时因地而异，能根据具体情况选择适宜的主导动机；相反，道德意志水平低的个体，则往往是顾此失彼，捡了芝麻，丢了西瓜，过于注重一些次要的、枝节的问题，而忽视了主要的问题。其次是不同性质动机的抉择，常常表现为善与恶在心灵中的相互斗争。具有较高道德意志水平的个体，能够做出正确的抉择，使道德的动机战胜不道德的动机；相反，道德意志水平低的个体，则容易迷失自我，抵挡不住外界的诱惑，轻率地作出违背道德要求的错误决定。

道德动机的抉择从根本上来看，是为了确立道德行动的目的。道德目的对个体的道德行动具有导向作用、启迪作用与激励作用。确定的道德目的越高尚、越明确、越具有道德意义，所引起的道德意志行动就越大。因此，道德意志的发生是在道德动机的抉择上，以及道德目标冲突的过程中得以完成的，动机的抉择与目标的选择在心理水平上几乎是同时产生的。动机和目标的选择本身就是道德行动的前奏，即目标导向行动阶段。道德意志的力量就体现在这里。

---

[1] 曾钊新. 道德心理学[M]. 长沙：中南大学出版社，2002：229.

第二节　幼儿园教师职业道德意志的影响因素

幼儿园教师职业道德意志的形成，受到社会存在的客观条件的制约，同时，它又是幼儿园教师主体努力实践养成的结果。因此，影响幼儿园教师职业道德意志的形成因素，主要包括客观因素和主观因素。其中，客观因素主要是针对环境因素和自然因素而言的，主观因素是针对幼儿园教师本身而言的。具体来说，表现如下。

一、遗传因素

意志品质中的坚韧性与个体耐受性有很大关联。艾克森在关于人格内外倾的生理基础研究中提到，外倾者的大脑皮质抑制过程强，其神经系统属于弱型，因而忍受刺激的能力强；而内倾者的兴奋过程强，抑制过程弱，其神经系统属于强型，因而其忍受刺激的能力弱。坚韧性是个体耐受能力的体现，即表现在个体对待外界刺激时的反应。外倾者由于忍受刺激能力强，更容易接受意志行动中出现的各种外界刺激，相对而言，在坚韧性方面的表现与内倾者相比会有一定的优势。巴甫洛夫的神经类型学说指出，神经过程的均衡性是兴奋和抑制两者的相对关系，他以神经过程中兴奋和抑制的不同强度关系将其分为四种类型：兴奋型、活泼型、安静型和抑制型。这四种神经类型对应的气质类型分别为：胆汁质（行为特点是攻击性，易兴奋，不易约束，不可抑制）、多血质（活泼好动，反应灵活，好交际，耐心不足）、黏液质（安静，鉴定，迟缓，有节制，不好交际）、抑郁质（胆小畏缩，消极防御，反应强）。比对不同气质类型的行为特点及意志品质结构的五个维度，可以发现：胆汁质类型的个体在目标明确性方面可能略有优势；多血质类型个体在果断性品质上表现比较突出；黏液质个体在坚韧性品质上会有好的表现；而抑郁质个体的意志品质就相对比较薄弱。当然，气质类型与意志品质之间的关系并不是绝对的，而大多数个体都不是单一的气质类型，他们也可以具备不同方面的意志品质。因此，幼儿园教师职业道德意志的强弱，与遗传因素有一定的关系。

二、环境因素

（一）社会环境因素

幼儿园教师作为社会的一员，生活在社会中，就时刻受到社会大环境的影响。社会的整体风气，对于幼儿园教师的价值取向以及对待事情的态度有很大的影响。随着社会经济的不断发展，人们对物质生活的高追求，造成了一大批人追求享受，不讲艰苦奋斗，讲报酬，不讲奉献，缺乏勇猛顽强和坚韧不拔的进取精神等。这些不良的社会风气导致部分幼儿园教师在社会生活中对困难采取逃避行为或者使用一些投机取巧的方式获得利益。由此，社会逐渐减少了个体面对困难的机会，更减少了个体在克服困难的过程中获得锻炼的机会。如部分幼儿园教师在面对幼儿家长送礼送红包时意志不坚定，从而做出违背教师职业道德的行为。

（二）家庭环境因素

目前，幼儿园的教师越来越倾向于年轻化，绝大多数幼儿园教师是90后、95后。而这些教师多处于独生子女家庭，在家中受到全家人的呵护和关爱。此外，由于家庭经济条件的改善，绝大多数家庭进入小康，更重要的是，由于家庭结构的变化，父母将家庭生活中出现的困难情境等进行规避或直接进行处理，使得部分教师没有机会去接触及处理逆境。在实际生活中碰到的逆境、困难等又比较少，所以很少得到意志锻炼的机会，长期以往，就使部分幼儿园教师在工作中碰到困难或棘手问题时表现出职业道德意志薄弱的倾象。

（三）学校环境因素

学校是个体接受教育完成成长的一个关键场所。学校经验于个体而言，就是早期的社会经验。但是，由于教育体制的改革，大多数学校重智育轻德育，即使现在大力提倡素质教育、挫折教育、生命教育等，但是在实际操作中真正贯彻的学校却很少。尤其是在幼儿园教师的职前培养中，学校重视专业知识的传授、专业技能的掌握，而对师德教育的重视度不够。据笔者所了解，在部分幼师职前培养学校，甚至都没有开设教师职业道德这样的课程。由此，幼儿园教师在职前培养阶段没有受到良好的师德教育，以致于其在工作中也未能表现良好的师德。

三、幼儿园教师自身的因素

（一）自身情绪的影响

情绪能够使人失去正常的道德判断，这一点是常识。幼儿园教师如果不能很好地控制自己的情绪，就容易发生问题。这里可以分为两种情况：一种是幼儿园教师把教育活动之外产生的一些消极情绪带入教育活动。固然，幼儿园教师也是凡人，也生活在现实社会中，也有这样那样的压力、挫折以及由此产生的痛苦与不满。但是，幼儿园教师不能迁怒于幼儿，不能将这些消极情绪带到教育教学活动中。如果教师把幼儿当作出气筒，那对幼儿是不公平的。另一种情况是矫正幼儿的错误行为时，教师的情绪一时失控。我国著名教育家叶圣陶曾有一个观点：怒是教师的大忌。实际上，不仅是愤怒，其他的很多情绪，都会使教师的道德意志发生偏差，从而也就导致行为的偏差。在现实的教育教学中，我们可以得出一个一般性的结论：许多背离幼儿园教师职业道德的行为，是情绪影响的结果。因此，幼儿园教师妥当地控制自己的情绪尤为重要。在《幼儿园教师专业标准》"专业理念与师德"维度的第四个领域"个人修养与行为"中明确要求幼儿园教师要善于自我调节情绪，保持平和心态。那么，如何才能避免情绪对教师道德意志的干扰？我们认为，一方面要在思想上对情绪与道德意志的关系有自觉认识，树立一种专业的道德情感；另一方面就是需要在长期的实际磨炼中，在教育实践中形成一种专业的道德意志。

【典型案例】

"我是一条死鱼！"[1]

兴兴，便是班里最调皮捣蛋的孩子，在幼儿园可以说是大名鼎鼎、屈指可数的人物。兴兴在班里始终是我行我素、来去自由、随性而至，时而踩着比别人快一拍或者慢几拍的节奏，时而很出位，和同伴们总是那么不搭调。当老师对他提出要求时，迎面而来的不是鬼脸便是置之不理、视而不见。

音乐游戏活动中，孩子们钟情于新学的游戏"捕小鱼"，唱罢歌曲，随着"捕鱼人"的一声"捕小鱼咯"，孩子们个个身体滑溜，早早地游离捕鱼人身边，偶尔几个动作缓慢者，经受不住"捕鱼人"的追逐，被收网而归。兴兴参与了一遍游戏以后，便站在一旁观望着，时而也跟着呵呵呵地笑一阵，看来他对这游戏也还是有点兴趣的，只是不知道他暂停游戏后小脑袋里又在想些什么。我也不去责怪他擅自离队，我相信他一定会被游戏吸引，重新回到团队中和我们一起游戏。几遍游戏下来，"捕鱼人"不断地轮换着，"小鱼"们一个个乐此不疲。又一遍游戏开始了，歌曲还未唱结束，只见兴兴乐呵呵地跑过来，一人躺在"池塘"中央闭着眼睛一动不动，孩子们纷纷停下游戏，向我告状，数落着兴兴不遵守游戏规则："老师，兴兴捣乱！""老师，兴兴耍赖皮！"还没等我发话，兴兴睁开眼睛保持原样慢吞吞地回应大家："我是一条死鱼！"孩子们都哈哈大笑起来。这家伙，真是出人意料，我有点蒙了，玩得好好的，游戏规则一下子便被这个小捣蛋鬼给破坏了，眼看着旁边有几个孩子也要一起躺在地上去，我忙给兴兴使个眼色，示意他快快起来。兴兴我行我素，全然不理会，反倒是做起鬼脸来。孩子们笑声不断。

此刻我如果怒声呵斥，孩子们也会乖乖地回归原位，但我不忍心就这样破坏了活动室内其乐融融的氛围。我便顺势而想，池塘里有时的确会有死鱼啊，孩子还挺有想象力的，这就像是给我们的游戏增加了一点趣味性的情节，我应该要维护好孩子的这种突发奇想。于是我灵机一动，双手做"大网兜"状走上前去："嗯，是的，池塘里面有时真的会有死鱼出现，但死鱼腐烂后会污染池塘里的水，我要把他赶紧捞出池塘。"兴兴见我要把他捞出"池塘"，请出游戏圈，立马起身："我刚才是假死呢！"已一溜烟又回到同伴们的行列中去了，活动室里的游戏继续。

---

[1] 尹坚勤，管旅华.《幼儿园教师专业标准（试行）》案例式解读[M]. 上海：华东师范大学出版社，2013：71.

感悟:

让自己成为情绪的主人

在平时的工作中,我们应该保持积极乐观的心态,保持顽强的意志力和耐心,去理解孩子的一些看似异常的行为并宽容孩子。案例中的兴兴总是会出人意料地使出一些花招,让老师一时不知如何招架。也不可否认兴兴在活动中的思维是异常活跃的,以致在活动中众多灵动的"小鱼"中突然会出现一条他这样的"死鱼",在他看来这不过就是好玩,于是众多的孩子会因为好玩而效仿。如果教师从消极的角度去呵斥兴兴的行为,活动可能就无法进行下去;而如果教师从积极的角度去看待兴兴的行为,并耐心地去引导,那么孩子的出人意料就使游戏发生了更为有趣、更为丰富的情节。

面对这样的情况,实际上也是对幼儿园教师道德意志的考验。案例中的教师调整了自己的情绪,冷静地对待事件,智慧、理智地采取对策来化解冲突。既没有口令式的训斥和说教,也没有立马叫停和否定孩子的行为,而是认同了孩子的这种想法和行为的可能性,顺势而为,因势利导,用游戏化的语言和情境来化解了这样一场意外,孩子在感受到老师对他的认同尊重、耐心的同时,也及时调整了自己的行为。

因此,在实际工作中,教师要善于管理、控制自己的情绪,让自己成为情绪的主人,让"平和、仁爱、喜悦"等主导情绪成为日常工作中的基调,而不是因为消极情绪使自己的道德意志发生偏差。

(二)自身道德信念的影响

幼儿园教师的道德信念是教师对一定道德的真诚信仰,它是道德认识、道德情感和道德意志升华到一定高度后产生的,因而可以说道德信念是道德认识、情感和意志的"合金"。幼儿园教师一旦牢固地确立了某种道德信念,就能坚定不移地按照自己的道德信念来磨炼自己的道德意志,评价自己的行为和别的道德行为的善恶。道德信念较之其他因素有稳定性和持久性的特点,它能够使人们的道德意志更加坚定和顽强,以及使道德行为表现出坚定性和一贯性,它是教师道德品质中的精神支柱。

第三节 幼儿园教师职业道德意志的培养

一、幼儿园教师职业道德意志培养的基本原则

道德意志是幼儿园进行道德行为时的强大精神动力和调控力量,它可以自觉帮助教师调节和规范自己的行为,并保持自身行为的稳定性和一贯性。幼儿园教师道德意志品质的养成是在社会与个体、外在与内在、主观与客观、理论与实践的互动过程中产生与发展的,因此,加强幼儿园教师的道德意志教育,应当遵循如下基本原则:

（一）道德激励与道德约束相结合的原则[1]

不仅道德意志自律的自我立法离不开社会道德调控的积极推动，而且个体道德意志的巩固、发展、丰富和完善，也离不开社会道德调控的积极支持。从理论上说，社会的道德调控对于个体的自我立法，不仅是一种有利的条件机制和舆论环境，而且是一种必要的督导、鼓励的力量，对于个体道德意志的形成、巩固和发展起着不可或缺的作用。社会道德调控可以从两个方面对道德意志产生重要作用，一是肯定和弘扬一种或一些道德意志品质，引领社会的道德意志品质主流，如勇敢、节制、坚强、自立等优秀的道德意志品质；二是否定和抑制某种或某些道德意志品质，尤其是在社会大变革或礼崩乐坏的时期，这种社会道德调控的作用尤为重要。

社会道德调控的主要力量是风俗习惯、社会舆论和权威榜样。社会道德调控对道德意志的作用主要通过三种方式进行：一是社会赏罚，即对行为功过责任的一种社会报偿。所谓"赏"，就是对良善行为者给予某种利益上的好处或奖励；所谓"罚"，就是对行为不良者予以某种利益上的剥夺或使其失去他所希望得到某种利益的机会。社会利益赏罚一般采取三种形式，即物质利益赏罚、归宿赏罚、功名性或荣誉性赏罚。不管是采取哪种赏罚，都是一种以利报德的价值导向形式，使"守德者受益，失德者受罚"，从而让道德主体坚定道德意志，内心向善、行为守德。

二是道德评价，即主要指社会的道德评价，也就是根据一定的道德原则、规范，通过风俗习惯、社会舆论，对道德主体的行为活动、品质进行善恶、正邪的价值判断和褒贬区分。这种评价一方面对符合一定道德要求的行为和品质给予肯定和赞扬，表示钦佩、尊敬和拥戴，另一方面对违反或不符合一定道德要求的行为和品质进行否定和谴责，表示规劝、忠告或者讥讽、嘲笑和嘲弄，等等。某种意义上讲，社会的道德评价比社会赏罚更具有优越性和广泛性，能够深入到社会的各个层面。它扬弃了道德赏罚的狭隘性（社会不能事事都施以赏罚），并且还会降低社会治理的成本（比如，赏罚很多时候会涉及人力、物力的投入）。

三是道德教育，道德教育就是一定的社会、阶级或群体为了使人们遵循道德规范准则、履行义务，而有组织、有计划地施行系统的道德影响的活动。道德教育比道德赏罚具有更大的广泛性和正面性，比社会道德评价具有更明确的方向性和系统性。道德教育对个体道德意志的影响主要是确立道德意志的认识论基础、情感基础、目的动机，磨炼道德意志，养成道德意志的行为习惯，形成良好的道德意志品质等。道德意志教育主要通过学校、家庭、社会三方面共同完成，在当前中国语境下，学校道德意志教育起着尤为重要的作用。

个体道德意志的形成和发展离不开社会的道德调控，但社会道德调控的有效程度在于道德主体对于道德规范和社会价值的内化程度，在于社会调控是否能够转变为个体的自我道德调控，他律机制是否最终能够转化为自律机制。道德意志的最终形成也

---

[1] 朱世龙，沈永福．论道德意志教育的基本原则[J]．常州大学学报，2013（5）．

就是从他律形式向自律形式的转化，只有具备自我约束的功能，道德意志才得以产生，个体现实的道德才能形成。自我道德约束是个体自我道德调控的一种自觉的方式。实际上，个体道德的发展和不断完善就是个体在社会道德调控的影响下，不断地修养自身并付诸实践的过程。个体的自我约束是个体道德发展成熟的关键所在。个体自我道德意志约束主要包括自我价值认同、自我立法及对爱好和欲望的控制。实际上，个体道德意志的核心内容就在于自我约束。任何外在的社会调控机制，如果没有主体内在的自我契合，是不会产生什么道德意志的，更不会产生高尚的道德行为和品质。在外在调控的基础上，主体的内在约束最终培植了道德意志并推动其发挥作用。内在约束相对于外在调控，它的控制效果更为稳定和持久。

（二）理论学习与实践磨炼相结合的原则

我们知道，一方面，理论可以指导实践，主要表现在规范人们对事物的认识和理解，规范人们对事物的描述和解释，规范人们的思想和行为，也就是说，理论不仅具有解释功能，而且对实践活动具有规范功能和引导功能。另一方面，人类历史是一个不断自我超越的实践过程，是人类不断地否定已有的实践方式并创造新的实践方式的过程。在这个历史过程中，理论不断创新，以便为进一步的实践提供认知框架、概念体系和价值（观念），从而又一定程度上（或某种意义上）实现了理论的内在否定性。[1]正是从这个意义上讲，理论与实践的结合推动了人类社会的发展。

职业道德意志的养成既需要道德理论的学习与积累，又需要社会实践的磨炼与应用，既需要主观世界的自我改造，又需要在客观世界中去验证与提高，因此，道德意志的形成之路，是理论学习与社会实践有机结合的道路。

在中国传统伦理思想中，道德教育中理论教育与社会实践相结合的方式就是修养，主要有两个路径、两套功夫：一是"尊德性"，即以"诚明"的方法所达的个体诚意正心的德性；一是"道问学"，即以"明诚"的方法所达致的个体格物致知的进学，它们实质是一个过程（"诚则明也，明则诚也"）的两个方面。这两派理论尤其以宋明理学发展至巅峰。宋明时期程朱学派与陆王学派的论争在很大程度上是关于教育与修养方法的论争。程朱学派提出"居敬""穷理"，即"涵养需用敬，进学在致知"，陆王心学认为"致知"不是磨炼知识而是"致良知"。实际上，两派争论的焦点就在于道德教育与修养应该是内求还是外求、是渐修还是直悟、是重知还是重行。概括起来就是道德知识与道德实践谁更重要的问题。对此问题的正确回答实际可以解决道德意志培养的路径问题。

今天我们当然可以以一种辩证的思维来扬弃意志教育中的"尊德性"与"道问学"的各自利弊，为道德意志的培养找到一条有效之途。没有知的充分发展和致学的过程，没有道德教育与对教育的接受，个体道德意志的养成与发展不可能是健康的。道德的"知"不仅可以转化为道德意志的力量，而且本身也是道德体验和实践不可或缺的积极

---

[1] 孙正聿，理论及其与实践的辩证关系[N]．光明日报，2009-11-24（04）．

因素和指导机制。同时，良知、仁心只有通过亲亲仁民、爱物及物、立人达人的道德之行才能得到体认。在致良知的过程中，人们的反省、悟道、操存、涵养，都是以切实的道德经验为基础，道德意志也正是在不断的体认、经验和社会实践中得以形成，并不断得到强化和巩固。因此，在道德意志的培养过程中，应该把道德理论与社会实践有机结合起来，把意志教育引入道德实践、生活实践、社会实践中去，将意志教育与社会主义现代化建设的实际结合起来，意志教育与个体从事的具体事业密切结合起来，并寓于自己所从事的工作之中，通过具体平凡的工作体现出来，并非孤悬于其外其上，不着边际，而是与道德实践、生活实践、社会实践紧密结合起来。

二、幼儿园教师职业道德意志培养的途径

幼儿园教师职业道德意志的培养，除了要遵循以上两条基本原则外，还需要多种途径进行培养。

（一）在幼儿园教师的职前培养中增加职业道德意志教育的内容

目前，培养幼儿园教师的机构主要是师范院校及大中专院校，可以说这些学校是培养幼师的摇篮，因此，对准幼师进行职业道德意志教育，是非常重要且必要的。在幼师的职前培养中，可以从以下方面考虑：首先，加强幼师学生职业道德意志教育，注重敬业精神教育，使他们树立正确的人生观、价值观；其次，针对幼师学生的心理特点，联系学校实际，充实教育内容，丰富职业道德意志的内涵，切实开展职业道德意志教育，巩固幼师学生的专业教育思想，同时，应针对不同的幼师学生，根据他们的年龄特征、个性特点、情趣旨意等，结合普遍性要求和特殊性要求，因材施教、循序渐进；最后，在课堂教学中联系实际发生的案例，进行广泛地讨论，课后让幼师学生深入调查，把理性认识和感性认识结合起来，用实际事件解读科学的理论依据。

（二）利用各种媒体宣传职业道德意志

宣传教育是指利用宣传栏、电视、网络、广播、报刊、出版物等外在媒介，进行幼儿园教师道德意志的宣传。通过社会的共同努力，营造出和谐的环境。宣传教育侧重潜移默化地对教师施加道德影响。幼儿园可以充分利用园内网、宣传栏等方式对幼儿园教师进行正面引导，大力宣传职业道德意志的价值；同时，还可以利用微信、QQ、微博等现代通讯媒体，将职业道德意志等职业道德教育的内容分享在这些媒体中，让教师们在学习的同时也进行深刻反省。另外，幼儿园也可以通过主题新颖的道德意志演讲、道德意志专题讲座、道德意志培训课程以及幼儿园定期组织的幼儿园教师道德常规性教育活动来进行职业道德意志教育。

（三）在幼儿园的文化活动中加强引导

幼儿园的文化活动是丰富多彩的，而且通过活动来引导幼儿园教师参与、身体力行职业道德意志教育活动，具有较强的号召力，不仅可以施展教师的个人才华，提高

社会实践能力，而且还可以在一些活动中将道德意志教育潜移默化地迁移到幼儿的身上。如现在很多学校广泛开展的素质拓展训练等实践活动，就能给幼儿园教师的道德意志训练提供较好的平台。

（四）加强幼儿园教师的自我教育

由唯物辩证法可以知道，内因是事物自身运动的源泉和动力，是事物发展的根本原因，外因要通过内因才能起作用。因此，培养职业道德意志，最根本的还在于幼儿园教师。幼儿园教师具备独立的自我教育能力，而且能够理性地分析问题、解决问题，面对各种信息，能够独立采集、筛选和转化，并且做出判断和抉择。因此，幼儿园教师加强自身的职业道德意志教育，能帮助自己找到坚定的方向，从而不容易受到外界因素的诱惑、干扰。

第四节 幼儿园教师职业道德意志案例分析

【典型案例一】

乡村幼儿园刘老师独守27年给留守孩子"当妈"[1]

一个老师就是一所幼儿园

27年前，22岁的刘凤芹高中毕业后，有一天在村小学当校长的父亲跟她说，幼儿园的老师走了，问她愿不愿意接着干。就这样刘凤芹去了村小学的幼儿园，当了一名代课老师。而在此之前，因为代课老师工资低又辛苦，老师们都待不长。

"小时候父亲总逗我，'长大了当老师吧'。别人问我长大了干什么？我也总说当老师。"刘凤芹说，她觉得对于她来说，"当老师"是很自然的事情。

从去幼儿园给孩子们上课的第一天起，刘凤芹成为这所村小学幼儿园唯一的老师，从那时起，这所幼儿园也再没有换过老师。

刚当老师那会儿，刘凤芹真发愁，因为村队资金缺乏，幼儿园条件很差，就是一间平房，连基本的玩教具都没有。"班里几十个孩子，你往那一站，这边哭了、那边叫了，那边俩孩子又打起来了，而农村孩子在家随地大小便惯了，到了幼儿园也不知道上厕所。"李凤芹说，有几次愁得她跟着孩子们一块哭。

没有桌椅，刘凤芹把小学的旧桌椅腿锯短；没有玩教具，就拾些树枝、高粱秆、棉花壳、纸箱子和空塑料瓶，和孩子们一起做玩具；冬天，和孩子们一起拾劈柴、团煤球。这几年，幼儿园随着村小学一起搬进了楼房，刘凤芹说，幼儿园有了新家，她

---

[1] 胡春艳，刘晓艳. 乡村幼儿园刘老师独守27年 给留守孩子"当妈"[EB/OL]. http://www.tianjinwe.com/tianjin/ms/qjtj/201209/t20120910_78513.html

带着孩子们自己动手布置教室，高兴得都不觉得累。

而在教学上，抱着要干就得干好的想法，刘凤芹开始学习幼儿教育，唱歌、跳舞、幼儿心理学，市里县里的培训一次都不落下，有时候在家跟着电视学。"你永远不知道孩子们会问你什么问题。"刘凤芹笑着说，比如有时候学生会问你"老师，云是什么""老师，燕子往天上钻，天有顶吗"……为了不让孩子们问倒，她就得不停地学习。

如今，已经49岁的刘凤芹和孩子们在一起的时候，总是忘了自己的年龄，和孩子们一起跳、一起做游戏，就跟"大羊和小羊"似的。

给留守孩子"当妈妈"

近些年，村里的一些年轻人出去打工了，把孩子留给家里的老人，这些孩子就成了留守儿童。刘凤芹至今还记得一个叫乐乐的孩子，幼儿园都开学一个多月了，别的孩子都已经熟悉了幼儿园的环境，开心地和小朋友们玩，但乐乐却总是闷闷不乐。刘凤芹发现，幼儿园放学的时候，别的孩子大多是父母来接，可乐乐却是爷爷来接，乐乐总是朝爷爷发脾气。

为了让乐乐建立自信，融入集体，刘凤芹特别设计了一堂社会教育活动课，让家长给孩子写"第一封信"夸夸孩子的优点。"每封信，我都在课堂上读给孩子们听，孩子们特别激动。我偷偷替乐乐妈妈给乐乐写了一封信，当我在课堂上给乐乐读这封信的时候，乐乐的眼睛一直盯着我。听我读完后，乐乐一下子扑到我怀里问'这真是妈妈给我写的吗'，看着孩子童真的眼神，我心里当时一阵心酸，可又赶紧笑着告诉乐乐'是妈妈、是妈妈写的'。"刘凤芹说，从那堂课以后，乐乐知道自己不比别人缺什么，渐渐自信了，而小朋友也知道乐乐也有爸爸、妈妈，乐乐慢慢地融入到集体中。

谈到乐乐，刘凤芹的眼泪又在眼眶里打转。"我特别想对留守儿童的父母说，父母的爱是任何人都不能替代的，孩子的成长需要爸爸妈妈的陪伴，常回家看看吧。"

一声"老师"就知足了

27年来，刘凤芹守着孩子们，苦过、累过，也想过放弃，但孩子们一声声甜甜的"老师"，让她舍不得离开。

有一次，刘凤芹因为腹部瘤开刀做了手术，手术后大夫给开了一个半月的病假。"我躺在床上，总有孩子悄悄地来看我，可我叫他们进来，他们却不肯进屋，只是扒着窗户看着我。我对他们说'老师的病还没好，还不能给你们去上课'，孩子们就特别懂事地跑开了。"孩子们走后，窗台上常会留下果冻、棒棒糖、小饼干等儿童食品。

刘凤芹说，其实那次生病，是她最想离开幼儿园离开孩子的一次。"我妈当时心疼地对我说，就挣那俩钱，别干了。妈妈这么一说，自己心里也觉得有些委屈，当时每月不足500元的工资，还得和国办园正式老师比着干。但是，看到孩子们偷偷留在窗台上的小食品，我躺不住了，休息了不到一个月就又上班了。"刘凤芹笑着说，"我多躺一天，孩子们就得多'放假'一天。"

其实，在27年里，还有更多让她感动的瞬间。"有一次夏天上课，我的慢性胃炎犯了，汗直往下流。孩子们吓坏了，不知道怎么办。这时候，有个机灵的孩子喊了声'老师中暑了，我们赶紧给她扇扇'，于是小朋友一起拿着书本给我扇起来。虽然让人哭笑不得，但真的很感动。"

刘凤芹说，如今她走在村里，总有孩子老远就喊她"老师"，而每年的教师节她总能收到孩子们一摞摞的贺卡，好多都是孩子自己做的，这都是最珍贵的礼物。每年的大年初一，她家里也最热闹，一拨拨的学生来了又走，好多都是她教过的两代人一起来拜年。"我这一生挺满足的。"刘凤芹说。

【典型案例二】

身患绝症，坚守岗位[1]

本报讯 9月9日，庆祝第三十个教师节暨全国教育系统先进集体和先进个人表彰大会9日在北京举行，惠水县幼儿教师周贤怡被评为"全国模范教师"，受到中共中央总书记、国家主席、中央军委主席习近平等中央领导人的亲切会见。

今年36岁的周贤怡是惠水第一幼儿园的一名普通教师。自1998年参加工作以来，她勤勤恳恳、默默耕耘在所热爱的幼教事业上。2012年初，她发现自己脖子右侧长了一个包块，经医院检查被诊断为"甲状腺癌"，一个年轻的生命就这样被无情地"宣判"。

在绝症面前，周贤怡并没有后退，更没有被击垮。历经2012年2月和6月两次住院治疗后，2013年3月，她不顾亲友、同事的劝阻，带着与病魔抗争的坚强毅力，又一如既往地活跃在幼教岗位上。两年来，她不仅积极参加省州举办的各种培训学习，而且结合教学实际，主导完成了"教玩具多功能操作台"等参加省州评比，努力放大和延长自己的生命。今年6月，她因事迹突出被评为惠水县第三届"涟江骄傲人物"。

据了解，此次表彰大会共表彰了500个"全国教育系统先进集体"，797名"全国模范教师"和"全国教育系统先进工作者"，1998名"全国优秀教师"和"全国优秀教育工作者"，授予1320项"2014年国家级教学成果奖"。

案例评析：

教育事业是人民最崇高的事业，一个国家的兴衰看教育，教育质量的好坏要看教师，可以说教师不仅可以影响一个学校，甚至可以影响整个社会。而教师职业道德意志的坚定与否，也会产生一定的影响。在案例一、案例二中，我们可以很清楚地看到两位老师坚强的职业道德意志。我们知道，职业道德意志是在职业道德认识、职业道德情感和职业道德行为的基础上产生并发展起来的，是职业道德信念的一种体现，它能够使教师时刻对自己提出严格的要求，做出行动的抉择，并在道德行为中坚持一贯性、长时间地专注于所确定的行为，并最终完成和实现职业道德行为。

---

[1] 陈占相. 身患绝症，坚守岗位[N]. 黔南日报，2014-09-11.

教师的职业道德意志是作用于职业道德行为的一种坚强的精神力量，是克服行为中各种困难的内部动力，并表现在道德行为中的自觉性、坚持性、果断性和自制性等方面。案例一中的刘凤芹老师，案例二中的周贤怡老师，她们的所作所为都将职业道德意志演绎得淋漓尽致。

刘凤芹老师在乡村幼儿园坚守27年，无论工作的地方多么艰苦，生活是多么的简单和清贫，哪怕是身体出现了毛病，她都对自己的岗位、对自己的事业、对孩子们不离不弃，这不就是一种坚强职业道德意志的表现吗？如果刘老师没有对自己所从事的事业有明确而深刻的认识和坚定的信念，如果她没有积极自觉地献身于教育实践，如果她意志不够坚强，那么，她怎么可能会不离不弃地坚守27年，并自觉地去履行自己的道德责任和实现自己的道德理想呢？实际上，从刘凤芹老师的事迹中，我们深刻地体会到职业道德意志的自觉性、坚持性的重要性。

案例二中的周贤怡老师，即使被诊断为"甲状腺癌"，一个年轻的生命就这样被无情地"宣判"，但是她仍然带着与病魔抗争的坚强毅力，一如既往地活跃在幼教岗位上。她的这种健康的心态、爱岗敬业的精神和美丽的微笑、坚强的意志感染着身边的每一个人，用自己的实际行动践行党的教育事业，成为师德师风建设中的一个典型。这些不都是坚强职业道德意志的体现吗？

因此，对于幼儿园教师而言，在职业道德认识和职业道德情感的基础上，职业道德意志能使幼儿园教师果断地确定职业道德行为的方向和方式，并控制来自外部或内部的障碍和干扰，在教师的教书育人、钻研业务、克服困难、事业有成等方面都具有重要的调节作用，是将教师职业道德内化、形成教师职业道德品质的关键。所以说，幼儿园教师必须在外部条件支持的基础上自觉地磨炼自己的职业道德意志。

【名人名言】

对你们的孩子要教之以德性，只有德性，而不是金钱，才能使人幸福，这是我的经验之谈。

——贝多芬

尽管我们用判断力思考问题，但最终解决问题的还是意志，而不是才智。

——沃勒

有些职业是这样的高尚，以致一个人如果为了金钱而从事这些职业的话，就不能不说他是不配这些职业的；军人所从事的，就是这样的职业，教师所从事的就是这样的职业。

——卢梭

教师所奉行的宗旨在于培育人类德行。他要为它所贡献出自己的整个心灵，它牢牢地约束住教师……

——第斯多惠

教育者的最重大任务在帮助塑造人的品格。

——布贝尔

教育的唯一工作与全部工作可以总结在这一概念之中——道德。道德普遍地被认为是人类的最高目的，因此也是教育的最高目的。

——赫尔巴特

【思考与讨论】

1. 幼儿园教师职业道德意志的形成具有什么特点？
2. 职业道德意志对于幼儿园教师而言，具有什么功能？请结合例子说明。
3. 结合自身实际，阐述幼儿园教师职业道德意志的形成受到哪些因素的影响？如何磨炼幼儿园教师的职业道德意志？
4. 收集与幼儿园教师相关的法律法规，将与自己工作密切相关的内容整理好，自制一本《幼儿园教师法律法规小手册》。

【参考文献】

[1] 王荣德. 教师职业伦理[M]. 重庆：重庆大学出版社，2013.
[2] 朱仁宝. 德育心理学[M]. 杭州：浙江大学出版社，2005.
[3] 张健. 教师职业道德意志研究[J]. 辽宁行政学院学报，2009（5）.
[4] 朱世龙，沈永福. 论道德意志教育的基本原则[J]. 常州大学学报，2013（5）.
[5] 沈永福，张友国. 论道德意志的功能[J]. 首都师范大学学报，2011（6）.

第六章 幼儿园教师的职业道德行为

【学习提要】

道德，是知、情、意、行的综合体。其中道德行为是道德成熟的最终标志，也是衡量一个人道德水平的标准和尺度，而幼儿园教师的职业道德行为在幼儿园教师的职业道德养成中具有特殊意义。

第一节 幼儿园教师职业道德行为的内涵及其特征

职业道德行为是人的职业道德的外显方式，直接决定其职业道德水平的高低。列宁曾经指出："判断一个人，不是根据他自己的表白或对自己的看法，而是根据他的行动。"因此，作为幼儿园教师，必须要正确认识职业道德行为，并以职业道德行为为基础和前提形成良好的职业道德品质。

一、幼儿园教师职业道德行为的内涵

（一）道德行为的界定

提起"行为"一词，也许有人会将其与动作等同。实质上，行为区别于动作。动作是一种本能的工作，如饥饿了要吃饭、口渴了要喝水，等等，而行为则是人自主自觉的行为，是讲求动机的。动机是为实现一定目的而行动的原因，动机是个体的内在过程，行为则是这种内在过程的表现。对于"行为"这个概念，在伦理学范围内，有着严格的特定意义，在中外伦理学史上，大多数伦理学家都认为，行为只是人类特有的活动。而对于这一活动，人们往往会评判其是善的还是恶的。如社会生活中的一些社会现象，人们认为"偷盗行窃""聚众赌博"等是违法的行为，但是没有人认为"利国利民之举""弹琴唱歌"等行为是缺德的、是恶的，除非有人在图书馆这种场合弹琴唱歌。

因此，我们可以将道德行为界定为：人们在一定的道德意识的支配下，表现为有利或有害于社会和他人的行为。而既不是由一定的道德意识引起的，也不涉及自觉有益或有害于社会和他人的行为，既无道德意义，也不可能、不应当进行善恶评价的行为，我们称之为非道德行为。[1]

---

[1] 朱仁宝. 德育心理学[M]. 杭州：浙江大学出版社，2005：182.

在现实生活中，道德行为和非道德行为的界限只具有相对的意义，而它们之间的联系则是非常紧密的。一方面，在特定意义上的非道德行为，在广泛的范围内往往具有道德意义。严格地说，生活于社会中的人们，不可能与他人和社会毫无关系。因而，他们的观念、情感、意志及其权柄下的行为，也不可能不具有道德意义。在个人日常生活中的某些行为，并不直接与他人和社会发生利害关系，因而，直观孤立地看是不具有道德意义的。但是，如果从广泛意义上看，又都是与他人和社会有利害关系的，因而是具有道德意义的。有些行为，在此时此地条件下不具有道德意义，在彼时彼地的另一种条件下就有可能具有道德意义。至于个人的精神状态、生活作风、思想情操等，本身就是个人的品德表现，更不能简单地看作是与道德无关的个人小事。在这方面，马克思主义伦理学虽然反对把个人生活中的任何琐事都提到道德高度，反对道德评价上的简单化和庸俗化的做法，但是，它并不否认个人日常生活行为中，往往同时寓有这样或那样的道德意义。相反，它时常提醒人们，要检点自己的言谈举止，注意各方面的修养。

另一方面，道德行为往往是与其他社会行为相伴发生并相互结合的。人们的社会行为，是人们的社会实践和社会关系的表现，总是包含着复杂的社会实践内容和社会关系内容，总是会同时地或不同时地对社会或他人产生多样的影响。事实上，大多数被称作道德行为的行为，并不是孤立的纯粹的道德意义上的行为，而只是从对他人和社会利益的关系这一特定方面来对它进行善恶评价罢了。因此，否认道德行为和非道德行为之间的联系，认为经济行为、政治行为不能从道德上进行评价的观点，是错误的。同样，把经济行为、政治行为与道德行为完全等同起来，用经济政策代替道德要求，或用政治手段代替道德教育的观点和做法，都是错误的。

（二）幼儿园教师职业道德行为的界定

根据前面对道德行为的界定，我们可以将幼儿园教师职业道德行为界定为：幼儿园教师在职业道德认识、情感、信念的支配下，在幼儿教育实践活动中作出的可以观察到的反应及所采取的实际行动，即在职业道德意识支配下表现出来的有利或有害于幼儿、家庭、幼儿园、幼儿教育事业及社会的行为，可以简称为"幼儿园教师的师德行为"，也有学者将其称之为符合教师职业道德规范的行为。师德行为就其动机和效果而言，可以分为良好的师德行为和不良的师德行为。良好的师德行为是利他性的，即以追求社会整体利益或他人利益为出发点和归宿，而不良的师德行为具有利己性，是指在不道德的意识的支配下，为了一己私利，侵害社会整体利益或他人利益的行为。

二、幼儿园教师职业道德行为的特征[1]

一般来说，道德行为的基本特征主要表现为它是个人基于对他人和社会利益的某

---

[1] 左志宏. 幼儿园教师职业道德[M]. 北京：北京师范大学出版社，2014：84-87.

种自觉态度而自主选择的结果。结合幼儿园教师的职业特点，我们认为，幼儿园教师的职业道德行为表现出以下特征。

（一）主体性与约限性的统一

主体性与约限性反映的是幼儿园教师个体与幼儿园教师职业道德规范之间的关系。幼儿园教师师德行为的实现需要经过两个交互作用的过程：一方面，幼儿园教师个体经过认识、情感等活动，内化幼儿园教师职业道德规范；另一方面，幼儿园教师在师德意识的支配下，作出价值判断和行为选择，表现出师德行为。约限性即约束和限制，指的是幼儿园教师的师德行为受到职业道德规范的制约和引导。但抽象的师德规范只有经过幼儿园教师个体的内化，才能表现为具体的、富有生命力的、具有良好社会影响的师德行为。同时，幼儿园教师个体还能在师德实践活动中，根据具体的社会历史条件的变化，创造出符合时代需要的新的师德规范。这些都反映了师德行为的主体性。因此，师德行为既是社会的、被决定的，同时也是自主的、主体性的活动，是主体性与约限性的统一。

（二）内隐性与外显性的统一

内隐性与外显性反映的是幼儿园教师的师德意识与师德行为之间的关系。幼儿园教师的师德意识是幼儿园教师在幼儿教育劳动过程中形成和表现出来的一定的师德认识、师德情感、师德信念、师德意志。这些因素相互联系、相互作用和相互制约，共同影响着幼儿园教师师德行为的选择，是做出师德行为前的心理活动，是内隐的。外显性是指幼儿园教师的师德行为是在社会关系中实现了的师德意识，并且能对社会关系产生一定的影响，具有可知、可观、可感、可评的特点。幼儿园教师的师德行为总是关乎利益的：良好的师德行为具有利他性，有利于幼儿身心和谐发展和幼儿教育事业的稳步前进；而违背幼儿园教师职业道德规范的行为则会侵害幼儿和社会的利益，具有破坏性。师德行为与师德意识是"表与里"的关系，师德意识支配着师德行为，师德行为是师德意识的外在表现，二者统一于幼儿园教师的师德活动中。

（三）选择性与责任性的统一

意志自由是道德行为的前提，而选择是意志自由的表现。没有意志自由，没有选择，就没有道德行为。道德行为的选择性是幼儿园教师主体能动性的反映，它使幼儿园教师能够根据自己的需要、理想和信念进行选择，而且也正是这种选择，造就了幼儿园教师独特的人格。例如，在同一个幼儿园，有的教师对待幼儿耐心细致；有的教师对待幼儿粗鲁暴躁；有的教师对待事业勤勤恳恳、兢兢业业；有的教师对待事业"得过且过"……选择与责任密切相连，责任是幼儿园教师职业道德行为选择的属性。幼儿园教师职业道德行为的选择，不仅是幼儿园教师价值的体现，并且必然造成了一定的利益后果。否认了对后果的责任，就否认了选择，否认了幼儿园教师的价值，也否认了幼儿园教师的人格。

（四）监控性与操作性的统一

师德意识是师德行为选择的依据，正确高尚的师德意识是良好的师德行为的思想基础。幼儿园教师良好的师德行为正是在高尚的师德意识的支配下进行的，而它表现出来的是一系列有组织的动作方式，是监控性与操作性的统一。首先，幼儿园教师高尚的师德意识监督着职业道德活动的进行，对符合职业道德要求的情感、意志和信念给予坚持和激励，对不符合职业道德要求的欲念或冲动予以克服和消解。尤其是当出现违反职业道德要求的行为时给予及时的调整，使其符合职业道德的要求。其次，幼儿园教师所处的劳动环境的多样性、变化性和复杂性，要求幼儿园教师要时刻握住职业道德规范的准绳，明智地选择职业道德行为，行善去恶。再次，幼儿身心、心智的不成熟性和极强的模仿性都要求幼儿园教师谨言慎行，不能因为幼儿的认知不足就不尊重、欺骗、误导甚至伤害幼儿。只有更加自觉地监督自己的行为使其符合师德，才能不负幼儿园教师的职责。良好的师德行为并不完全建立在善良的意愿上，它还需要执行这一行为的能力。

（五）示范性与教育性的统一

【典型案例】

小雅的故事[1]

在家人眼里，小雅虽然只有三岁半，但已经像个小淑女一样了，文文雅雅的。

开学了，小雅上了一所条件不错的幼儿园，但不到两个月，小雅就做了一件让妈妈大吃一惊的事情。

星期六下午，妈妈正在把一些用过的塑料袋折叠成小三角，准备收好再用。这时，小雅走过来，先把自己的三个娃娃摆在沙发上做好，然后对妈妈说："妈妈，我们来玩上课的游戏吧！你也坐在沙发上当小朋友吧。"妈妈边答应边走到沙发上坐下来，但手里还拿着一个塑料袋。

"你是怎么回事？你没有听见我说上课了吗？"突然一个凶巴巴的声音传过来，妈妈吓了一跳，抬头一看，小雅正瞪着眼睛看着自己。妈妈赶紧不由自主地把塑料袋放在了一边。

"你！请把嘴闭上！"小雅的脸扭向另一个娃娃。

"你没有听见啊？说她不是说你啊！"

"小雅，你这是从哪学的啊？"妈妈真是弄不明白了。

---

[1] 李季湄，冯晓霞．《3-6岁儿童学习与发展指南》解读[M]．北京：人民教育出版社，2013：95-96．

幼儿最明显的特点就是极强的向师性和模仿性，模仿是幼儿学习和成长的重要方式。正如苏联教育家苏霍姆林斯基所说的，"儿童的心灵是敏感的，它是为着接受一切好的东西而敞开的。如果幼儿园教师引导儿童学习好榜样，鼓励效仿一切好的行为，那么，儿童身上的所有缺点就会没有痛苦创伤地、不觉难受地逐渐消失。"但是由于幼儿还没有辨别是非的能力，他们的模仿便成了对自己的见闻不加选择地照单全收。另外，幼儿教育阶段是幼儿离开家庭进入学校的开始，幼儿很容易把对父母的感情和信任转移到老师身上，他们坚信教师的话，也相信老师做的事是没有错的，这就使幼儿模仿的热情更加高涨。因此，如果老师不能谨言慎行，不良的行为极易被孩子所学习。幼儿园教师的以身作则不仅能教育孩子，也能教育自己，同时还会对同事甚至家长产生教育性的影响。因此，幼儿园教师的师德行为具有示范性与教育性的特征。

（六）承启性与可塑性的统一

承启性指的是职业道德行为的结果承这一道德行为而来，又会对下一次的行为选择产生影响。因为只要处在职业生活中，职业道德行为就会不停地被要求产生、进行、结束，产生、进行、结束……而结束和产生之间就是职业道德行为的结果，具有承上启下的特点。班杜拉认为行为的结果会影响行为的表现。例如，一位幼儿园教师兢兢业业却没有得到园长的肯定或表扬，而另一位消极怠工却获得了奖励，那么这位教师积极进取的精神将会受到很强的消解。因为行为结果提供的信息，让这位幼儿园教师觉得道德行为和不道德的行为并没有什么差别，甚至会让她认为个人利益与集体利益是相对的。而如果幼儿园教师的职业道德行为被社会给予了公正的反馈，她将坚信自己的行为，并激励自己不断提升和完善。可见，某一职业道德行为结束后，如何评价这一行为，对于日后道德行为的导向是十分重要的。

第二节 幼儿园教师职业道德行为的影响因素

幼儿园教师的师德行为是在师德意识的支配下完成的，同时也必然会给予师德行为连接的社会环境造成道德影响，是主观的道德意志在客观的社会环境中实现的过程。因此，根据幼儿园教师职业道德行为的特点，可以将影响幼儿园教师职业道德行为的因素分为主观因素和客观因素两方面。具体而言，主要体现为以下方面。

一、幼儿园教师自身的师德意识

职业道德意识主要包括：职业道德认知、职业道德情感、职业道德意志、职业道德信念四个方面，职业道德行为是从业者在一定的职业道德认知、情感、意志和信念的支配下所采取的自觉活动。因此，幼儿园教师自身的这四个方面的师德意识对其师德行为都有着重要的影响。

（一）幼儿园教师的师德认知

任何行为都是在一定的思想和观念支配下的行为，否则就是盲目的冲动。道德行为取决于个体的道德知识和观念中道德范例的"暗示"。个体头脑中的道德知识储备得越丰富，其行为就越合乎道德。"须以知为本，知之深而行之必至，无有知之而不能行者；知而不能行，只是知得浅……人为不善，只是不知。"（《二程遗书》卷十五）朱熹也说过："人须知耻，方能过而改。"因此，深刻理解和熟练掌握职业道德规范和原则，在各种具体情境中明智地进行是非善恶的判断，及时恰当地作出符合职业道德规范的行为，才显得意义非凡。如果幼儿园教师没有良好的师德认知，是非善恶不分，或者懵懵懂懂，道德行为就会失去导向而变得盲目，良好的师德行为也会因此变得随机和偶然，这必将不利于幼儿的身心和谐发展，也不利于幼教事业的健康发展。

（二）幼儿园教师的职业道德情感

教师职业道德情感是教育工作者根据一定的教师职业道德观念，在处理相互关系、评价某种行为时所产生的内心体验。[1]教师的职业道德情感是促成职业道德行为的主要动力，并对职业道德认识和道德行为起着稳定的调节作用。如果一个幼儿园教师具有丰富的职业道德情感，在对幼儿教育事业中表现出热爱、眷念，对学生关怀和爱护，对教师职业具有自尊心、责任感和荣誉感等，那么其在道德实践中就会表现出较良好的师德行为。但是如果一个幼儿园教师只是为了生存，勉为其难地在幼儿园"混日子"，那么他也很难获得积极的情感体验，相应的在道德实践中也就很难保证会表现出良好的师德行为。

（三）幼儿园教师的职业道德意志

幼儿园教师的职业道德意志是幼儿园教师在道德实践中，按照内化的职业道德要求与原则自主地确立道德目的，以此目的来调节自己的行为，自觉克服困难的毅力和精神，是幼儿园教师职业道德认知向职业道德行为转化的关键。黑格尔认为，"道德的意志表现于外时，就是行为。"职业道德意志的自觉性使幼儿园教师自觉确定道德目的，选择合适的道德手段；职业道德意志的果断性使幼儿园教师善于明辨是非，抓住时机，迅速而又合理地作出道德决断；职业道德意志的坚韧性使幼儿园教师在行为中坚持决定，以充沛的精力和坚韧的毅力，百折不挠地克服一切困难，实现预期道德目的；职业道德意志的自制性使幼儿园教师自觉控制和协调自己的情绪，约束自己的道德言行。可以说，一个具有坚强职业道德意志的幼儿园教师，是能够战胜利己的动机，而表现出利他行为的人。因此，幼儿园教师的职业道德意志，是贯彻师德行为的重要推动力量，并影响着教师师德行为的持续性。

---

[1] 钱焕琦. 教师职业道德[M]. 上海：华东师范大学出版社，2008：211.

（四）幼儿园教师的职业道德信念

幼儿园教师的职业道德信念，是幼儿园教师对于人生观、道德理想和行为准则的正确性和正义性深刻而有根据的笃信，以及由此产生的对某种道德义务的强烈责任感。[1]它是深刻的道德认识和炽热的道德情感的有机统一，具有稳定性、持久性和一贯性的特点。有了坚定的职业道德信念也就有了精神支柱，幼儿园教师不仅能够按照自己所信仰的职业道德要求去评价他人行为和自己行为的善恶是非，而且能够坚定不移地按照自己所信仰的职业道德要求去自觉践行各种道德义务，完成各种道德使命。

幼儿园教师的职业道德信念，是幼儿园教师对职业道德规范和要求的正当性、合理性等发自内心的坚定信心。幼儿园教师的职业道德立项和人生观是职业道德信念的最高形式，它们决定着幼儿园教师行为的方向性和目的性。现阶段，我国的幼儿教育事业虽然发展迅速，但整体来说基础还比较薄弱，广大幼儿园教师的工作任务还比较繁重，工作的报酬还相对较低，因此，广大幼儿园教师形成坚定的职业道德信念更加困难，但是也更加重要，因为唯有形成幼儿园教师坚定的职业道德信念，才能提高幼儿园教师的道德境界，推动幼儿教育事业的发展。

二、幼儿园的管理机制

幼儿园教师的职业道德行为的形成，还与幼儿园的管理机制有关。这里，主要涉及两种管理机制，即：幼儿园的职业道德监督机制和幼儿园的奖惩机制。

（一）幼儿园职业道德监督机制

监督，即是对幼儿园教师职业道德的监督，具体地说就是社会舆论、幼儿园、幼儿园教师集体、幼儿园家长和幼儿园教师自身等对幼儿园教师职业道德行为构成的监察督促，就是通过对幼儿园教师的师德行为进行监察来督促幼儿园教师提升自身的职业道德意识，保证幼儿园教师稳定而连续地做出符合师德要求的行为。一种职业如果没有外力的监督，那么就如脱缰野马一样失控，必然会导致堕落腐败。在幼儿园中，如果没有切实可行、行之有效的监督机制，那么就会助长违背教师职业道德的风气，助纣为虐，无法形成遏恶扬善的力量，职业道德规范的作用就难以发挥，职业道德的建设就无法深入开展。

当前，我国对幼儿园教师的道德缺乏有效、健全的监督机制，很多监督制度还仅仅停留在口头上和表面上，人民群众和社会舆论的监督作用也没有得到有效的发挥，社会对于监督幼儿园教师违反师德行为的作用比较乏力，难以对幼儿园教师职业行为形成有效的约束，这是幼儿园教师道德失范的一个主要因素。[2]监督机制不够健全，监

---

[1] 王荣德. 教师职业伦理[M]. 重庆：重庆大学出版社，2013：160.
[2] 张乐洲. 浅析当代社会师德失范的原因[J]. 现代交际，2012（3）.

督缺乏实效。具体表现在以下几个方面[1]：（1）缺乏独立、专门的监督机构，监督没有实权。虽然有些幼儿园设立了诸如党支部、家长委员会等之类的监督机构，但是监督权受制于执行权，缺乏应有的地位和独立性，造成不少环节"弱监"或"虚监"，从而使监督流于形式，无法实现有效监督。（2）权力不对等，职责不明确。权利不对等主要体现在监督机构与被监督对象的权力不对等，"园长权力太大"，监督人员都在园长或者相关领导的权力掌控之下，处于弱势地位，无法实现有效监督。职责不明确体现在监督机制中没有规定哪些是合法的，哪些是不合法的，也没有明确的程序制度作保证，从而难以形成有效的监督机制。（3）监督主体不够广泛，没有充分调动各方面的力量参与监督，监督渠道也较少，监督力度不够。表现在一些幼儿园并没有尝试把家长纳入到监督体系中，仅仅依靠教职工代表大会，但这个渠道在园长的控制之下往往最终也只变成了"例行会议"和"形式上的事"，对幼儿园教师的行为规范起不到实质性的约束作用。另外，监督多是对事后责任的追查，缺少对决策过程和执行过程的监督。再加上通常条件下，幼儿园里一个班级最多配备两名老师，而且大多数都是实行轮班制，也就是说通常情况下一位老师在班级中组织活动时并没有其他人员在场，这时老师相对于幼儿来说具有较大的自主权，他们决定着活动如何组织，课程如何安排，以及如何进行师幼互动，如何对待幼儿等。在监督机制缺乏、不健全的条件下，对于那些道德素养偏低、克服诱惑能力较差的幼儿园教师来说，师德行为失范现象将更为普遍。而且我国目前幼儿园发展的现状是民办园在社会育儿机构中所在的比率要大于公办园，尤其是在一些经济比较落后，偏远的乡镇地区，大多数都是一些小型的、家庭作坊式的私立幼儿园。这样的幼儿园监督机制更是薄弱，他们只看重的是幼儿的安全，至于教师如何组织活动，如何对待幼儿，他们很少去顾及，也很少对教师的行为作出什么高度的评价。因此，监督机制的缺乏与不健全再加上乡镇幼儿园教师素质的有限，使得师德缺失的行为事件时有发生。

因此，对幼儿园教师职业道德的监督是非常有必要的，如果不对其进行监督，坏的影响必将扩大蔓延，有违背师德的行为甚至会得到鼓励。当然，如果只是监督，而不注重幼儿园教师的积极转化和内化，则是舍本逐末、徒有形式。只有幼儿园教师真正内化了师德规范，才能保证幼儿园教师连贯一致地表现出良好的师德行为。

（二）幼儿园的职业道德奖惩机制

奖惩发生在幼儿园教师的师德行为之后，就是对良好的师德行为进行奖励，对不良的师德行为进行惩罚。公平合理且适当的奖惩有利于维护幼儿园教师的师德规范，有利于调控幼儿园教师的师德行为，有利于对幼儿园教师的思想品德产生教育性的影响。

师德行为后的奖惩对维护幼儿园教师的师德规范是必要的。中国有句古话："父慈子孝，兄友弟恭。"讲的是伦理义务的双向性，之所以如此，是要让社会中每个人都知

---

[1] 王雅茹. 幼儿园教师专业伦理的缺失与生成[D]. 浙江师范大学，2011.

道人与人是相接相连、相互依存的。同样,假如幼儿园教师作出了良好的师德行为,社会理应给予积极的回应,如表扬、称赞、物质奖励等。如果没有回应,幼儿园教师则看不到自己行为的社会价值,看不到自己与他人的利益关系,就会觉得作出良好的师德行为是没有任何意义的,更何况很多时候还要以牺牲自己的利益为代价;如果社会给予了消极的回应,如批评、谴责、物质惩罚等,将直接否定幼儿园教师良好师德行为的社会价值。假如幼儿园教师作出了不良的师德行为,社会没有给予负面的回应,幼儿园教师将会把自己的利益放在第一位而忽视对社会的义务。这样下去,幼儿园教师的师德规范将不再有规范的力量。

总之,要公平合理且适当地运用奖惩,发挥奖惩的教育性作用。从心理学角度讲,奖励是一种强化,而表扬还有通常的物质奖励都属于外部强化。对于幼儿园教师的师德修养来说,外部强化的效果要依幼儿园教师主体把它转化为自我强化的程度而定,只有让幼儿园教师亲身体验作出良好师德行为后的愉快感、自豪感和欣慰感,才能促使幼儿园教师持久地作出符合师德要求的行为。同时,表扬先进、树立典范,能为整个幼儿园教师群体提供学习的榜样,在更大的范围内发挥教育作用。另外,奖惩本身不是目的,要让幼儿园教师认识到惩罚与不良师德行为之间的关系,使其心服口服,把惩罚与端正幼儿园教师的态度与提高幼儿园教师的师德认知联系起来。

第三节 幼儿园教师职业道德行为的培养

从前面幼儿园教师职业道德行为的影响因素可知,影响幼儿园教师职业道德行为的因素包括内外因两个方面。道德行为的特殊属性决定了个体道德行为必须要得到社会的反馈,必须得到社会的支持和保护,这是道德行为主体能否将自身的道德行为坚持下来,并且产生积极的社会影响的关键因素。因此,对于幼儿园教师职业道德行为的养成,我们需要从内、外两个方面来考虑。具体而言,包括以下方面。

一、幼儿园教师需自身注重师德行为的修养

对于幼儿园教师而言,职业道德行为的修养过程是一个多种因素相互作用的过程,包括个人因素、幼儿园因素和社会因素等。这一过程也是多重矛盾相互交织的过程,在这一过程中,每一位幼儿园教师要培养自身良好的职业道德行为,就必须注意理解和坚持以下基本原则。

(一)知行统一原则

知行统一是提高幼儿园教师职业道德修养、养成良好道德行为的根本途径。在幼儿园教师职业到修养中,知行统一是同一的。一方面,作为一名幼儿园教师,如果缺乏必要的道德知识,连基本的道德善恶是非也无法区分,是不可能形成正确的师德观念的，更别提形成良好的师德行为。"知之而不行，虽敦必困"，意思是说，你学得再好，掌握的知识再多，却不能指导自己的实践，就必定会陷入困境。因此，一个教师即使学习了教师职业道德理论，也不能说明他具备了某种道德品质，更不能说他就能表现出良好的道德行为。如果只学不用，只说不做或者言行不一，也只能是"语言上的巨人，行动上的矮子"。

另一方面，作为幼儿园教育活动中的教育者，幼儿园教师的一言一行对幼儿来说都意味着学习的可能，幼儿在对教师的无限仰慕中习得了教师的诸多个人行为习惯，并进一步受到教师的态度和心理倾向的影响。因此，幼儿园教师在师德行为修养过程中的知行统一会对幼儿起到良好的示范作用，并且将会对幼儿产生深远的影响。

坚持知行统一的原则，就是要把学习道德理论、提高道德认识自己的行动统一起来，使理论与实践相结合。幼儿园教师在师德行为修养的过程中要更加注重品德实践，自觉培养道德行为习惯，努力成为道德的高尚者。同时，以自己的"言"为幼儿之师，"行"为幼儿之范，让自身成为促进幼儿发展的最有力资源。总之，只有坚持知行统一，才能真正提高师德修养。

（二）动机与效果统一的原则

所谓"动机"，就是趋向于一定目的的主观意向和愿望。它是意识到了行为的动因，即激励人们行动的主观原因。所谓"效果"，就是人们行动所产生的客观结果和后果，它是人的行为的客观结果。动机与效果的统一原则就是告诫幼儿园教师在师德修养过程中既要端正自身动机，同时也要把道德动机转化为自身的道德行为，实现两者的有机统一。

动机与效果是人的行为互为存在、互为转化的两个因素。动机是人的行为的思想动力。离开动机，就不会有行为的发生，也就无法谈及什么效果，效果反映一定的动机，动机本身就包含着对一定效果的追求并指导行为达到一定的效果。动机体现在效果之中，并通过效果去检验。效果又是不断产生新的动机的基础。

幼儿园教师职业道德的修养过程同样是动机与效果相互依存、相互转化的过程。幼儿园教师职业道德修养的动机来自于对社会、对职业、对幼儿所负的责任，来自于对幼儿园教师职业道德修养意义和作用的把握。作为幼儿园教师，应时刻意识到自己的职业对象是单纯美好的幼儿，意识到自己不仅担负着向他们传授科学文化知识的重任，而且负有向幼儿进行思想品德教育的职责等。当幼儿园教师把这些认识转化为自身的迫切需要和强烈愿望时，就形成了加强师德修养的内在动机。幼儿园教师要真正担负起为人师表、教书育人的职责，还必须把内在动机转化为行动，用教师道德的基本原则规范自己的言行，将它运用于自己的教育工作实践中，以提高实际效果。

坚持动机与效果的统一，幼儿园教师要不断进行道德理论和知识的学习，加深对师德修养意义和作用的理解，不断增强修养的动力，同时要善于通过各种方式把良好的道德动机转化为实际行动。在动机与效果的统一上实现师德境界的升华，既重视动机,又重视效果。在动机与效果的统一上对自己提出比较全面的要求,是师德修养中必须坚持的。

(三)在不断的反思中体悟职业道德行为

认真的思考、探究是幼儿园教师提高师德认知的又一重要方法。蔡元培先生曾说:"道德不是记熟几句格言就可以了事的,更重在实行。而在实行的过程中,需要幼儿园教师进行不断的反思,才能深刻体悟到良好职业道德行为的重要性。"

首先,幼儿园教师必须有反思的意识。在现实的实践中我们常常发现,有些教师在工作了很长一段时间后也不会对自己的教育实践有深刻的体会,工作经验的积累对他们来说只是一个时间上的概念而已,这些教师也很难形成自己的师德。因此,幼儿园教师必须要能对自己、对他人的职业道德行为具有反思的意识。

其次,幼儿园教师必须要具有反思的能力。反思的实质是教师能够超越具体的教育事实和教育行为,看到现象背后的本质和行为背后的原因,并能够对此进行理论上的归纳和总结。

最后,幼儿园教师应该对教育实践中的一些价值性的问题进行反思。例如"我认为的学前教育应该是什么样的?""我采取这种行动的原因是什么?""作为一名幼儿园教师,我的职责是什么?""我是否有权利这么做?"……因为这些价值性的问题常常关系到幼儿园教师对学前教育的整体看法,涉及幼儿园教师对学前教育的基本态度,同时也关系到幼儿园教师的职业行为,而这些都属于幼儿园教师基本的师德范畴,并且将从根本上决定幼儿园教师教育行为的适宜性。

二、建设园本化伦理规范,强化监督作用

现有的国家层面的法律法规如《教育法》《教师法》《幼儿园教师专业标准》等从宏观和抽象的层面对教师的职业道德提出要求,但针对每个幼儿园教育活动中的师德伦理问题还要具体问题具体分析。其实,幼儿园中并不是没有对教师的职业道德伦理要求的相关规章制度,但通过观察发现,现有的规章比较笼统、空泛,缺乏可操作性。同时,幼儿园的管理者对幼儿园教师的职业道德伦理失范行为存在置之不理、听之任之的现象,教师的师德伦理失范行为成为教师管理幼儿、辅助教学的手段。

所以,幼儿园在建设本园行为文化时,要在相关政策法规的基础上,结合本园的特色,建立园本化师德伦理规范制度,规范本园教师的言行,提高相关法律法规的适切性和实效性。对教师的专师德失范行为予以严格的规范与监督,把法规落到实处,改变"墙上规矩"的局面。

幼儿园教师道德行为监督,就是通过各种途径准确反映出幼儿园教师行为中道德规范履行的实际情况。道德监督是幼儿园教师道德建设的保障机制,对幼儿园教师的师德行为具有一定的规范和制约作用,能够在无形之中促使教师自觉遵守行为的道德要求。没有有效的道德监督机制,幼儿园教师的职业道德建设将会显得苍白无力。

幼儿教师行为道德监督的方法有很多，主要包括以下四种。

（1）校园监督。校园监督的行使主要在课内、课外两个地方。课内监督主要是上课期间通过教师授课时的表现进行监督，内容包括：工作态度、教学方式、精神面貌、师表风范、行为举止、语言方式等；课外监督是教师在日常活动中，行为举止是否符合道德规范，例如是否存在对待学生不公正，对学生采取体罚或者变相体罚、言语失范等现象。

（2）家长监督。家长不能轻信幼儿片面的评价，必须亲自进行调查，在全面了解真相的基础上再采取行动。家长监督不仅包括来自于学生反映的校园监督的内容，还包括站在家长视角下，在与教师的接触交往中，教师是否有违师德的问题。家长们可以成立监督委员会。通过查看校风校貌、听课、与老师和学生交谈等方式进行评议，再将各种意见反馈给幼儿园。幼儿园也可以通过设立举报箱、意见箱、公布举报电话等方式，以不记名的方式，鼓励家长自由表达意见，鼓励家长对教师的言行进行监督和投诉，并设立专门的部门受理家长的投诉。

（3）领导监督。由幼儿园领导在对幼儿园教师教育教学过程中，观察调查教师的行为举止、语言方式，然后进行考核，作出谨慎周密的分析和评价，以约束教师的行为，促使教师能够遵守职业道德规范。

（4）社会监督。在政法机关和纪检部门设立专门针对教育系统的监督机构，对相应的法律法规进行广泛的宣传，对是否有违反法律法规的事情，进行有效监督，对违法者坚决予以惩罚。社会团体应设立教师职业道德监督委员会，负责监督教师的行为举止、工作态度，查看教师的仪容仪表是否符合职业道德，对不符合的人进行教育处理，明确各个机构各个团体对于落实各项法律法规的责任，完善内部监督与社会监督、行政监督与群众监督相结合的社会监督机制。

在以上四种监督方式中，校园监督和家长监督是比较重要且易于实施的两种监督方法，因此，对于幼儿园教师职业道德行为的监督，可以着重考虑这两种方式，并在可能的情况下综合运用其他监督方式。当然，为了使幼儿园教师的师德行为得到全方位的监督，并取得实效，必须坚持三个原则：一是经常性原则。幼儿园教师师德行为的监督不是一时的权宜之计，也不是临时的走形式或者做表面文章，而是一项要经常进行的工作，监督的经常性原则能够保证监督的连续性、全面性和一贯性；二是客观性原则。道德行为的监督必须要以事实材料为依据，不能夸大或者缩小，更不能无中生有、诬告陷害或有意作秀，监督的客观性原则能够保障监督结果的公正性和有效性；三是利害性原则。监督体制要和幼儿园教师的切身利益相联系，如工资待遇、职称评定、奖金发放等，监督的利益性原则能够保障监督的长久性和可持续进行；四是效益性原则。职业道德行为的监督不是空架子，要能够切实地增进幼儿园教师的职业道德行为，取得一定的实效，否则只是劳民伤财，监督的效益性原则是师德监督制度的存在之本。

【拓展阅读】

宁夏对违反师德师风行为"零容忍"[1]

"谁再不给我好好学习，就请你家长""讲了多少遍了还不会，真是个榆木疙瘩"诸如此类的话，今后宁夏的中小学老师不能再说了。4月9日，记者从宁夏回族自治区教育厅获悉，该厅已向全区教育系统印发了《宁夏回族自治区中小学校教师"六不准"》《宁夏回族自治区中小学校教师忌语》，同时发出《进一步加强我区中小学教师师风师德建设的通知》，规范违反师德师风的行为。

教师上岗先上"师德课"

自治区教育厅要求各地教育部门，在新任教师岗前培训和校长任职资格培训中必须开设师德师风教育专题，并安排不少于30个学时的专题内容，让校长、教师明确不可触犯的师德师风禁止行为及相应处理办法。

采取实践反思、师德典型案例评析、情景教学等形式，把教书育人楷模、师德标兵等请进学校，用优秀教师的感人事迹诠释师德内涵。要针对师德建设中出现的突出问题，用师德严重失范和触犯法律方面的典型案件开展专题教育活动，教育引导广大校长、教师引以为戒，树立良好的师德师风。

师生谈话要在公共场合

规定要求，校长、教师与学生谈话必须在公开场合进行，原则上要有其他相关课任教师在场，不得在个人场所与学生谈话。

设立师德投诉、举报平台，及时获取掌握师德师风信息动态，发现并纠正不良倾向和问题，将违反师德师风行为消除在萌芽状态。要严格师德师风惩处，依据教育部印发的《处理办法》，对触犯师德师风禁行性行为的校长、教师，要及时做出处理。对危害严重、影响恶劣者，要坚决清除出教师队伍，对涉及违法犯罪的要及时移交司法部门，依法严惩。对违反师德师风行为"零容忍"。

教师忌语说了要挨批

自治区教育厅师资处负责人指出，各地要建立督查考核制度，加强对本地区各级各类学校"六不准"和"教师忌语"落实情况的督查，设立举报投诉电话和监督信箱等。对违反"六不准"或使用"教师忌语"者，要给予批评教育；造成严重后果的，要依纪依规追究责任。自治区教育厅也将对违规学校及教师进行通报批评，公开曝光。为落实责任，各市、县（区）教育局要向社会公布监督电话，举报一起，查处一起。

江西划出10条师德"红线"规范教师职业道德行为[2]

为规范中小学教师职业行为，江西省教育厅印发了《江西省中小学教师违反职业

---

[1] 陈勇. 宁夏对违反师德师风行为"零容忍"[EB/OL]. 宁夏新闻网，http：//www.nxnews.net/yljd/system/2014/04/10/011009064.shtml，2014-4-10.

[2] 徐光明. 江西划出10条师德"红线"规范教师职业道德行为[N]. 中国教育报，2015-10-10（01）.

道德行为处理实施办法（试行）》，划出了10条师德"红线"。

江西省教育厅规定，教师有下列行为之一的，将视情节轻重分别给予相应处分：违背党和国家方针政策言行的；遇突发事件时不履行保护学生人身安全职责的；在教育教学活动和学生管理、评价中不公平公正对待学生，产生明显负面影响的；在招生、考试、考核评价、职务评审、教研科研中弄虚作假、营私舞弊的；体罚学生和以侮辱、歧视等方式变相体罚学生，造成学生身心伤害的；对学生实施性骚扰或与学生发生不正当关系的；索要或者违反规定收受家长、学生财物的；组织或者参与针对学生的经营性活动，或者强制学生订购教辅资料、报刊等谋取利益的；组织、要求学生参加校内外有偿补课，或组织、参与校外培训机构对学生有偿补课的。

三、建立完善的幼儿园教师职业道德考核机制

对幼儿园教师职业道德考核的过程，是对幼儿园教师职业道德行为的社会价值进行评定的过程，也是对幼儿园教师职业道德行为进行反馈的过程。公正完善的考核制度可以帮助幼儿园教师认识到师德行为的社会价值所在，认识到师德要求的必然性，促使幼儿园教师表现出良好的师德行为。

幼儿园应根据《中华人民共和国义务教育法》《教师法》和教育部《关于加强中小学教师职业道德建设的若干意见》《幼儿园教师专业标准（试行）》的文件精神，依据幼儿园教师职业道德的内容，树立"师之德、即师之本，无德不能从教"的师德建设理念，通过实施教师职业道德考核，提高教师的师德水平，提高教师实施素质教育的能力，促进幼儿教育事业的改革和发展。幼儿园教师职业道德考核结果分为师德优秀、师德良好、师德合格、师德不合格四个等次，并将道德考核结果作为幼儿园教师聘用、晋升、评优的前提和重要依据。对于考核不合格的幼儿园教师，扣除一定的工资，情节严重的，向全园进行通报批评。对于违反法律法规的，直接移交法律部门，以惩为戒，促使幼儿园教师减少失范行为的发生。对遵守职业道德的优秀教师，要大张旗鼓地进行表彰和奖励。

因此，考核机制的完善离不开一定的奖惩制度的配套实施，而它作为一种手段，为了取得一定的效果，在进行奖惩时应该处理好以下几个问题。

1. "奖"与"惩"要并重，不能偏废其一

在对遵循师德规范的先进人物进行奖励的同时，同样也要对违背师德规范的一些投机者进行一定的惩罚。再这样的"善"与"恶"对比之下，才能够给其他幼儿园教师工作者在未来的道德行为选择中以更明确的指示和引导。有些幼儿园领导为了不给员工难堪，只奖不惩，这些做法并不能给那些师德规范的漏网之鱼起到足够的警示作用，甚至在某种程度上对不良师德行为有所助长和纵容，既然谋取私利是没有相应的成本损失的，那么对于那些道德意识薄弱之人来说又何乐而不为呢？同样，如果只惩不奖，会削弱师德先进分子的积极性，影响幼儿园教师整个群体对高尚师德追求的热情。

2. 对集体的奖励和对个人的奖励要相结合

幼儿园教师劳动的一个显著特点就是劳动成果的群体性和劳动方式的个体性相统一，任何一名幼儿园教师工作的顺利开展都离不开带班老师的相互配合以及其他同事的交流合作，甚至还包括其他部门或园领导的支持。只有在有序、和谐的集体中才能有条不紊地履行自己的职责。同样，每个幼儿园教师又有自己相对独立的工作空间，又有一定的自由来选择自己偏好的机体环境，以此保持着自己王国的特色。奖励集体有利于增强团队协作意识和集体荣誉感，为幼儿园教师良好的职业道德行为的培养创造适应的环境和较强的责任感；奖励个人有利于调动个体的积极性，防止滥竽充数、磨洋工。

3. 奖惩要辅以教育

无论是奖励，还是惩罚，它们都只是手段，称不上目的，奖惩的最终目的在于提高受奖受惩本人以及其他同事的道德自律，而这种转化离不开教育。对于获奖者，不仅给予一定的奖励，也要配合一定的教育，这样能使他们在成绩面前不骄不躁，保持谦虚谨慎的态度，继续发扬先进精神，在道德修养方面再接再厉。对于受罚者，更要施以说理教育和鼓励，使他们清楚自己受罚的原因，同时也不至于低落、一蹶不振、自暴自弃。古人云："道之以政，齐之以刑，民免而无耻；道之以德，齐之以礼，有耻且有格。"另外，这种教育不局限于受奖罚本人，同时也应注重受奖幼儿园教师的榜样宣传作用，使他们的道德行为为更多的幼儿园教师所学习；对道德行为不端的幼儿园教师进行惩罚也可以起到以儆效尤的作用。正是通过教育，外在的道德奖惩逐渐内化为幼儿园教师们的道德自律，个别的道德奖惩扩大为群体的道德洗礼。

4. 奖惩要有民主性

奖惩作为道德行为标准的落实和标明，直接影响幼儿园教师道德行为的选择。奖惩过程是否公正、民主直接影响幼儿园教师群体对师德规范遵从的忠实程度。奖惩要做到民主，最重要的就是要保证群体成员在道德标准面前的平等权利，没有平等就不会有真正的民主，无论是普通的幼儿园教师，还是园领导或者是师德考核的领导小组成员，凡是符合道德奖励标准的就应给予奖励，该惩罚的也绝不含糊。周密翔实的师德标准能否发挥对幼儿园教师的约束和砥砺作用，在于这些标准的可靠性和时效性，如果在奖惩中执行两套标准，部分人员搞特殊，就会严重损害师德考核的权威性和有效性。另外，无论是奖励还是惩罚，都要实事求是、客观公正。在给予奖惩时要避免私人感情的卷入，既不能假公济私，也不能公报私仇。只有在集体参与下评出的师德标兵才能够引起人们对榜样人物的崇敬之情和向往之意，也只有在集体讨论下给予的奖惩才能避免受罚本人的埋怨不解，起到真正的威慑和教育作用。[1]

---

[1] 卫荣凡. 论职业道德行为后奖惩[J]. 广西大学学报，1994（2）.

【拓展阅读】

某中心幼儿园教师职业道德考核实施方案[1]

为了加强教师队伍建设，进一步完善教师评价机制，提高教师的职业道德水平，依据市教育局、市教育工委关于《市中小学教师职业道德考核和责任追究办法（试行）》的相关规定，为认真做好2015年我园教师职业道德考核工作，特制定本方案：

一、指导思想

以党的十八大精神为指导，以办人民满意的教育为目标，按照《中小学教师职业道德规范》的要求，以全面提高教师职业素质为核心，认真贯彻落实《宁阳县中小学教师职业道德考核和责任追究办法（试行）》，引导和督促教师不断提高职业道德修养和教育教学能力。完善教师职业行为激励机制和约束机制，进一步提高我园教师师德建设水平，努力造就一支师德高尚、素质优良、人民满意的教师队伍。

二、考核对象

中心幼儿园全体在职教师。

三、考核内容

平日考核（30分）

1. 参加幼儿园重大活动及表现情况（7分）
2. 参加政治学习、笔记及表现情况（7分）
3. 教育教学行为表现及论文情况（8分）
4. 语言、仪表、人际关系行为规范（8分）

综合评议（70分）

爱国守法10分

1. 热爱祖国，热爱人民，拥护中国共产党领导，拥护社会主义；树立依法治教意识，自觉遵守、履行法律法规和规章制度，不向幼儿传播有害身心健康的言论、观点、思想。

2. 制止有害于幼儿的行为或者其他侵犯幼儿合法权益的行为，批评和抵制有害于幼儿健康成长的现象。

3. 全面贯彻党的教育方针，严格执行国家课程计划和课程标准，不随意增减课时。

4. 尊重幼儿的人格尊严，不得对幼儿实施体罚、变相体罚或其他有侮辱幼儿人格尊严的行为。

爱岗敬业10分

1. 关心国家大事，及时了解国家的大政方针，积极参加政治理论学习和集体活动。
2. 尊重自己的职业选择，热爱教育事业，尽职尽责，勤奋工作，无私奉献。

---

[1] 谷里镇中心幼儿园教师职业道德考核实施方案[EB/OL]. http://wenku.baidu.com/view/896593c6767f5acfa1c7cdf9.html?from=search，2015-6-23.

3. 热爱幼儿园，关心集体，自觉维护幼儿园形象，努力为推进教育事业发展做贡献。

4. 精心备课、上课，切实抓好教育教学的每一个环节，不敷衍塞责。

5. 重视德育工作，把德育渗透在学科教学中，努力培养幼儿良好的思想品德、行为习惯和健康的心理素质。

6. 关心爱护幼儿，平等、公正对待每一个幼儿，努力建立"尊重、关爱、民主"的新型师幼关系。

7. 注重幼儿的个性发展，正视幼儿差异，因材施教，诲人不倦。

热爱幼儿 10 分

1. 积极协助幼儿园解决好特困幼儿入园困难的问题。

2. 努力实施素质教育，客观、公正、科学评价幼儿。

严谨治学 8 分

1. 认真实施新课程计划，潜心研究新课程标准，积极参加学科培训，明确所教学科的目的要求及学科结构。

2. 积极参加教科研活动，不断总结经验，开拓创新，提高教育科研水平。

3. 树立终身学习思想，积极参加教师继续教育，不断提高自身素质。

4. 学习和掌握信息教育技术，运用现代化教学手段，不断提高课堂教学效果。

团结协作 8 分

1. 团结关心同志，尊重他人，不做有损于团结的事。

2. 谦虚谨慎，互帮互学，善于合作，建立和谐的人际关系。

3. 关心集体，维护幼儿园荣誉，共创文明园风。

尊重家长 8 分

1. 坚持家访、定期向家长通报幼儿园教育要求和幼儿在园情况，互相沟通，认真听取家长的意见和建议。

2. 尊重家长，理解家长，主动与家长联系，取得支持与配合。积极宣传科学教育思想和方法，平等对待每一位家长，不指责、训斥家长，不给家长布置作业。

廉洁从教 8 分

自觉抵制社会不良风气的影响，不向家长索要钱物，不接受家长的宴请，不利用职务之便谋取私利。

为人师表 8 分

1. 以身作则，教书育人，言传身教，努力做幼儿的表率。

2. 带头讲普通话，写规范字，语言规范健康。

3. 仪表端正，服饰整洁，举止文明。

四、考核方法与步骤

1. 成立师德考核领导小组

2. 形式

考核形式，分为自我考核、领导考核、同事考核、家长考核。

3. 步骤

实施考核。一是要做好准备工作；二是教职工自评；三是要组织好幼儿家长考核，召开专题会议，讲清意义，明确要求，家长考核由幼儿园选择任课对象不低于50%的幼儿监护人（每年变动）参加。四是组织好领导考核和教师间的互评；五是考核领导小组评议，结合教师平时的师德表现，在打分量化的基础上，进行综合分析，对每个教职工作出客观评价。六是做好考核统计、分类建档。

公布结果。考核结果分为优秀、良好、合格、不合格四个等次。分值分别为90分及以上；80～89分；70～79分；60分以下。自我考核占10%，领导考核占30%，教师间互评占40%，家长考核占20%。考核拟定等次在本园公示，公示无异议后确定教师师德考核等次。考核小组向每一位被考核教师反馈考核评价意见，考核结果记入教师职业道德考核档案。

梳理反馈。对考核中反映出来问题，应认真进行梳理分析，视情况向教职工本人反馈，同时进行个别谈话。教职工要根据反馈的问题，剖析原因，提高认识，主动反思，认真开展自我考核，制定整改计划，提出改进的时限，并上交幼儿园存档。

整改提高。师德考核成绩作为年度考核主要内容，边考核边整改，对师德表现差、问题比较突出的个别教师由领导进行诫勉谈话，限期改进提高。通过整改使教师队伍中觉悟不高、师表形象差、以职谋私、有偿家教、体罚或变相体罚幼儿等现象得到时有效遏制，促进教师的职业道德水平不断提高。

认真总结。集中考核结束，每位教师都要结合自身实际，写出个人总结上报幼儿园。幼儿园要认真总结，对考核中反映出的问题进行深入分析，查找原因，制定措施，提出整改建议，不断完善师德考核工作。

五、考核结果运用

《教师法》明确规定：教师考核结果是受聘任教、晋升工资、实施奖惩的依据。为激励先进，鞭策后进，对考核结果运用作如下规定：

1. 作为绩效工资发放的重要依据之一。

2. 考核成绩位于前三分之一的，在以下方面优先考虑：在年度考核评优评先中优先考虑；在教师竞聘和晋升专业技术职务岗位时予以倾斜；优先推荐参加省市组织的培训、学术考察和科研活动。

3. 考核成绩低于后三分之一的，原则上年度不得评优评先。

4. 对师德考核不合格和有下列情形之一者，实行一票否决，给予缓聘或转岗分流。

（1）有讽刺、挖苦、歧视、侮辱学生，体罚和变相体罚学生行为，给学生身心健康造成不良影响的；

（2）热衷于第二职业、乱办班、有偿家教、带寄读生等，经查实，教育后仍不改正的；

（3）因失职、渎职造成学生安全事故的；

（4）在教科研工作、职称评聘、考核评优中有弄虚作假、抄袭剽窃等行为的；

（5）有其他违反教师职业道德规范行为，造成不良影响的。

六、工作措施

1. 加强宣传。通过师德考核，广泛宣传在师德师风建设中取得的显著成绩和教师的先进事迹，展示我园教师的精神风貌，为师德建设营造良好的社会舆论环境。

2. 注重实效。通过师德考核，在更新教育观念、规范教师行为、提高师德修养、提升教师形象方面，从师德建设的具体事情抓起，从解决师德建设工作中存在的问题着手，提高活动的针对性和实效性，使师德建设更加贴近实际、贴近教师、富有成效。

3. 重视考核结果的运用。将师德考核结果作为教师绩效考核、评职晋级、评优树先的重要依据之一，坚决实行一票否决制。

思考：

请对该园的师德考核方案进行评价，并思考，一个有效的幼儿园教师道德考核机制应注意哪些问题？

第四节 幼儿园教师职业道德行为案例分析

【典型案例一】

只因不会做算术，五岁女童被狂扇 70 余下耳光[1]

近日，一段发生在山西省太原市蓝天蒙特梭利幼儿园的视频让无数网友愤慨视频里，一位女老师对着年仅五岁的孩子们加以施暴，扇耳光、揪脸，下手毫不留情。监控录像记录下了这一个个令人触目惊心的过程，孩子家长含泪数了一下：就在10月15日的下午四点左右，短短10分钟的时间，这位老师就在一个女童的脸上狂扇了70下耳光。

记者昨日从山西省太原市迎泽区了解到，针对该幼儿园教师李竹青体罚幼儿事件，太原市相关部门已采取措施。目前，李竹青已被行政拘留15天，该幼儿园也已被取缔，在园43名幼儿正在妥善分流。太原市相关部门组成联合执法队伍，于10月22日起进行为期一个月的集中清理整顿。

视频：十几分钟，女童被老师狂扇耳光

被打女童的父亲韩师傅说："我下午五点十分接上孩子的。当时接上孩子的时候，她的眼睛就有两个疙瘩，肿的，黑青，眼睛上也肿的。从四点到四点半，老师打了我家姑娘脸上有70下！还在屁股上踢了两脚。"

---

[1] 只因不会做算术，五岁女童被狂扇70余下耳光[EB/OL]．http://edu.people.com.cn/BIG5/n/2012/1024/c1053-19366692.html.2012-10-24．

韩师傅告诉记者，他女儿今年5岁，在太原市蓝天蒙特梭利幼儿园上学，就是刚才监控里面被打最严重的小女孩。从监控当中，记者可以看到被打的孩子并不是韩师傅家孩子一个，至少看到有四个孩子都受到这个老师不同程度的殴打，"还有个孩子被打了四十三下，一个被打了四下，一个打了二十七下"。

孩子们到底犯了怎样的错误，老师会对孩子下如此的狠手？

韩师傅告诉记者，老师是因为孩子不会做"10+1"的算术，"个位数加法孩子会。第一次说不会，老师教了我家姑娘以后，孩子说'刘老师我还不会'，老师拿着本子冲孩子脸上就是一下"。

监控视频中，记者看到，这名老师基本上都是在给孩子们批改作业的时候打孩子，孩子们站在一边，有的还一边挨打，一边扳指头算术，全都不敢吭声。

针对该老师体罚幼儿的事情，相关部门采取了一系列措施。该老师被行政拘留15天，幼儿园也已被取缔，在园的43名幼儿被妥善分流。

案例评析：

该案例涉及的是幼儿园教师违背了师德的体罚行为。体罚是指通过对人的身体、心理的责罚，特别是造成身体疼痛，来进行惩罚或教育的行为。在幼儿园，常见的体罚形式包括殴打、鞭笞、打耳光、揪耳朵、踢屁股、罚跪，等等。而该案例中的老师因为幼儿不会做"10+1"的算术题而狂扇幼儿70余记耳光，是典型的、严重的体罚行为。

我们都知道，学龄前的幼儿正处于身心发展的敏感期和关键期，体罚幼儿对幼儿的身体健康、心灵发展都会有极大的伤害，甚至是带来终身的负面影响。具体的危害如下：（1）对幼儿的生理造成危害。生理方面，幼儿正处于身体发育的关键期，其骨骼、肌肉等都还非常脆弱，各个内脏器官还没有发育健全，体罚很容易对幼儿的身体造成伤害，而且有些伤害一旦发生便会造成终生的影响。（2）给幼儿带来极大的心理伤害。首先，体罚幼儿会使幼儿产生恐惧，缺乏安全感；其次，会影响幼儿的自尊心和自信心；最后，还会影响幼儿的价值判断。（3）体罚会危害到长期的教育效果。因此，对于幼儿园教师体罚或变相体罚幼儿的行为，从法律和政策的角度看，我国的法律和政策都明确规定要严格禁止体罚和变相体罚幼儿；从心理学的角度看，体罚是对幼儿的心理发展具有严重负面影响的行为；从教育学的角度来看，体罚与学前教育的基本原则相违背；而从伦理学的角度来说，体罚是不道德的行为。

总之，体罚与变相体罚伤害的不仅仅是幼儿及其家庭，更是对幼儿园教师职业、教师群体的整体性侵害，正是这些不当的师德行为，给整个学前教育事业和幼儿园教师职业形象带来了极为负面的影响。因此，作为幼儿园教师，需要铭记：体罚或变相体罚幼儿以及虐待幼儿，不仅是违反道德伦理的行为，而且也是违法的行为；幼儿年龄虽小、身体虽小，但是在人格上是与成人是平等的，也需要他人的尊重和认可，尊重和关爱有助于他们身心健康发展；教师对待幼儿要以引导和鼓励为主，慎用体罚，尤其是要避免采用可能对其身心造成伤害的惩罚方式。当然，作为幼儿园教师，一方面要能在思想意识上明确体罚与变相体罚的错误性和违法性；另一方面还要掌握正确的管教幼儿的方法，还要关注自己的心理健康，在碰到工作或生活上的困难时采取积极、正确的方式去排解压力。

【典型案例二】

江西信丰苗苗幼儿园园长李小兰车轮前勇救幼儿[1]

一个4岁男孩突然横穿马路，一辆轿车疾驰而来。就在轿车要撞上小孩的瞬间，一位幼儿园园长飞身冲了上去，小孩得救了，园长被撞飞了数米远……

这事发生在江西省信丰县，救人的幼儿园园长叫李小兰。

去年11月22日下午4时10分，江西省信丰县新田镇苗苗幼儿园园长李小兰和往常一样，手持绳子，牵着从幼儿园放学的小朋友们走在回家的路上。当经过圩镇新金大道时，路队中的4岁男孩文文（化名），看到公路对面的外婆向他挥了挥手，于是马上放开绳子冲了过去。就在这时，一辆轿车疾驰而来。就在轿车即要撞上文文的瞬间，李小兰飞身冲了上去，伸出双手将文文揽在身前，轿车刹车不及，将李小兰撞飞数米远。

事发后，李小兰随即被送往信丰县人民医院治疗，经诊断为骨盆骨折、头皮血肿，被救男孩文文额头轻微擦伤。

"看到轿车冲过来的一刹那，根本没有考虑是不是有危险，就想第一时间去救孩子，这可能是老师的一种本能吧。"躺在病床上，虽然伤处仍会隐隐作痛，但面对记者的采访，李小兰一直面带微笑，展示了一名幼儿老师温柔、细腻的一面。

1987年出生的李小兰，6岁时母亲就去世了，两个姐姐为了照顾她和弟弟便在家办起了苗苗幼儿园，至今已有13年。前几年，幼师毕业的李小兰接过姐姐手中教鞭，成了苗苗幼儿园的园长。

苗苗幼儿园共有140多名孩子，且大部分是留守儿童，李小兰将他们当作自己的孩子一样悉心呵护。正常上学时间，她几乎不离开幼儿园半步，在操持整个园里工作的同时，时常协助老师，为孩子们把屎把尿、端水喂饭、穿衣盖被。小朋友也亲切地称李小兰为"园长妈妈"。在幼儿园孩子们的心目中，李小兰是一位好老师、好"妈妈"，但对自己的亲生儿子，李小兰却充满了愧疚。为了全身心投入到园里的工作，儿子出生后才48天，李小兰便将儿子交由公公婆婆照看。一家三口各分三地，聚少离多。

日前，获救男孩文文的家人将一面绣有"救人之恩铭记一生"的锦旗送到了病房。文文的父亲说："要让儿子铭记李园长的救命恩情，学会和懂得感恩。"

李小兰挺身勇救学生的消息传开后，网友纷纷夸赞李小兰为"橙乡最美幼儿老师"。面对当地各级政府的关爱和众人的夸赞，李小兰显得很淡定："没有什么，只是我遇上了，当时换了谁看到都会去做的。"

---

[1] 余书福等.江西信丰苗苗幼儿园园长李小兰车轮前勇救幼儿[N].中国教育报，2014-01-12（01）.

案例评析：

李小兰老师面对危险，舍身护幼儿的行为将幼儿园教师的职业道德行为诠释得淋漓尽致。李小兰老师的这种师德行为，便是在一种在其正确的师德认知、强烈的师德情感、坚强的师德意志以及坚定的师德意志的支配下做出来的有利于保证幼儿安全、使幼儿不受伤害的行为。李小兰老师是值得幼儿园教师学习的道德楷模。

实际上，从李小兰老师的事迹中，我们也看到了幼儿园教师的责任意识。李小兰老师为了保护幼儿，不惧危险，用生命捍卫生命，很好地履行了一名幼儿园教师保护幼儿生命安全的责任。幼儿园教师有了责任意识，教育工作就能减少风险；缺乏责任意识，教育场所就容易出现险情。幼儿园教师责任意识薄弱，不仅会危及幼儿的身心健康和生命安全，给幼儿及其家庭造成重大损失，同时还会造成广泛的社会影响。因此，在幼儿园教师的师德行为中，保护幼儿的生命安全不仅是一种道德义务，更是一种法律义务，同时也是幼儿园教师应当具备的专业能力和专业理念。《幼儿园教师专业标准（试行）》的"专业理念与师德"部分的标准6为"关爱幼儿，重视幼儿身心健康，将保护幼儿生命安全放在首位"，而"专业知识"部分的标准28则要求幼儿园教师要"熟知幼儿园的安全应急预案，掌握意外事故和危险情况下幼儿生命安全防护与救助的基本方法"。可见，作为幼儿园教师，具备保护幼儿生命安全的思想意识，努力掌握保护幼儿生命安全的专业能力，是幼儿园教师崇高职业道德的具体体现。

另外，从伦理学角度来说，保护幼儿的生命安全是一位合格幼儿园教师的伦理底线，这个行为受到中华民族基本道德规范的约束。幼儿园教师保护幼儿生命安全的行为是中华民族团结互助、尊老爱幼、见义勇为等传统美德和价值取向的具体体现，符合社会大多数成员的愿望和期盼，彰显了社会伦理正义。"保护幼儿生命安全"之于幼儿园教师职业，本该是一种德性伦理，即以个体的德性为自因的伦理。"当师之务，在于胜理，在于行义。"当一个人接受了教师的职责，他就接受了超越普通公民的德性去寻求高尚的责任。只要对学生充满关爱之心，教师自然不会对处于危险境地的学生不管不顾，他一定会根据自己的能力去判断自己能做什么、自己该做什么。正如案例中的李小兰老师在危急时刻用生命去保护幼儿的行为那样，许多时候"保护幼儿生命安全"是一种崇高道德自然引发的一瞬间的主动的、自发的行为。

【名人名言】

每一个成人都应该记住，只有当他们的行为正直而高尚的时候，他所坚持的道德观念才能深入到孩子的心灵中去，并支配孩子的思想和情感。没有实际行动就谈不到道德。为儿童树立榜样首先意味着激励孩子去做好事。

——苏霍姆林斯基

教师本人是学校里最重要的师表，是最直观、最有效的模仿，是学生最活生生的榜样。

——第斯多惠

体罚是权威制度的残余，在时代的意义上说它已成为死去的东西；它非但不足以使儿童改善行为，相反地，它是将儿童挤下黑暗的深渊。

——陶行知

对于如此纤弱、如此无力抗拒虐待的幼年，任何人都不允许滥用权威。

——昆体良

鞭挞儿童，是教育上最不适用的一种方法。

——约翰·洛克

在教学与教养过程中涉及儿童的整个人格，所以教师自己也是以整个人格来与儿童接触的。因此教师对学生所发生的教育影响，不仅依靠自己的专门学识及教学与教养的方法，而且也依靠自己的人格和品行，这是主观的愿望所不能勉强的。

——彼得洛夫

【思考与讨论】

1. 请结合实例说明为什么说幼儿园教师的职业道德行为是教育性与示范性的统一？
2. 请阐述幼儿园教师职业道德行为与职业道德认知、职业道德情感、职业道德意志之间的关系。
3. 幼儿园教师良好的职业道德行为应该从哪些方面着手努力？
4. 结合附录三《幼儿园教师职业道德规范及行为准则》的要求，并根据自身的实际表现，谈谈如何做一名合格的幼儿园教师。

【参考文献】

[1] 刘晓明. 幼儿园教师职业道德：行为规范与自我养成[M]. 长春：东北师范大学出版社，2013.
[2] 赵国忠. 优秀教师最重要的标准[M]. 南京：南京大学出版社，2009.
[3] 崔培英. 教师职业道德修养[M]. 郑州：郑州大学出版社，2014.
[4] 刘守昌. 教师职业道德[M]. 长春：吉林大学出版社，2013.
[5] 刘兴宇. 幼儿教师专业伦理失范行为研究[D]. 沈阳师范大学，2014.
[6] 陈连孟. 幼儿教师专业伦理形成研究[D]. 西南大学，2013.
[7] 袁家才. 高职学生职业道德行为养成教育研究[D]. 西南大学，2011.
[8] 马世领. 职业道德行为养成的理论与实践研究[J]. 河南农业，2010（11）.

第七章 幼儿园教师的职业道德实践

【学习提要】

幼儿园教师的职业道德修养,最终还需要落实到实践中,并通过实践去不断提升。因此,本章的内容在于让读者了解幼儿园教师在日常工作中应该践行哪些职业道德规范,为什么要践行这些职业道德规范以及如何将遵守的职业道德规范落实到自己的日常工作中去。

第一节 师幼关系中的职业道德实践

【典型案例】

建立和谐的师幼互动关系[1]

户外活动后,我照顾幼儿在盥洗室内入厕,洗手,喝水,喆喆和萱萱动作很快,他俩回到活动室后将椅子一前一后摆放好,并坐在那里。喆喆高兴地扶着前面的椅子背,两人高兴地有说有笑。不一会儿,回来的幼儿纷纷响应,没等我去制止,一大排椅子已经满满地横在了我的面前,挡住了去路。看着孩子们兴奋的笑脸,我迟疑了一下,真不忍心去破坏他们的好心情。可是,有的孩子在晃动前面的小椅子,有的孩子在推动前面小朋友的后背,这些行为又是不恰当的。该怎么办呢?我灵机一动,找来了一些"方向盘",孩子们看见了高兴地喊着:"我要,我要!"于是,孩子们高兴地转动着方向盘,开起了汽车。我又即兴为他们唱起了歌曲:"小板凳呀,排一排,小朋友们坐上来,我的火车就要开,我当司机把车开。"这时,张裕博小朋友走过来说:"老师,开车还要一根棍。"我立刻想到裕博的爸爸是司机,他要棍肯定是当"档"来用的。"好的,老师帮你去找。"果然,找到棍后,他便将它放在身体右侧,不时地"挂档",转动着方向盘。

通过这件事,我体会到,教师要在教育实践中注意思考幼儿园内发生的每一件事情对幼儿发展的意义,留心自己的行为对幼儿情感体验的影响,从而及时地调整自己的工作方式,对幼儿采取积极的、支持性的行为,与幼儿形成和谐的师幼关系。

---

[1] 建立和谐的师幼互动关系[EB/OL]http://www.doc88.com/p-819903526797.html. 2012-03-01.

同时，教师要提高对幼儿行为的领悟能力，根本就在于要理解孩子，以一种开放性的心态，充分了解幼儿外显以及内在的行为线索，尽可能弄明白孩子行为的意义与理由，以便保证对孩子的行为做出合适的反馈，或者是给孩子提出恰当的要求。

思考：

通过该案例，你认为幼儿园教师该如何建立良好的师幼关系？

一、什么是"师幼关系"

儿童从呱呱坠地便开始了与周围人群的交往，在进入幼儿园之前，家庭是儿童最主要的成长环境。在与父母密切的交往过程中，幼儿与父母形成了最初的人际关系——亲子关系。进入幼儿园后，幼儿的发展开始迈入新的阶段，幼儿教师和同伴成为幼儿主要的交往对象，在幼儿与同伴和教师的交往中，形成了新的社会关系，即同伴关系和师幼关系。

所谓师幼关系，是指在幼儿园一日生活的各环节中，幼儿教师与幼儿之间以师幼相互接触为基础形成的双向人际交流。

师幼关系是幼儿园里最根本、最重要的人际关系，是影响教师专业发展，幼儿园保育教育质量的重要因素，在幼儿的社会性、人格发展过程中发挥长期而重要的影响。没有师幼关系，就无从谈家园合作，也就没有教师之间的同事关系以及其他任何内容。

二、良好师幼关系的意义

良好的师幼关系是沟通教师和幼儿情感的桥梁，是保证幼儿园教育教学活动顺利开展的重要条件，对幼儿的认知活动、情绪情感过程、社会性发展和心理健康成长有着积极深远的影响。[1]

（一）良好师幼关系对幼儿的全面发展具有积极影响

良好的师幼关系为幼儿社会性及其他能力的发展奠定基础。

第一，良好的师幼关系有利于幼儿认知和情感的顺利发展。和谐融洽的师幼关系，能够为幼儿提供有利于认知的氛围，激发幼儿认知的积极性和主动性；在引导幼儿学习知识和技能的过程中，幼儿心情愉快、情绪饱满，有利于幼儿认知能力的发展。

第二，良好的师幼关系有利于幼儿良好个性的发展。积极良好的师幼关系中，教师对幼儿的尊重、关怀和细心照顾对于幼儿形成积极的情绪，获得安全感、发展自信心都是必不可少的。研究表明，那些经常感受到教师的支持和帮助的幼儿更具有强烈的学习动机，对自己的能力更自信，更容易形成良好的个性特征。

第三，良好的师幼关系有利于幼儿社会性的正常发展。在和谐融洽的师幼关系中，幼儿能够通过观察和模仿，学会关心、分享、同情等社会行为，拓宽自身的社会认知，

---

[1] 杜宇．建立新时期良好师幼关系的意义及对策[J]．潍坊学院学报，2013（1）．

学习一定的社会行为规范；教师对幼儿的尊重、关心和鼓励有利于幼儿自尊水平的发展；在良好的师幼关系中，教师对待幼儿的方式和态度也会直接影响幼儿同伴交往的主动性和态度，能够帮助幼儿更好的处理人际交往问题，促进幼儿的人际交往能力。

（二）良好的师幼关系是顺利开展教育教学活动的重要保障

师幼互动关系是幼儿园教育教学活动的基本表现，它贯穿于幼儿一日生活之中，表现在幼儿园教育的各个领域，师幼关系的状况、幼儿对教师的情感直接影响到教育教学活动的成效。在和谐良好的师幼关系中，教师热爱幼儿，对工作充满热情，幼儿尊敬教师，乐于接受活动内容，双方互动的积极性强，教育教学活动的效果更好；反之，不良的师幼关系中存在紧张、焦虑等负面情绪，双方互相抵触，教学活动难以顺利进行。

三、师幼关系中的幼儿园教师职业道德实践

既然师幼关系与幼儿的成长有如此密切的关系，作为幼儿教师，在面对和处理幼儿之间的关系时，必须铭记和坚守职业道德，以爱为基点，使自己与幼儿之间的关系更加融洽和谐。

（一）关爱幼儿

爱是幼儿身心健康成长的需要，也是师幼关系的良性催化剂。古今中外，许多教育家都十分重视教师对学生的爱，并视为教师最重要的美德之一。中国古代伟大的教育家孔子就主张"仁爱"；前苏联大教育家苏霍姆林斯基提出"教育技巧的全部奥秘在于如何爱护儿童"，主张应把整颗心灵献给孩子。可以说，爱学生是教师职业不可或缺的道德要求，在幼教领域，无论是青年教师还是经验丰富的专家教师，爱幼儿则是幼儿教师工作的前提，是构建良好师幼关系的保障，是教师职业道德规范的最基本要求。

建立良好的师幼关系需要教师用真诚的爱心去面对幼儿，对幼儿投入无尽、不竭的爱，将自己的整个心灵献给幼儿，用父母亲一样的爱心、细心、耐心和责任心去关心和呵护每一个稚嫩的生命。

（二）尊重幼儿

在传统的幼儿教育中，我们往往把幼儿视作是接受知识、技能的容器。老师单纯地教，幼儿被动地学。《幼儿园教育指导纲要（试行）》明确指出，"幼儿园教育应尊重幼儿的人格和权利，尊重幼儿身心发展的规律和学习特点，促进每个幼儿富有个性的发展"；"要创设一个能使幼儿感到接纳、关爱和支持的良好环境"；"鼓励幼儿用不同艺术形式大胆地表达自己的情感、理解和想象，尊重每个幼儿的想法和创造"。

《幼儿园教育指导纲要（试行）》则明确指出："教师应成为幼儿学习活动的支持者、合作者、引导者。"新的教师观引发出新的师幼关系，这是一种平等、友好、相互学习、相互作用、共生共长的互动关系。教师的主要价值体现在了解幼儿、尊重幼儿、理解

幼儿，促使幼儿的主体潜能得到最大限度的发挥。过去，我们在幼儿发展问题上常常陷入一些误区，或者任其发展，或者拔苗助长，或者追求少数幼儿的发展。特别是家长们，望子成龙，望女成凤，教子心切，提出一些不符合幼儿的年龄、发展情况的要求。《纲要》强调了儿童的适宜发展、主动发展、均衡发展、和谐发展、个性和共性发展；强调既要满足全体幼儿整体发展需要，又要满足个别幼儿潜能发展的需要。因此，我们在看待幼儿的发展时，不能仅通过横向比较，还应多通过纵向比较，强调在幼儿自身原有基础上的发挥、发展；不能只看其现有水平，尤其关注其发展速度、特点和倾向。对于幼儿教师而言，尊重幼儿的权利，不仅要维护和实现幼儿所拥有的诸多利益和权利，更要尊重和重视幼儿的权利主体身份。

（三）民主平等地对待每一位幼儿

《幼儿园教育指导纲要（试行）》中指出："尊重幼儿在发展水平、能力、经验、学习方式等方面的个体差异，因人施教，努力使每一个幼儿都能获得满足和成功。"每一位幼儿都是具有独特潜能和发展特质的个体，他们有的思维敏捷、反应快，有的则思维迟缓；有的性格外向，善于与人交往，有的内向，喜欢安静和独处，甚至沉默寡言。教师在与幼儿交往的过程中，要公平、公正地对待每一位幼儿，尊重他们的个体差异，使每一位幼儿都有被关注、被重视的尊重感，心理上获得极大的满足和积极愉悦的情绪体验。例如，有的教师在请小助手的时候总是爱请自己喜欢的、能力强的幼儿，这样，难免给其他幼儿造成不公平的印象。教育的公正性就在于排除偏爱因素，给每个幼儿公平、公正的教育和发展机会。

【典型案例】

师幼互动中如何做到尊重幼儿？[1]

我班有个叫松松的小男孩，是个出了名的调皮蛋，爱打架，常欺负班里的小朋友，让带他的老师很头疼。通过与他妈妈交谈，我了解到，松松的爸爸常年在外地打工，妈妈也很忙，平时没有多少时间管孩子，而松松又比一般的孩子好动、调皮，妈妈管教儿子的办法只是一味地训斥、打骂，但收效甚微，松松不仅没有改掉坏习惯，而且只要妈妈打骂了他，他一定会打别的小朋友。而对于这样的孩子，我感到要让孩子感受到爱，感受到尊重，要用老师的爱去温暖孩子的心。通过观察，我发现松松特别喜欢恐龙，一说起恐龙，他马上滔滔不绝地讲起来，什么冠龙、优甲龙、鹦鹉龙啊，"头头是道"。于是在一次讨论"地球上的生物"活动中，我特地请他当一日小老师，让他给小朋友讲一讲恐龙。至今我还记得他当时的表情：开始不信任地看着我，好像在说：

---

[1] 师幼互动中如何做到尊重幼儿？[EB/OL]http://www.jy135.com/html/jingyanlunwen/shiyouhudonglunwen/2014/1109/60680．html

"这是真的吗?"我向他点点头,示意他这是真的,松松马上变得兴奋起来,非常认真地给小朋友讲了起来。这天,松松一直很高兴,还主动帮助可露捡起掉在地上的手绢。这使我对他有了新的认识,对他有了信心,毕竟每个人都有自尊心,都是爱面子的。于是我更多地关注松松,只要他有一点点的进步,我都会认真地肯定和赞扬他,慢慢地,松松变得和小朋友友善了,也懂事了。由此可见,一个人在人们对他的肯定与尊重中可以学会自尊、关爱,也学会尊重别人、爱别人。

思考:

这则案例对你有什么启示?

第二节　家园合作中的职业道德实践

【典型案例一】

我班有个叫帅帅的小朋友,个头瘦小,从小体弱多病。托班时常生病请假,这使家长对幼儿园老师的保教工作产生了怀疑。孩子在园是否有水喝?午餐是否挑食?睡着了被子是否盖好?一连串的疑问使家长认为孩子还是放在家里放心。因此,在小班上学期我们针对孩子状况进行了家访。首先给妈妈做工作,了解孩子近况,并一一回答家长的疑问。然后给爷爷奶奶做工作,以教师的职业道德向家长保证,一定会细致周到的照顾孩子,保证孩子健康成长。一次又一次家访,家长终于又把孩子送进幼儿园。从此以后,老师、保育员紧密配合,经常在晚上向家长汇报孩子的近况,并听听他们的想法,提出老师的建议并及时满足家长的要求。远在新疆工作的帅帅爸爸,也非常关注孩子的成长,经常给老师打电话询问孩子在园的生活与学习情况。针对这一情况,我们又充分利用网络这一优势,将帅帅在园生活、学习、游戏的情况拍成照片,定期发给他爸爸的邮箱,使他能及时看到孩子在园的情况。在全面关心照顾帅帅小朋友的同时,我们更注重引导孩子学会自我照顾,如:想喝水自己去拿,热了脱衣,冷了穿衣,有困难找老师等。一段时间过去,孩子开心了、长胖了、健康了,家长也转变了对老师的看法。

【典型案例二】

丹丹小朋友在活动时不小心摔倒了,擦破了一点儿皮,丹丹妈妈知道后,情绪比较激动,在幼儿园大吵大闹。如果在家中,家长可能扶起孩子,提醒他以后小心,事情就过去了。可发生在幼儿园,丹丹妈妈就责备我们照顾不周,埋怨我们关心不够。当这类事情发生时,我们都试着以平和的心态,换位思考,去理解家长。离园时把家长请进活动室,先向家长道歉,然后将事情的经过解释给家长,取得家长的谅解。因为他们当时并不在场,没看到经过,见到的只是结果,出于对孩子的疼爱,才会产生不满情绪。因此,我们从自身找不足,向家长真诚地说明问题,与家长沟通,以妥善的方式化解家长的抱怨，就能够及时地"化干戈为玉帛"，取得家长对我们的理解与信任。[1]

一、什么是"家园合作"

所谓"家园合作"，是指幼儿园和家庭都把自己当作促进幼儿发展的主体，双方积极主动地相互配合，相互支持，通过幼儿园与家庭的双向互动共同促进幼儿的身心发展。家园合作既是贯彻实施幼教法规的需要，也是家长全面履行教育职责的保证。

家庭和幼儿园是幼儿最早接触到的微观环境，家园合作不仅有助于提升家长的教育能力，同时也有助于教师丰富教育内容、改进教育方法，从而提高自己的教育教学水平。

二、良好家园合作关系的意义

（一）良好的家园合作关系有益于儿童身心全面和谐地发展

幼儿园与家庭开展合作活动，是促进儿童全面发展的需要。儿童的发展受到幼儿园、家庭、社会等多方面因素的影响，家园合作是人发展的需要。国外的兰德曼曾说："生活不以自然的安排为基础，而是以形式和惯例为基础。我们知道自然的人不存在，甚至最早期的人也生活在文化中。"就是说，儿童的发展水平是儿童与环境相互作用的结果。因此，只有家庭和幼儿园充分合作，才能弥补幼儿园教育资源的不足，形成合力，促进幼儿全面健康和谐的发展，推动自我激励、自我探求和独立思考能力的发展。

（二）良好的家园合作关系有利于开发幼儿教育资源

家庭和幼儿园是幼儿生活与学习的主要场所，幼儿的发展都是来源于这两个场所所获得的学习经验。幼儿园教师要将家长视为合作的伙伴和幼儿教育重要的人力资源，并努力在相互尊重、平等互惠的原则下真诚合作。例如：家长的不同职业、不同文化背景可以为幼儿园提供丰富的教育内容，也可以为幼儿园的教育需求提供多种支持和帮助；幼儿园则可以指导家长充分认识家庭、社区环境的教育价值，学会积极利用各种有效的教育资源来教育幼儿。家园合作，可以使来自两方面的学习经验更具有一致性、连续性、互补性。

（三）家园合作有助于增强家长的教育素质

幼儿园与家庭开展合作活动，是提高家长教育素质的需要。实践证明，家长参与孩子在幼儿园的活动，与幼儿园密切合作，不仅能使他们更好地认识自己作为教育者的角色，增强教育的自信心，改善家园关系，而且随着他们对幼儿园教育活动了解的增多，对孩子的学习活动的介入越来越多，他们的教育行为会进一步向着科学化、艺术化的方向发展。1997年国家教委、全国妇联联合颁布了《家长教育行为规范（试行）》，

---

[1] 魏晓晴. 亲其师，信其道[J]. 早期教育（家教版）2014（9）.

呼吁家长"要和学校,社会密切联系,互相配合,保持教育的一致性",这种一举多得的规范,家长应该遵守。

建立良好的家园合作关系,幼儿园教师的职责重大。幼儿园教师在面对和处理与家长的关系时,应该严格地践行自己的职业道德要求和规范。

三、家园合作中幼儿园教师的职业道德实践

(一)建立平等的家园合作关系,真诚对待每一位家长

在家园合作关系的建立过程中,开展相应的家园活动可以发现家园合作中存在的问题。如家长真正参与的机会少,并且受限制,是合作中家园双方地位不平等的一个表现,出现这种现象的原因主要有两个方面。一方面,教师以教育专家的身份自居,并且家长也认同他们的这种身份。这样在合作交流中,就会形成教师主动教育、家长被动听从教育的局面出现,这就导致了教师的地位"高"于家长的地位。而另一方面,教师对家长的要求更是"有求必应",因此与家长交流时过于表面,报喜不报忧,此时教师则把家长提升至较高的地位。[1]

因此,要解决家园合作中这种地位不平等的问题,最重要是从教师入手。教师应该认识到在对幼儿的教育中,家长也有充分的发言权,因此应转变"教育专家"的角色认知,摒弃主从观念。树立平等意识,把家长当作合作的伙伴。只有这样,才能真正调动家长参与幼儿园教育的主动性,提升教育的积极效果和儿童的发展水平。[2]

(二)树立服务意识,多形式开展家园合作

形式单一的家园合作很显然无法充分利用家长资源实现多方位的合作和引起家长足够的参与兴趣。因此,要"动静结合",采用多种形式,吸引家长全方位地参与幼儿园教育。亲子活动是一种"动态的"家园合作形式,它能够帮助教师和家长发现幼儿存在的一些问题。在亲子活动结束后,园方应开展其他相关的活动,如家园讨论会、家长会等。积极商讨在亲子游戏活动中幼儿表现出的一些问题。通过讨论,能够进一步加深家长和幼儿教师之间的沟通和了解。

另一种方式就是邀请家长参与课堂活动。由于家长来自五湖四海,分布在社会的各个行业,在他们当中蕴藏着极为丰富的社会资源。因此,可以在已有的家长工作的基础上开展"家长教师"的家园共育活动,结合主题的需要,请从事特殊行业的家长当"助教"。"家长老师"有自身的专业优势,讲授的内容往往较之幼儿园老师讲授的内容更具知识性、趣味性和创造性。例如学习主题为"交通工具"时,教师与家长一起讨论,让家长了解主题活动的目标、内容、组织形式等各方面的情况,引导家长积

---

[1] 曹丹丹. 家园合作问题分析[J]. 学前教育研究. 2003 (7-8): 97.
[2] 李生兰. 幼儿园与家庭、社区合作共育的研究[M]. 上海:华东师范大学出版社,2003: 8.

极参与，并利用家长资源，组织孩子参观火车站、机场、轮渡码头、交通岗亭、邮电局、公安交通指挥中心、消防教育馆、公交公司等。请当交警的家长给孩子讲"交规"常识、标志，介绍重要路口的交通情况，并组织孩子参观交通指挥中心停车场，认识汽车标志，让家长和孩子一起玩"标志游戏"等，可以激发孩子的学习兴趣，起到事半功倍的教学效果。

总之，树立为家长、幼儿服务的意识，通过多种途径和方式建立良好的家园合作关系，对幼儿园教师的专业发展来说也是挑战，在这个过程中，幼儿园教师要转变观念，提升自身的职业素养。

【拓展阅读】

幼儿园教师与家长沟通愉快的技巧[1]

家园沟通是幼儿园工作的重要内容之一，是家长了解幼儿在园情况的桥梁，做好家园沟通对促进幼儿园教育效果有着重要作用。决定沟通的因素包括沟通的主体、沟通的内容和沟通的地点。因此，沟通的策略要从这三个方面入手，选择因人而异、因事而异以及因地而异的方式，才能进行有效沟通。

一、因人而异的沟通策略

1. 根据家长性别的不同，选择不同的沟通策略：在调查中，我们发现女性家长比男性家长更多地会主动和教师交流，而且也会耐心听取教师的意见。而男性家长则很少主动和教师交流，这其中的原因部分是因为教师也是女性。因此，女性家长与教师之间更容易沟通，也最易成为幼儿园工作强有力的支持者。对于男性家长，他们更多的是当孩子出现了急需解决的问题时希望从教师那里获得方法或帮助。因此教师可以用简洁的语言给予反馈，或者直接告诉他们明确的建议和可行性的方法。

2. 根据家长年龄的不同，选择不同的沟通策略：在调查和观察中，我们发现年纪大的家长，特别是隔代家长，更关注幼儿的身体、饮食等生活方面的情况，对孩子过于娇惯，而很少关注幼儿其他方面的表现。年轻的家长，也就是父母，他们更关注孩子的在园表现。所以，对于年纪大的家长，教师不仅要反映孩子在园的生活情况，还要用浅显的语言宣传幼儿全面发展的观念，同时，要注意保持诚恳、尊重、亲切的态度，先做晚辈后做教师。对于年轻的家长，教师要尽量争取他们对于教育工作的支持。因为现在的家长看到激烈的社会竞争，会更理性地重视幼儿的发展，所以，教师在沟通时，可通过各种现代化的手段进行联系，听取他们的建议。

3. 根据家长对孩子的期望值，选择不同的沟通策略：在调查和访谈中，我们发现每一位家长对于自己的孩子期望值是不一样的，有的要求很高，有的则"很低"，甚至

---

[1] 幼师与家长沟通愉快 11 技巧[EB/OL]．http://www.baby-edu.com/2011/0714/8930.html．2012-11-03.

不对幼儿提任何要求。因此，针对期望过高型家长，教师要从客观、全面和发展的角度反映孩子，否则就会伤及家长的自尊心，使家长对孩子产生过激情绪。在措辞方面，教师要注意委婉，运用先扬后抑的方法，让家长便于接受。针对期望值低的家长，像溺爱骄纵型、放任武断型的家长，教师可以提出严格的教育要求，阐述如此发展下去的不良后果，以引起家长的注意。

4. 根据家长的受教育程度，选择不同的沟通策略：家长受教育程度不同，对于孩子的教育观念也不同。现在很多受教育程度较高的家长，对于孩子的教育关注较高，在观察中发现，受教育程度较高的家长教育观念往往会出现两个极端，一个是对孩子要求过于严格，他们认为以后竞争太激烈，所以，要对孩子从各个方面进行完美打造；另一个是对于孩子过于"尊重"，认为幼儿要发扬个性和自由，结果导致孩子不能融入集体生活。事实上，这样的家长缺乏的是一个参照系数，即孩子的发展水平在群体里所处的位置。因此，与这些家长沟通时，教师要引导家长了解客观的评价观和适当的教育理念，可以从整个年龄段的发展水平来谈孩子的发展。对于受教育程度低的家长，他们往往不太重视幼儿教育，所以教师要一边和家长交流孩子的情况，一边尝试用浅显易懂的语言宣传幼儿教育的重要性，在选择需要配合的工作时，也要量力而行，并做好简单的解释工作。

5. 根据孩子的个人状况，选择不同的沟通策略：每个孩子都是不同的，其中包括孩子的年龄、性别、性格、身体状况、发展水平，等等。孩子的个人状况不同，家长的关注点也不同，沟通的侧重点和方式也不同。因此，教师在与家长沟通时，要全面掌握孩子的个人状况，才能有的放矢地提出自己对孩子的看法。

二、因事而异的沟通策略

6. 以交流孩子情况为主的沟通策略：首先，在这种情况下沟通，教师最好用具体的语言进行表达，其次，要借助具体事件反映孩子的表现。这样会让家长更容易理解孩子的状况，感受到教师对孩子的关注。笼统地说"很好，很聪明"，会让家长感觉到教师在应付自己，认为孩子是被忽视的。在反映孩子在园的一些缺点时，教师更要注意措辞，避免用一些过激的词语伤害到家长的自尊，所以，教师要多使用就事论事的评价方式以及发展性的评价。

7. 以反映孩子问题为主的沟通策略：教师切忌用"告状"口吻，要注意维护家长的自尊，不当着其他家长和孩子的面反映孩子缺点，同时遵循"一表扬二建议三希望"的原则。比如"这个孩子在幼儿园里很喜欢参与各种活动，这是值得表扬的，如果多学习一些与人合作的方法，就更好了。相信我们好好帮助他，他会变得合作能力更强、更加优秀"。

8. 以布置配合工作为主的沟通策略：教师要明确交待任务，语言要言简意赅，任务要具体，因为：第一，家长对于幼儿园的工作不十分了解，第二，每次教师与家长见面的时间有限。同时，要尽量让家长理解工作的目的，使家长心里清楚，以便更好地做好配合工作。

9. 孩子在幼儿园出现事故时的沟通策略：幼儿在幼儿园可能会出现各种状况，最严重的就是事故。这种情况下，教师除了判断准确、送医及时、处理规范外，还要安抚好家长。首先，教师要勇于承认工作中的过失或者诚心向家长表示歉意，赢得家长的理解。其次，教师要详细向家长反映事故情况，让家长清楚事实真相，这可以降低家长因迷惑而带来的焦虑、担忧和不安全感。最后，和家长一起协商做好孩子恢复工作，包括以后对孩子伤口的观察、孩子活动时的特殊照顾等等，以此获得家长的谅解。

10. 家长因误解情绪过激时的沟通策略：在幼儿园由于种种原因可能会让家长产生误解，使得家长情绪过激。在这种情况下，教师一定要理智，控制好自己的情绪，不要急于辩解，耐心等家长说完，然后再一一向家长解释，尽量避免与家长抬杠。教师不分场合与家长争执，只会让家长认为教师对自己的孩子或者对自己有偏见，或者认为教师是不负责任的，这样更不易于被沟通。教师要从家长疼爱孩子的角度理解家长的心理，并从关爱孩子的角度谈论问题，更易于家长接受。教师可以通过说"你说得很有道理。不过……""你的心情我能理解，你看这样如何"等这样先认可再建议的方法提出自己的观点。对于蛮横不讲理的家长，教师要不卑不亢，理性地将事情解释清楚。

三、因地而异的沟通策略

11. 教师在与家长沟通时，一定要考虑到地点：有些一般性的沟通，教师可以在家长接送时用简短的语言在教室内与家长进行沟通。但是，遇到反映幼儿某方面的"问题"时，教师要注意地点，避开其他家长和孩子。人际沟通学中提到沟通主体会因沟通的地点而发生情绪、心理等方面的变化，影响沟通的效果，同时，选择地点也是对家长的一种尊重，对孩子的一种尊重。

（三）提高教师教育意识，更新家长教育观念，共促成长

家园合作的重要目的是通过教师与家长的沟通交流、支持合作、资源共享等，最终使幼儿获得身心的健康发展。《幼儿园教师专业标准（试行）规定："幼儿园教师是履行幼儿园教育工作职责的专业人员，掌握系统的专业知识和专业技能。"所以，作为受过专业知识和技能训练的幼儿园教师，在全面掌握幼儿园教育内容和尝试新形式合作的同时，应充分利用各种教育契机，联合家长对幼儿进行随机教育。此外，家园合作是双向互动行为，这也十分需要家庭的积极配合。然而。在很多家长的观念中教育是幼儿园的任务，或者过于注重幼儿的知识学习。家长的这些观念也是造成家园合作中教育性缺乏的一个十分不利的因素。要更新家长的教育观念，园方就需要向家长大力宣传科学的教育观念，提高教师对家庭教育的指导作用，并且相关的幼教法规、政策也鼓励幼儿教师发挥家庭教育的指导作用。[1]1996年颁布的《幼儿园工作规程》强调，教师有责任"帮助家长创设良好的家庭教育环境，向家长宣传科学保育、教育幼儿的知识，共同担负教育幼儿的任务"。这就需要教师在实践中不断提升自己的专业技

---

[1] 李生兰. 学前教育学[M]. 上海：华东师范大学出版社. 2006：188.

能，加深自己的理论修养，在家园合作共育中，重视自己的教育职责，从家庭的实际情况出发，运用自己所学的最新教育理念对家长进行有针对的指导。

只有家长和教师的教育观念实现同步，才能在家园合作的过程中对幼儿进行富有成效的适时教育，家园合作共育的成效才得以彰显。

第三节 保教活动中的职业道德实践

【拓展阅读】

"加强幼儿教师职业道德建设规范保教行为"的通知[1]

8月24日市教育局转发了潍坊市教育局《关于进一步加强全市幼儿教师职业道德建设规范保教行为的紧急通知》，并就进一步加强我市幼儿教师职业道德建设提出了整改意见与方法，我们针对我镇的实际情况迅速组织教师开展了一系列的自查整改和主题教育工作。

自查整改：

一、将通知及时下发到各个园所，组织各幼儿园开展自查和整改工作，及时发现不良现象并予以整改，通过自查，对规范幼儿教师的保教行为起到了监督、约束作用。

二、强化师德责任追究制

幼儿园园长是园所师德建设的第一责任人。各园所制定科学合理的师德评价方法和指标体系，对师德总体评价不合格的教师，给予严肃处理。

三、完善师德考核奖惩机制

坚持师德为先，完善师德考核办法，建立师德档案。把师德建设工作业绩作为园长任用、教师评聘、先进评定绩效工资发放及园所考核的重要依据；并对存在体罚或变相体罚幼儿现象的教师，在优秀教师评选和教师职务评聘、绩效考核等工作中，实行"师德问题"一票否决制。

四、健全师德监督机制

把师德建设作为考核幼儿园保教质量和办园水平的重要指标。各幼儿园要面向社会公开师德举报电话、向家长发放师德评议卡，自觉接受家长和社会的监督和评议。

组织教师开展师德主题教育活动

一、对教师进行思想品德教育，我们通过园务会、教师寒、暑假集中培训时间组织教师学习《关于进一步加强全市幼儿教师职业道德建设规范保教行为的紧急通知》《潍坊市幼儿园课程实施指导意见（试行）》及《潍坊市幼儿园一日活动基本规范（试

---

[1] "加强幼儿教师职业道德建设规范保教行为"的通知[EB/OL]. http://new.060s.com/article/2012/11/08/647747.htm，2012-11-08.

行)》《中小学教师职业道德规范》等文件，并在寒假开展"如何做一名合格的幼儿教师"演讲比赛，引导教师树立高尚的道德情操和精神追求，提升品德修养，树立良好的社会公众形象。

二、对教师进行法制教育，通过学习《教育法》《教师法》等教育法规，引导广大教师树立法制观念，坚持依法从教，树立维护幼儿合法权益和保护幼儿安全的责任意识。

三、对教师进行心理健康教育，加强心理疏导，针对幼儿教师年龄偏大、压力大的特点。我们主要做了以下两点：

1. 教师学会自我调控：教师通过培训和自我学习，学会认识和接纳自我，拥有开阔的心胸，学会宽容别人，能够在工作中寻找乐趣，放松自己。

2. 对教师提供外部支持

（1）对教师实行人性化管理，关心教师生活。园领导深入到教师中间，经常与教师谈心，对教师的性格、家庭等了如指掌，当教师遇到困难时，幼儿园尽最大努力给予帮助，时刻把教师的冷暖记在心上，对教师给予充分的理解和关心，这对教师形成良好的心理素质是大有好处的。

（2）丰富教师的业余文化生活。加强幼儿园文化建设，组织教师进行文体娱乐活动，如："三八妇女节"才艺展示、"五四青年节"文艺汇演等活动，使教师的紧张情绪得到宣泄，能够保持轻松愉悦的心情，化解种种不良情绪，保持健康良好的心理状态和积极向上的人生态度。

幼儿园师德建设是一项长期工程，我们将立足实际，加强对全镇幼儿园及幼儿教师的指导与管理，切实搞好幼儿教师职业道德建设，规范保教行为，为幼儿健康成长创造良好的环境。

一、实施保教是幼儿园教师的主要工作内容

保教工作是幼儿园工作的生命线，是幼儿园全部工作的中心，优质的保教质量是幼儿园生存和发展的前提，保教结合的原则又是幼儿园工作的基本原则之一，这一原则是根据教育对象的特点提出来的，体现了幼儿园教育的特点和规律。在我国的一些幼儿教育政策法规中，如《幼儿园工作规程》《幼儿园教育指导纲要》等当中都对幼儿园的保教工作目标、任务、内容、要求等作出了明确规定，在《幼儿园教师专业标准（试行）》当中又从不同的维度规定了幼儿园教师实施保教的要求，如幼儿实施保教的态度与行为属于"专业理念与师德"维度，熟悉幼儿保教知识属于"专业知识"维度，能对幼儿一日生活进行组织与保育属于"专业能力"维度。可见，保教工作是幼儿园全部工作的中心，更是幼儿园教师的主要工作内容。

一方面，幼儿园的教育对象是幼儿。这一时期的幼儿正处于人生初期，其保护自我生命安全的能力、身体活动的能力、自我照料和独立生活的能力等都比较弱，且缺乏生活经验，不可避免地会遇到生活中的各种危险。这就决定了以幼儿为教育对象的幼儿园担负着对幼儿的日常生活进行精心照料的责任。学龄前儿童虽然身心稚嫩，但

这种未成熟状态恰恰预示着他们所具有的无限发展可能，而这种无限发展可能的实现并不完全依赖于"自然成熟"，适宜的教育也对这种可能的实现起到至关重要的作用。这就说明，以幼儿为教育对象的幼儿园还担负着对幼儿进行必要的知识启蒙和能力培养的责任。由此可见，幼儿园既承担着对幼儿进行保育的责任，同时也承担着对幼儿进行教育的职责，且两者居于同等重要的地位。而幼儿生活的整体性、不可分割性则决定对幼儿所实施的保育和教育是不可能截然分开的，也即是说，幼儿园所实施的保育和教育应该是相互结合、相互联系、相互渗透的。

另一方面，幼儿园教师是幼儿园中直接面对幼儿的人，是幼儿园日常教育工作的直接承担者和实施者。所以，幼儿园教师的主要日常工作就是对幼儿实施保育和教育，且在实施的过程中必须遵循保教结合、保教并重的原则。保教工作对于幼儿发展的重要价值、保教工作在幼儿园教师日常工作中所占的分量，都决定了幼儿园教师在保教工作中必须遵守一定的教师职业道德规范和要求，以维护自己的师德形象，提升教育质量，促进幼儿的健康发展。

二、保教活动中幼儿园教师的职业道德实践

（一）在了解幼儿的基础上提供适宜的保育和教育活动

"了解幼儿"，不是简单的"了解"，而是包含非常深刻的内涵。首先，"了解"幼儿意味着了解幼儿的身心发展脉络、轨迹、规律、阶段和特点等。例如，教育部颁布的《3—6岁儿童学习与发展指南》中所提到的3~4岁末、4~5岁末、5~6岁末的幼儿应该能够知道什么，能够做到什么、可以达到什么发展水平等，便是幼儿园教师需要了解的具体内容。

其次，"了解"幼儿意味着幼儿园教师要了解幼儿作为一个群体所共有的学习方式、心理特征、心理需求等。例如，幼儿生来就有主动学习的能力，他们是通过与周围环境的相互作用，借助"摆弄"、"把玩"、操作、探究等方式进行学习的；幼儿具有强烈的求知欲和好奇心，而这种求知欲和好奇心则驱使着幼儿"不知疲倦"地与周围的环境进行互动；游戏是幼儿的本能和天性，幼儿的生活从本质上来说，就是一种游戏着的生活，一种童话的、想象的、诗意的生活，借助于游戏，幼儿获得经验，同样还是借助于游戏，幼儿复演着自己的已有经历，内化着自己的已有经历，因此游戏还是幼儿重要的学习方式，等等。

最后，"了解"幼儿还意味着了解不同幼儿之间的个体差异性。幼儿群体在发展过程中普遍经历大致相同的阶段和程序，沿着大致相同的轨迹和路线，但就每一个"活生生"的幼儿个体而言，他们在实际的发展过程中，个体与个体之间在达到同一阶段的时间节点上，在具体的发展路径、发展模式等方面仍会存在不小的差异。这就决定了不同的幼儿个体发展的速率是不同的，发展的方式也是不同的，发展的状态也是不同的。

从另外一个角度来说，"了解"幼儿不能仅仅停留在"纸上谈兵"的层面，再多的

教材、书籍、资料都只是"引路人"。作为幼儿园教师，一定要借助交往、倾听、观察等方式去"了解"幼儿，使自己关于幼儿的知识和经验鲜活、丰满起来，这样才可谓是实实在在的、真真正正的"了解"幼儿。

中国人历来强调"知行合一"，所以，光是"了解"幼儿是远远不够的，"了解"幼儿只是前提和基础，关键还要将对于幼儿的认识、了解和把握与我们针对幼儿开展的保育和教育结合起来，使我们日常开展的保教工作以幼儿的身心特点为理由和依据，而不是成为"拍脑袋""想当然"，从自身经历出发，从成人意志出发的所谓的"教育行为"。只有这样，我们所开展的保教工作才可能是科学的、合理的、适宜的，且是有针对性的，才有可能真正有益于每一名幼儿的发展，而不是成为与幼儿身心规律和特点相违背的、对其成长和发展造成"加速""拖延"或"扭曲"的"教育"。由此看来，"了解"幼儿，并据此对幼儿进行相应的保育和教育，实际上既是对幼儿园教师提出的专业知识、技能方面的要求，同时也是幼儿园教师重要的职业道德。

但是在实际的幼儿教育实践中，很多幼儿园教师并非是这样做的。在生活活动中，幼儿将汤、水等洒在衣服上，将小便弄在裤子上、床铺上的时候，教师便对幼儿进行批评或大声的呵斥；在集体教学活动中，教师采用"满堂灌"的教学方式，不允许幼儿动，不允许幼儿相互交流……这些"司空见惯"的现象，正是幼儿园教师不"了解"幼儿，而导致的没有为幼儿提供科学适宜的保育和教育。

【典型案例】

内向胆怯的赛赛[1]

孩子们有着共同的天性和不同的个性，他们天真稚气的脸上传递着不同的内心世界。赛赛是小班的一个孩子，游戏时，别的孩子都玩得兴高采烈，只有他总是静静地坐在远离同伴的角落里，低着头不愿与他人有视线的接触。当老师试着和他交流时，他会紧张地把头埋得更低，双手使劲地抠桌子，一副不知所措的样子。集体活动的时候，他也有意识地与大家保持一定的距离。通过家访，老师了解到，赛赛的爸爸平时在外地工作，很少回家，而妈妈的工作也很忙，常常要加班。赛赛一直由奶奶带着，可是奶奶常常忙于家务，与孩子的交流非常少。长此以往，赛赛慢慢就变得沉默寡言了。针对赛赛的情况，我们对孩子进行了跟踪观察。

（一）观察记录一（10月12日）

早上来园赛赛小心地拉着妈妈的手。我说："赛赛你早啊！"妈妈教他说"老师早"，可是他却将半个身子躲在妈妈的身后，不开口说话。在妈妈强烈的要求下，他才蠕动双唇，用微弱的声音叫了声"老师"。赛赛紧紧地拉着妈妈的衣服，满眼含泪不停地说

---

[1] 尹坚勤，管旅华.《幼儿园教师专业标准（试行）》案例式解读[M]. 上海：华东师范大学出版社，2013：118-120.

"妈妈，你要第一个来接我。"在老师的劝说下，他松开了妈妈的手。在游戏时，赛赛一个人静静地坐在椅子上，几个孩子喊他一起玩游戏，他都拒绝了。于是我走过去，轻声问他："赛赛，你喜欢玩什么？"他说："我要看书。""老师和你一起去看书，好吗？"赛赛点点头。开始是我讲他听，慢慢地，他也小声地跟着我读，我高兴地说："赛赛，你真棒哦！会自己看书讲故事啦！"赛赛羞涩地笑了。

通过一段时间的观察，我发现赛赛确实是个内向孤僻的孩子。老师要帮助孩子产生积极的心理因素，使性格孤僻的幼儿迈出融入社会的第一步。孩子入园、离园，是与幼儿以礼相待、相互打招呼的良好时机。我主动抓住这两个环节，有意识地引导他融入社交活动中。起初他没反应，几次后他也就自然回应了，偶尔也会对我说"老师好"或者"老师，再见"。慢慢地，一个月过去了，赛赛现在来园和放学时都和老师打招呼，虽然他的声音还是很轻，但这些微小的变化使他的家长感到兴奋，同时也增强了我继续实施教育的信心。

（二）观察记录二（11月28日）

今天早上，赛赛走进教室时脸上洋溢着笑容，他主动向我问好。在玩区角游戏时，赛赛在"娃娃家"里当"爸爸"，忙着给"娃娃"喂饭，带"娃娃"去"姐姐家"做客，还去"商店"给"娃娃"买了"巧克力"。他一共参与了三个区角游戏，能和"姐姐"、"营业员"交谈，游戏结束时能和同伴们一起收拾玩具。在游戏中，我以"妈妈"的身份不断地给予他帮助，鼓励他大胆和同伴交往，他已投入游戏情境中。

（三）观察记录三（12月13号）

今天的语言活动中，我带孩子们观察许多图片，请孩子们说说看到了什么，并且指导孩子创编简单的儿歌。我鼓励赛赛大胆举手发言，他讲了自己编的两句儿歌。我帮他把儿歌记下来，夸奖他真聪明。自由游戏时，赛赛跟着丁丁来到建构区玩，他先看丁丁搭房子。过了一会儿，赛赛翻出几块小积木，帮助丁丁一起增高房子，还和大家一起为房子围起了栏杆。音乐响起，游戏结束了，丁丁忙着收拾积木，赛赛拿着篮子配合丁丁一起整理。

经过一段时间的相处，我欣喜地看到了赛赛的进步。他能愉快地来幼儿园，并主动向老师问好。在游戏中的参与度也在逐渐提高，同时还能与同伴进行适当的交流。在老师的鼓励下，赛赛在集体教学中的注意力和表现力都有了明显的提高。

感悟：

幼儿园的孩子们来自不同的家庭，生活经验和环境各不相同，因此孩子们在性格特点、发展水平等方面都存在明显的个体差异。当孩子们从家庭进入丰富多彩的幼儿园生活时，很多时候是不适应的。就如案例中的赛赛一样，在幼儿群体中是具有一定的代表性的。因此，对于幼儿园教师来说，要能够善于用自己的专业知识，通过一定的观察记录，分析孩子的性格、行为，了解这个年龄段幼儿的特征、行为习惯和发展水平等，从而发现他与其他幼儿的差异，其后对此现象进行研究，查找相关的理论资料，有的放矢地采取相应的措施，帮助孩子进步和成长。案例中的幼儿园老师便是这样一位善于"了解"幼儿的老师。

（二）以身作则

在幼儿园，我们经常会见到很多幼儿园教师没有践行以身作则、为人师表的职业道德，如：在组织活动的过程中玩手机；化着浓密的妆容、穿着超短裙等走进教室或与幼儿进行游戏；要求幼儿在区域活动时要保持安静，自己却与同事高声交谈……

作为幼儿园教师，践行为人师表、以身作则的职业道德是尤为重要的，这是由幼儿园教师面对的教育对象——幼儿的特点所决定的。这个时期的幼儿好学习、爱模仿、有强烈的求知欲和好奇心，并且可塑性极强，对他们来说，老师的一言一行、一举一动都会在他们心中具有无可比拟的"权威地位"，都为成为他们模仿和学习的对象，并最真实地反映到幼儿的言行举止中。可以说，幼儿园教师的思想、行为、作风和品质等，时时刻刻都在感染、熏陶和影响着幼儿。

因此，幼儿园教师必须要以身作则，为人师表。在给幼儿提出要求的同时，也要将这种要求体现在自己的行动中，用行动的力量去影响幼儿，因为行动本身就是无声的要求、无声的语言。正如美国心理学家爱德华·霍尔指出："无声语言所显示的意义要比有声语言妙得多，而且深刻得多。"无声语言是人类最原始、最本能，也是最普遍的心灵与情感的传播方式，最能表达人们内心深处的思想意愿。所以，幼儿园教师要通过身教让幼儿获得相应的体验，同时也不断地要求自己严于律己。

【典型案例】

轻轻地……[1]

（一）轻轻地交谈……

孩子进入大班年龄后，有些行为举止俨然一个小大人，有时说起话来让老师忍俊不禁。

有一次上课，涵涵与同伴窃窃私语，慢慢地越讲越大声，我停下课，向涵涵投去暗示的目光，没有说话。令我意想不到的事发生了，突然，有个声音大声说："再讲话我请你出去！"怎么会有孩子说这样的话呢？而这句话又是这么的熟悉……原来平时不经意间我们两位老师也是这么说的。马卡连柯在谈教育工作时说："具体具体再具体，细节细节再细节。"幼儿园的小朋友处于模仿阶段，老师就是他们的榜样，老师的每一个行为细节他们都看在眼里，学着去模仿。

于是，我轻声纠正到："如果涵涵能够改正，我们还是喜欢她的，对吗？我们也不会请她出去的，是吗？"我边轻声说话边摸了摸涵涵的头，涵涵听了直点头，当天的

---

[1] 尹坚勤，管旅华.《幼儿园教师专业标准（试行）》案例式解读[M]. 上海：华东师范大学出版社，2013：56-57.

活动她一直认真地跟着老师学习。

（二）轻轻地做事

孩子们似乎长大了许多，见识也广了，对于许多事情，有了自己的想法，也勇于表达自己的见解。可是，孩子们在平时讲话声音很大，有时大声吼叫，特别是那几个男孩子，于是我常常教育孩子们说话做事都要轻轻地。

一次午饭前，孩子们边准备餐具边滔滔不绝地大声说话，于是我扯着大嗓门用指令的方式，让幼儿安静下来，然后交代他们应该做的事情。这时，睿睿小朋友轻轻走到我跟前说："老师，你不是说，说话要轻轻地吗？"我先是一愣，心想：是呀，我让孩子们说话做事都要轻轻地，我是不是该以身作则呢？于是我拿着一个孩子们喜欢的玩具猫学着小猫声音说："我最喜欢认真做事、小声说话的孩子了，看看谁是乖孩子，我就亲亲他。"说着，我开始拿着玩具猫亲亲表现好的孩子，孩子们立刻安静了下来。于是，我趁热打铁，轻声细语地和孩子们说话，教育他们说话做事都要"轻轻地"。

（三）轻轻地搬动座椅

每天吃过午饭后，我会让孩子们把自己的椅子收到桌子底下，他们收的方式各不相同：有拖的，有推的，有踢的……桌椅的碰撞声、椅子划过地板发出的刺耳声让我心烦。在多次的提醒、教育下，这种现象还是时有发生。

一天半日活动后，孩子们都由家长接回家了，活动后留下的椅子只好由我来收。我以最快的速度把椅子放到桌子底下，顿时，碰撞声又在我耳边响起，我一愣，是不是以前我们搬椅子的方式影响了孩子们？于是，我轻轻地将凳子一一放进桌子底下。

第二天午睡时，我对孩子们说："从今天开始，老师要帮你们收几天的椅子。"孩子们都觉得很惊讶，边到盥洗间如厕边时不时地回头看我摆放椅子。我轻轻拿住椅面和椅背，小心翼翼地搬起走到各个孩子的座位，再稳稳地放下椅子，轻轻挪进。看到我的动作后，孩子们有的窃窃私语，有的默默不语……一连几天，我都耐心地轻轻将椅子收好，活动室安安静静的。几天后，我请他们自己收椅子，结果他们个个学着我的样子，轻拿轻放，原来活动室是可以这样安静的。

感悟：

幼儿园的一日生活中，孩子们无时无刻不在跟老师打交道，所以教师的言行在孩子们的心目中占了相当重的分量，孩子们会时时刻刻关注教师，去模仿教师的一言一行。对于教师而言，"孩子是一面镜子"，或许某些时候教师能够透过这面镜子发现自己的某些不良行为，也同时会发现孩子们身上存在的许多优点。

在案例（一）、（二）中，我们可以真切地感受到，教师的每一句话、每一个行动都会在孩子的心中留下印记，孩子们是善于模仿的，有时候老师不经意的一个行为就可能会误导孩子。因此，教师要注意细节，从细节做起，谨言慎行，为孩子树立良好的榜样。

在案例（三）中，我们可以看出，很多时候，老师无需用过多的言语去要求孩子，只要自己做到了，就不必担心孩子做不到。因此，幼儿园教师要严格要求自己用行动去教育孩子、影响孩子，正所谓"言教不如身教"。

（三）关注保教活动中的隐性课程

美国学者菲利普·W·杰克逊在他的《班级生活》一书中首次提出了"隐性课程"的概念。隐性课程是一种以间接的、暗示的、无意识的方式，长时期地影响学生情感、调整学生行为、激发学生积极性和创造力的课程。因此，幼儿园的隐性课程是指在整个幼儿园范围内，以间接的、内隐的方式，通过无意识的非特定心理反应的途径，对幼儿的情感、意志、态度、动机、价值观及信仰等发生影响的总和。

在幼儿园的保教活动中，这种隐性课程包括社会价值观和文化体系，幼儿园文化环境、教师和幼儿的关系及交往方式，乃至幼儿园的建筑设备、作息时间、班级安排、游戏及一日生活等。具体来说，保教活动中的隐性课程，主要体现为以下三个方面。

（1）物质层面的隐性课程。《幼儿园教育指导纲要（试行）》明确指出：环境是重要的教育资源，应通过环境的创设和利用，有效地促进幼儿的发展。保教活动中，幼儿园物质层面的隐性课程组成部分包括：园舍环境的基本色调；幼儿园户外环境的创设；各班级室内空间的大小、不同区域划分与布置及活动材料的摆放、投放的多寡等。这些物质环境潜藏着美感，暗含着重要价值，能对幼儿行为习惯的形成产生潜移默化的影响；活动材料的丰富和活动空间的宽敞非常有助于幼儿社会性的培养和发展，如有利于幼儿合作性的培养、养成与同伴和睦相处的个性等。

（2）文化制度层面的隐性课程。幼儿园的园训、园风、教风等具体展现了幼儿园的文化。良好的园风能通过集体内聚力对幼儿产生影响，使幼儿接受集体正确的价值观和信念。幼儿园的各种制度，如幼儿一日生活的组织、各项安全管理制度、卫生保健制度、保教常规等都是幼儿园文化的体现，它们营造了幼儿园育人氛围，这种氛围对幼儿的精神生活有着重要影响。文化层面的隐性课程潜藏着一种共同的价值取向，无声地表达了各种行为规范，使得无形的文化转化为具体可感的实践，不仅培育了幼儿的自觉规范的行为、良好文明的习惯，更让幼儿在心理上产生归属感和安全感。

（3）人际层面的隐性课程。教师与幼儿、幼儿与幼儿、教师与教师、家长和教师之间的相互交往方式是人际层面的隐性课程的组成内容。人际层面的隐性课程通过在人际互动中展现出关怀、信任和平等，影响着幼儿的情感、社会交往和个性的发展。良好的人际关系环境有利于幼儿形成安全、温馨的心理环境，对幼儿积极自我意识的树立和自信心的形成起着润物无声的作用。

因此，作为幼儿园教师，关注保教活动中的隐性课程，让隐性课程对幼儿产生潜移默化的影响，可以说，也是幼儿园教师职业道德实践的一种表现。

【典型案例】

走入娃娃家[1]

小中大班都开设了娃娃家的游戏,可是,各年龄段的娃娃家看起来大同小异,针对这种情况,我们鼓励老师根据自己班级的娃娃家游戏情况,着重观察孩子在游戏中的冲突现象,同时发现在创设游戏条件中存在的问题。

经过观察,老师们发现了很多平时忽略的问题,各个年龄段选择了一篇代表本年龄段特点的案例实录,进行分析。

(一)小班娃娃家

早上,文文很早就来到了幼儿园,一来就跑到娃娃家里忙开了。过了一会儿,小朋友们陆陆续续地都来了。忽然天天跑过来告诉我说:"老师,文文在抢娃娃家的刀。"一看,只见文文手里紧紧地拽着一把玩具刀,而心怡和小宇想从他手里夺回小刀,小宇嘴里还嚷着:"这是娃娃家的,这是娃娃家的。"

(二)中班娃娃家

今天娃娃家中的"爸爸妈妈"特别"忙",走进一瞧,原来"爸爸妈妈"和"哥哥"都挤在了灶台前,抢着把新投入的分类橱中的餐具、厨具拿出来,游戏还没有真正开始,孩子们就开始乱了套了。"爸爸"和"妈妈"抢着厨具忙烧菜,两人你争我夺地机械地把菜一盘盘端到桌上,把一张小桌子堆得满满的,也不再讲究烧菜的步骤。只是比赛谁抢到的菜多,而对家里的其他事一概不管。

(三)大班娃娃家

娃娃家游戏开始,今天是"爷爷"的生日,来了好多客人。为了祝"爷爷"生日快乐,客人们纷纷买了礼物。瞧:凡凡买了好多饮料走进了娃娃家,煜煜抱了一堆零食走来了,妍妍拎了一盒蛋糕也来了……一时间,娃娃家热闹极了,大家都来给"爷爷"过生日。生日 party 结束后,一些物品用完后没有收拾,扔得地上、桌上到处都是,显得很乱。

从这三个案例的内容来看,从小班到大班的娃娃家游戏,主要是"以厨房为根据地,以吃饭为中心"的单一模式,一直没有发生根本的改变和形式的拓展。为此,老师们通过现象看本质,挖掘出现象背后的问题,并进行了归纳:

一是情节单一,缺乏促进幼儿发展的层次性。娃娃家游戏内容很多,以客人来访做客、爸爸妈妈外出购物、照顾宝宝为重点,孩子在游戏时也乐此不疲。但从小班开始的这些内容,一直延续到大班,仍然没有得到丰富和拓展。二是材料杂乱,缺乏针对幼儿个体的目的性。游戏环境的设置应该是以现在儿童已有经验以及引导幼儿向着其最近发展区发展为目的,作用在于激发幼儿在与环境的相互作用中获得发展。可目

---

[1] 尹坚勤,管旅华.《幼儿园教师专业标准(试行)》案例式解读[M].上海:华东师范大学出版社,2013:175-177.

前主要问题是教师提供的活动和材料很多，幼儿可以想拿什么就拿什么，导致的结果是材料选了一大堆，幼儿却表现出心不在焉的状态；或是材料提供的难易程度低于幼儿的操作能力，或不便于操作，让人看起来只是玩玩而已。三是观念陈旧，思维定势，习惯以老经验先行，几个区角一定，物品往那里一放，就完成了游戏区域的创设。因而呈现在我们面前的是一成不变的环境：爸爸的领带、妈妈的围裙、一个冰箱、一个洗衣机、一个电视机、一部电话、一个窗帘、一幅照片……而现在孩子的生活环境已不仅仅是这些"传统"东西了。家庭中有电脑、手机、电磁炉了，娃娃有新款的奶瓶和水杯，外出有私家车了，这些时代的产物已经在幼儿的生活中发挥了作用，可是"娃娃家"里却没有出现，明显与幼儿的生活经验脱节。

为了改变现状，我们尝试了以下做法。首先，采用了"班级之间小变变，年级之间大变变"的原则，从"游戏数量设置和空间安排"进行合理设置。其次，在满足空间场地需求以后，精心提供适合不同年龄段幼儿的游戏材料，满足不同年龄段幼儿的不同兴趣爱好和发展目标。最后，激发幼儿对娃娃家的浓厚兴趣，紧贴幼儿生活，将幼儿生活中的时代元素巧妙融入"娃娃家"游戏中。将传统娃娃家从内容到材料进行拓展作为新的起点；将娃娃家里反映幼儿近期的经验和热点话题，作为游戏情节发展的新关注；将娃娃家对幼儿自主性和创造性能力的培养，作为发展目标的新诠释。

感悟：

游戏是幼儿园的基本活动，为保证幼儿游戏的正常开展，每班都要进行游戏时间的保证、环境的创设、材料的丰富等，而这些都是属于活动中的隐性课程，是与幼儿的游戏兴趣、年龄特征、发展目标息息相关的游戏条件。每一个幼儿园教师只有更加精准地把握创设游戏的条件，才能组织出更加符合幼儿的游戏。当然，在保教活动中，要开发隐性课程，还需要幼儿园教师在把握幼儿身心发展规律、尊重和顺应儿童发展的差异性上获得经验，给幼儿提供最适宜的帮助，促进幼儿整体发展水平的提高，从而使游戏活动中的隐性课程因"深度"而走向"效度"。

第四节　同事关系中的职业道德实践

【典型案例】

幼儿教师随笔：我和同事们[1]

工作中，经常有老师为同事之间鸡毛蒜皮的小事向别人倾诉，以求得内心的平衡。其实，这并不是解决问题的最好办法。经人传播容易走形，伤害双方的感情，不但于

---

[1] 幼儿教师随笔：我和同事们[EB/OL]http://www.06abc.com/topic/20080906/5611.html.

事无补，还在无形中为日后双方的和平相处设置了心理上的障碍。如果工作中注意做个有心人，做同班老师的第三只眼睛、第三只耳朵，遇事也能把握住自己的情绪，变通处理，相信班组之间的关系会无比融洽。这里，我列举往日工作中的几个片段与大家共享。

故事一

开学不久的一个早晨，我刚走进教室，就看见范老师在教室里忙碌。"在做什么呢？"我问。"快来和我一起干，将这些东西顺一顺。"看着玩具柜上被孩子们乱放的图书、水彩笔和玩具之类的物品。我想说，这些东西都是孩子们用的，应该由他们自己来收拾。但转念一想，范老师该不会说我"找借口"吧，于是我转过身对全班孩子说："你们看，范老师多辛苦，你们随手乱放，范老师就要花很多时间来整理。也就没有时间和你们一起出去玩了，怎么办呢？""周老师，我来帮范老师做事。"刘陈边说边举手。"不是帮范老师做事，而是范老师在帮你们做事，如果你们用完之后及时将这些物品放回原处，范老师不需要做这些事，就有时间和你们一起玩了。"我赶紧纠正孩子们的错误观点，"谁愿意来把这些东西送回它们自己的家呢？"孩子们纷纷举手。"范老师你来选。"我将一直在埋头整理的范老师"请"了出来。

事后，范老师由衷地对我说："跟着你能学许多东西呢。""孩子能做的事就让他自己做，我们需要强化孩子们固定摆放物品的习惯，可以试试让值日生来监督，我们就做总督，负责检查值日生的工作情况，你看如何？"见她若有所思地点点头，并不排斥我的想法。我开始和她商量值日生的具体工作。

感受：让自己的思维拐个弯，成就自己，肯定别人。范老师年龄偏大，做事认真、踏实，我只有充分地尊重她，肯定她付出的劳动，她才可能愿意和我商量有关班级管理的具体事宜。

故事二

数学课上，王老师正在新授5以内的序数，当她拿出一张有5个橘子的卡片时，我忽然听见周韧大声说了一句："普通话不是这么说的。"课堂发生了情况！我仔细一听，原来王老师无意中错将"ju zi"说成了"jue zi"，可她大概还不知道是怎么回事儿，仍然很投入地讲着。我赶紧进教室跟全班小朋友打招呼："对不起，打扰一下，我跟王老师说件事。"然后跟王老师耳语："ju zi ju zi 真好吃。"王老师点点头说："好。我下课再去。"再说橘子时，她已悄然将不正确的发音改了过来。

事后，王老师感激地说："今天谢你了。""谢我什么呀，我可什么也没干呀。"我故意装糊涂。对视片刻，我俩哈哈大笑。

随想：如果我隐忍不说或课后再说，课堂教学可能无法顺利进行。既然正常的课堂教学因周韧的发现而被打乱，再维持表面的平静已没有什么意义。即使部分孩子因为老师的权威不敢说，但大家的学习情绪定会因此而受影响，教学效果会大打折扣。我用一句悄悄话给王老师提了个醒，巧妙地解决了问题，既能让王老师发音规范，挽救了老师应有的尊严，又更加润滑了同事间的关系。

故事三

准备放学时，蔡老师将孩子们写的数字卡发了下去，我环顾全班小朋友，发现吴桐一副很失落的样子，按照以往的经验。有作品带回去的日子，孩子们都会特别高兴。为何唯独他不开心呢？我蹲下来问他："怎么了？"吴桐不说话。低头看着手里的卡片，我拿过来一看，卡片上的数字写得歪歪扭扭，没有老师的批注，我心中明白了几分。正想开口说话，蔡老师走过来了，"吴桐今天午饭可能没吃饱，肚子饿了，写的数字没劲。所以没得到星。"我拉着吴桐的手安慰他说："蔡老师把你的星放在我这儿，让你今天晚上回去再练习一遍，老师相信你明天带给我看的作业肯定能得到星的，对吗？""对。"吴桐的声音兴奋起来，表情也轻松了许多。

第二天早晨，吴桐拿着重做的作业兴冲冲地走进我的办公室："周老师你看，这是我写的数字。""果然很棒。我就知道你能行。"我奖给他一个大拇指并在他的作业卡上贴上了星。

启发：以往，得不到星的小朋友会带着一丝遗憾将自己的作品带回去，或许还会受到家长的批评，没想到我的细心观察和无意中安慰孩子的一句话给了孩子新的希望，收到意想不到的效果。看来，两人智慧胜一人，后续教育能弥补个别教育中的不足和缺失，优化教育过程，使教育趋向完美，从而达到教育效果最大化。后来，我跟蔡老师约定：努力做对方的第三只眼睛和耳朵，尽量减少教育遗憾，让班上的孩子发展得更好。

故事四

午餐前，杨老师将筷子分发到各组，然后组织小朋友来端饭，我的心一下子便悬了起来：没轮到排队的小朋友会拿筷子玩，有发生意外的可能性，筷子被二次污染后再用餐也极不卫生。两天后，我忍不住跟杨老师商量，换一种做法试试：让小朋友端碗时拿筷子回座位吃饭，这样安排紧凑些，小朋友发生危险的可能性就不太大。谁知第二天小朋友拿筷子时，又发生了新的情况，由于添加了部分新筷子，排在前面的小朋友就拣新筷子拿，杨老师有点着急："挑三拣四地浪费时间，后面的小朋友还要不要吃饭了。"虽然当时我宽慰杨老师说，新习惯的养成需要一个过程，可第三天杨老师仍然恢复了原来的做法。第四天，我悄悄地观察了别的班级，发现他们都很有秩序。原来只有我们中一班的做法特殊，效果又不好，于是我心中有了底。

又到了幼儿用餐的时间，我让杨老师先看着班上的孩子，拉着杨老师的手说："我们班每天动静都很大，管理很费劲，别的班是不是也这样子？今天我们晚一会儿开饭，一起去看看别的班级究竟是怎么做的。"快速浏览了一圈后，我自言自语地说："奇怪了，他们怎么那么有条理呀？"杨老师歪着头思考了片刻，发现新大陆般大叫起来："我知道了。他们都是排队端饭时拿筷子的，所以孩子们都比较安静。走，咱们回去再改过来。"杨老师拉着我的手急切地往回走。我则跟在后面偷笑。

体会：当两个人不能达成共识时，即使你的观点是正确的，也要注意柔性处理，避免争论闹红脸。如果能峰回路转，用迂回的策略让对方自愿接受，同事之间才会有合作愉快的可能性。

一、什么是同事关系

幼儿园教师除了要面对日常繁重的工作,还要正确处理好与幼儿、家长以及同事之间的关系。其中,同事关系尤为重要。同事关系,就是指幼儿园中教师与教师、教师与领导、教师与其他教职工交往合作的关系,它是教师集体职业道德的重要组成部分。

在幼儿园中,幼儿园教师的同事关系是仅次于师幼关系的一种社会关系。教师的劳动既是个体劳动,也是集体劳动。因此,协调好教师之间的同事关系,建立起一个志同道合、充满活力的教师集体,也是开展幼儿教育工作的基础。

二、同事关系与幼儿园教师自身发展之间的关系

幼儿园教师间良好的人际关系,可以减轻教师工作中的紧张、压力和挫败感,可以使整个团队形成一种向心力、凝聚力,对教育教学会产生积极的情感,这种情感传播开后,可以促进幼儿身心的健康发展。良好的同事关系还有助于降低教学工作的复杂性和不确定性,构建教师合作互动与团结协作的氛围。同时,教师也必须具备竞争能力,相互之间的竞争,虽不可避免会出现一些人际关系的矛盾,但关键问题在于我们怎样正确看待竞争,怎样处理这些矛盾。竞争应该在公平有序的条件下进行,使每个人的潜能被更大地激发出来,在引入竞争机制来提高工作自觉主动性的同时,还要尊重同事的劳动,维护同事的威信,与同事形成合力,促进教育系统功能的改进与完善,从而更好地实现幼儿园的育人目标。教师存在年龄、个性和知识水平方面的差异,加强沟通与合作可以产生整体上的互补性,幼儿园教师之间要改变过去那种彼此孤立与封闭的状况,做到互相尊重、互相学习,共同研究和解决教学中出现的问题。

当然,友好和谐的同事关系可以使幼儿园教师在工作能力或技能水平上得到促进和提高,在思想和生活中得到关心和帮助,在精神和心理上保持轻松和愉快。同时,它还直接影响到幼儿身心健康和人际交往能力的发展。因此,幼儿园教师应该学习和掌握人际交往规律,采用适当的方式,建立健康正常、融洽亲密的同事关系。

三、同事关系中的幼儿园教师职业道德实践

(一)尊重他人,以诚待人

"如果你希望别人如何对待你,你首先要如何对待他人。"这是一条最为基本的原则,尊重他人就是尊重你自己。与新同事相处,一定要记住对方的姓名,和对方打招呼时,要称呼名字,而不能简单地用一个"喂"字。只有如此,对方才会感受到你对他的重视,无形中便建立了对你的好感。与同事讲话时,要掌握分寸,不能过分随意。要以诚相见,以礼相待。上班相遇,抢先主动打招呼。下班分手,要主动道别,说声"再见"。得到同事的帮助,及时表达自己的谢意。

在幼儿园里,不论是大型活动,还是日常教学,老师们都会遇到许多需要相互协同完成的事。这时,不要自作主张,而要多和同事商量,以取得她们在实施行动中的

配合。如常说"这件事,你们看怎么办好?""大家看这样做行不行?",以确定你的行动不使他人为难。遇事常与同事商量,不自傲,不自卑,相互尊重,易达成工作中的协作。同事之间由于工作关系走在一起而形成利益共同体,因此要有集体观念,遇事以大局为重。对外时,要有"团队意识",同事之间要多补台少拆台。不要在外人面前对同事品头论足、挑毛病、攻击和指责,更不能为自身的利益而损害同事和集体的利益。

在与同事的相处中,要学会谦虚坦诚,真诚待人,遇到问题时一定要先站在别人的立场上为对方想一想,这样一来,常常可以将矛盾湮灭在摇篮中。

(二)团结合作,共同完成保教任务

幼儿园教师是幼儿园一线工作的主力军,有着共同的教育目标、教育理想和教育信念,共同承担着幼儿园的保教任务。但是幼儿园教师之间又存在着年龄、性格、兴趣、能力、文化、经验等方面的差异,协调教师之间的关系,对开展保教工作是非常必要的,也是非常重要的。

幼儿园管理人员要了解每个教师的基本情况,对教师进行合理分班,如:年轻教师与年长的教师搭配,经验丰富的教师和经验少的教师搭配,教师能力方面以互补搭配为宜。

在幼儿园班级里,由于幼儿年龄小,生活上需要老师照顾;又由于幼儿自我保护能力差,安全事故随时都有可能发生,所以,同班教师之间要有合作精神,要互相关心、互相帮助,为幼儿营造和谐的精神氛围。

幼儿园要加强教师队伍建设,增强凝聚力,促进教师成长。形成争先创优的工作作风,发扬集体主义精神,建设美好的精神家园。幼儿园教师之间会互相影响,好的风气会助长,不好的风气也会蔓延,所以园所要倡导好的师德师风,对不良风气要严加管理,使教师积极工作、认真工作,很好地完成工作任务。

(三)平等相处,宽容忍让,学会道歉

身为同事,地位相等。不管你是园长,还是普通教师,不管你是在幼儿园干了二十多年的老教师,还是在教学竞赛中脱颖而出的年轻教学能手,都应绝对摈弃不平等的关系,在与同事的相处中切不可表现出高人一等的样子。

同事之间由于经历、立场等方面的差异,对同一个问题,往往会产生不同的看法,引起一些争论,一不小心就容易伤和气。因此,与同事有意见分歧时:一是不要过分争论。客观上,人接受新观点需要一个过程,主观上往往还伴有"好面子""好争强夺胜"等心理,彼此之间谁也难服谁,此时如果过分争论,就容易激化矛盾而影响团结;二是不要一味"以和为贵"。即使涉及原则问题也不坚持、不争论,而是随波逐流,刻意掩盖矛盾,无疑埋下了更大的隐患。面对问题,特别是在发生分歧时要努力寻找共同点,争取求大同存小异。如不同意同事的意见,可阐述理由,正面论述,切不可语带讥讽，好为人师。如有人常爱说："真奇怪，你怎么会有这样的想法"，这样的话语常表达出对他人智能的怀疑与讥讽，会伤害他人感情，难以赢得合作。

同事之间出现一些磕磕碰碰，如果不及时妥善处理，就会形成大矛盾。俗话讲，冤家宜解不宜结。在与同事发生矛盾时，要主动忍让，从自身找原因，换位为他人多想想，避免矛盾激化。如果已经形成矛盾，自己又的确不对，要放下架子，学会道歉，以诚感人。退一步海阔天空，如有一方主动打破僵局，就会发现彼此之间并没有什么大不了的隔阂。

【名人名言】

教师集体是一个志同道合者的创造性友好集团，这个集团中每个人都为集体的创造作出他的贡献；每个人都借助于集体的创造性在精神上得到充实，同时他又使他的同事们在精神上充实起来。

——苏霍姆林斯基

对学生的爱，首先应当表现在教师毫无保留地贡献出自己的精力、才能和知识，以便在对自己学生的教学和教育上、在他们的精神成长上取得最好的成果。

——赞科夫

教师要使自己的教育活动真正有益于学生，有益于教学质量的提高，教师之间就要团结合作，互相配合。

——叶圣陶

从最广义的教育来说，它是一个社会的过程。所有的人、所有的事物和现象，都在教育着儿童，但其中最重要的是儿童。在人的当中，父母和教师占首要的地位。

——马卡连柯

最完备的社会教育就是学校——家庭教育。家庭以及存在于家庭中的子女与家长之间的相互关系——是智育、德育、美育和体育的第一所学校。

——苏霍姆林斯基

像热爱生命一样热爱工作。

——詹姆斯·罗宾斯

【思考与讨论】

1. 在与幼儿交往的过程中，幼儿园教师应该践行哪些职业道德？为什么要践行这些职业道德？除了这些，你认为还应该注意哪些问题？

2. 保教工作中，幼儿园教师应该如何践行职业道德？请举例说明。

3. 同事关系，是幼儿园教师需处理的一种常见的人际关系，在处理这种关系时应注意些什么？

4. 假如你是一名小班幼儿园教师，班级要在开学时召开一次家长会，这次家长会是家长在孩子进入幼儿园之后参加的第一次家长会。这次家长会由你负责，你打算如何组织这次家长会？请写出设计方案，设计方案需涉及以下内容：

（1）家长会的时间、地点、人物、主题等；

（2）家长会的具体流程和环节；

（3）重点需要向家长介绍的情况；

（4）你这么设计的理由是什么；

（5）家长会上使用的PPT。

【参考文献】

[1] 杜宇，建立新时期良好师幼关系的意义及对策[J]. 潍坊学院学报，2013（1）.

[2] 魏晓晴. 亲其师，信其道[J]. 早期教育（家教版）2014（9）.

[3] 曹丹丹. 家园合作问题分析[J]. 学前教育研究. 2003（7-8）.

[4] 李生兰. 幼儿园与家庭、社区合作共育的研究[M]. 上海：华东师范大学出版社，2003.

[5] 李生兰. 学前教育学[M]. 上海：华东师范大学出版社. 2006.

附录一
教育部关于进一步加强和改进师德建设的意见

教师〔2005〕1号

各省、自治区、直辖市教育厅(教委),新疆生产建设兵团教育局,部属高等学校:

为全面贯彻落实《中共中央国务院关于进一步加强和改进未成年人思想道德建设的若干意见》和《中共中央国务院关于进一步加强和改进大学生思想政治教育的意见》精神,现就加强和改进师德建设工作提出如下意见。

一、充分认识新时期加强和改进师德建设的重要性和紧迫性

1. 加强和改进师德建设是全面贯彻党的教育方针的根本保证,是进一步加强和改进青少年学生思想道德建设和思想政治教育的迫切要求。教师是人类灵魂的工程师,是青少年学生成长的引路人。教师的思想政治素质和职业道德水平直接关系到大中小学德育工作状况和亿万青少年的健康成长,关系到国家的前途命运和民族的未来。我们要从确保党的事业后继有人和社会主义事业兴旺发达的高度,从全面建设小康社会和实现中华民族伟大复兴的高度,从落实科学发展观,落实科教兴国、人才强国战略的高度,充分认识新时期加强和改进师德建设的重要意义。

2. 党和政府高度重视教师队伍建设。长期以来,广大教师教书育人、敬业奉献,赢得了全社会的尊重。同时也必须看到,在市场经济条件和开放环境下,学校教育和师德建设工作面临许多新情况、新问题和新的挑战;人民大众对于优质教育日益增长的需求,对教师素质提出了新的更高的要求。师德建设工作还存在许多不适应的方面和薄弱环节。教师队伍的师德水平和全面素质亟待进一步提高,师德建设工作亟待进一步加强和改进,师德建设的制度环境亟待进一步改善。在新的历史时期,加强和改进师德建设是一项刻不容缓的紧迫任务。

二、加强和改进师德建设的总体要求和主要任务

3. 加强和改进师德建设的总体要求是:以马克思列宁主义、毛泽东思想、邓小平理论和"三个代表"重要思想为指导,紧紧围绕全面实施素质教育、全面加强青少年思想道德建设和思想政治教育的目标要求,以热爱学生、教书育人为核心,以"学为人师、行为世范"为准则,以提高教师思想政治素质、职业理想和职业道德水平为重点,弘扬高尚师德,力行师德规范,强化师德教育,优化制度环境,不断提高师德水平,造就忠诚于人民教育事业、为人民服务、让人民满意的教师队伍,为培养德智体美全面发展的社会主义建设者和接班人做出新贡献。

4. 提高教师的思想政治素质。广大教师要认真学习马克思列宁主义、毛泽东思想、邓小平理论和"三个代表"重要思想，牢固树立正确的世界观、人生观和价值观，自觉抵制各种错误思潮和腐朽思想文化的影响；牢固确立在中国共产党领导下走中国特色社会主义道路、实现中华民族伟大复兴的共同理想和坚定信念；拥护中国共产党领导，拥护社会主义，热爱祖国，热爱人民；坚持正确的政治方向，拥护党和国家的路线、方针、政策，在大是大非问题上，立场坚定，旗帜鲜明。要积极参加社会实践，接触实际，了解国情。要认真学习宪法和有关法律法规，坚持学术研究无禁区、课堂讲授有纪律，严格教育教学纪律。要高度重视学生的思想道德建设和思想政治教育，以良好的思想政治素质影响和引领学生。

5. 树立正确的教师职业理想。广大教师要有强烈的职业光荣感、历史使命感和社会责任感，以培育优秀人才、发展先进文化和推进社会进步为己任，站在时代的前列，努力成为为人民服务的践履笃行的典范。要志存高远，爱岗敬业，忠于职守，乐于奉献，自觉地履行教书育人的神圣职责，以高尚的情操引导学生全面发展。要正确处理个人与社会的关系，反对拜金主义、享乐主义和极端个人主义，把本职工作、个人理想与祖国的繁荣富强紧密联系在一起。

6. 提高教师的职业道德水平。广大教师要坚持社会主义教育方向，全面贯彻党的教育方针，遵守法律法规；树立先进教育理念，自觉遵循教育规律，积极推进教育创新，全面实施素质教育，不断提高教育质量；牢固树立育人为本、德育为先的思想，全面关心学生成长，热爱学生，尊重学生，公平公正对待学生，严格要求学生，因材施教，循循善诱，形成相互激励、教学相长的师生关系，促进学生全面发展；自觉加强师德修养，遵守职业道德规范，以身作则，言传身教，为人师表，以自己良好的思想和道德风范去影响和培养学生；大力提倡求真务实、勇于创新、严谨自律的治学态度和学术精神，团结合作、协力攻关、共同进步的团队精神，努力发扬优良的学术风气。坚持科学精神，遵守学术道德规范，潜心钻研，实事求是，严谨笃学，成为热爱学习、终身学习和锐意创新的楷模。

7. 着力解决师德建设中的突出问题。要坚决反对教师讥讽、歧视、侮辱学生，体罚和变相体罚学生的行为；坚决反对向学生推销教辅资料及其它商品，索要或接受学生、家长财物等以教谋私的行为；坚决反对在科研工作中弄虚作假、抄袭剽窃等违背学术规范，侵占他人劳动成果的不端行为；坚决反对在招生、考试等工作中的不正之风和违纪违法行为；严厉惩处败坏教师声誉的失德行为。

8. 积极推进师德建设工作改进创新。适应新形势新任务的要求，师德建设工作必须积极推进观念创新、制度创新。要努力探索新形势下师德建设的特点和规律，在内容、形式、方法、手段、机制等方面不断改进和创新，特别要在增强时代感，加强针对性、实效性上下功夫，讲究实际效果，克服形式主义，使师德建设更加贴近实际、贴近教师，把师德规范的主要内容具体化、规范化，使之成为全体教师普遍认同的行为准则，并自觉按照师德规范要求履行教师职责。

三、加强和改进师德建设的主要措施

9. 强化师德教育。多渠道、分层次地开展各种形式的师德教育。在加强和改进教师思想政治教育、职业理想教育、职业道德教育的同时，重视法制教育和心理健康教育。加强学风和学术规范教育。建立和完善各级各类学校德育工作者培训制度。对学校班主任、辅导员等德育工作者进行师德教育专题培训。建立和完善新教师岗前师德教育制度。各级各类师范院校和举办教师教育的综合大学，都要适应新的要求，将教师职业道德教育列为教师培养和职后培训的重要环节。要把师德教育作为新一轮中小学教师全员培训的首要任务和重点内容。

10. 加强师德宣传。每年教师节组织师德主题教育活动，以庆祝教师节和表彰优秀教师为契机，集中开展师德宣传教育活动；在三年一次全国性的教师和教育工作者表彰奖励中，表彰师德标兵、优秀班主任、辅导员、德育工作者和德育工作先进集体；组织师德典型重点宣传和优秀教师报告团活动，大力褒奖人民教师的高尚师德，广泛宣传模范教师先进事迹，展现当代教师的精神风貌，进一步倡导尊师重教的良好社会风尚；举办师德论坛，促进师德建设的理论创新、制度创新和管理创新，推动师德建设工作实现科学化、制度化。

11. 严格考核管理。进一步完善教师资格认定和新教师聘用制度，把思想政治素质、思想道德品质作为必备条件和重要考察内容；建立师德考评制度，将师德表现作为教师年度考核、职务聘任、派出进修和评优奖励等的重要依据。对师德表现不佳的教师要及时劝诫，经劝诫仍不改正的，要进行严肃处理。对有严重失德行为、影响恶劣者一律撤销教师资格并予以解聘。建立师德问题报告制度和舆论监督的有效机制。将师德建设作为学校办学质量和水平评估的重要指标。

12. 加强制度建设。修订《中小学教师职业道德规范》，制定《高等学校教师职业道德规范》。建立师德建设工作评估制度，构建科学有效的师德建设工作监督评估体系。抓紧研究制定科学合理的教师评价方法和指标体系，完善相关政策，体现正确导向，为师德建设提供制度保障。各级教育行政部门和学校要因地因校制宜，制定可操作的实施办法，完善师德建设规章制度，建立师德建设长效机制。

四、切实加强对师德建设的领导

13. 要将教师工作摆在更加重要的位置，加强教师队伍建设特别是教师职业道德建设。要大力弘扬尊师重教的优良传统，千方百计地为广大教师办实事、办好事，不断改善教师的工作、学习和生活条件，为教师教书育人创造更为良好的社会环境。全社会都要关心和支持师德工作。要坚持团结鼓劲、正面宣传为主的方针，大力宣传人民教师的先进典型和模范事迹，为师德建设营造良好的舆论氛围。

14. 各级教育行政部门要把师德建设作为一项事关教育工作全局的大事，纳入教育事业总体规划，加强领导，统筹部署，切实做到制度落实、组织落实、任务落实。

要将师德建设作为考核教育行政部门和学校工作的一项重要内容。形成主要领导亲自抓、相关部门各负其责、有关方面大力支持的领导体制和统一领导、分工负责、协调一致的工作格局。教育部建立师德建设工作领导小组，协调全国师德建设工作。各地教育行政部门也要建立相应的工作机制，保证师德建设工作落到实处。要充分发挥教育工会等教师行业组织在教师职业道德建设中的积极作用。

15. 各级各类学校要把师德建设摆在教师工作的首位，贯穿于管理工作的全过程。学校主要领导要亲自抓师德建设。高校要切实把师德建设工作摆上重要议事日程，加强领导，统一规划，开展一次以师德建设为主要内容的教师轮训，在此基础上，做到经常化、制度化。学校基层党组织、广大党员教师要充分发挥政治核心和先锋模范作用。学校教代会和群团组织紧密配合，学生、家长和社会积极参与，形成加强和推进师德建设的合力。

附录二
国际教育组织关于教师职业道德的宣言

此声明代表教师和所有其它教育工作者的个人与集体宣言,也是对教师职业规范的法律、法规、条例和活动等的补充。除了作为教师和所有教育工作者对于教师职业的道德及相关问题的响应,此声明也提到不同教育参与者之间的关系以及会由此而引发的问题。

此宣言于 2001 年 7 月 25 至 29 日在泰国举办的第三届国际教育组织(Education International,EI)世界大会通过。国际教育组织是一个属于全球教育人员的产业工会组织,拥有来自 159 个国家的 310 个教育组织为会员,会员教师与教育人员高达 260 万人,是当前规模最大的全球性工会联盟。

■序　言

高水平的公共教育是民主社会的主要基础。它的任务是确保所有的儿童和青少年享有接受教育的平等机会。它对经济、社会和文化的影响是一个国家良好发展的关键因素。提供高水平的公共教育是一项重要的使命,教师和教育工作者有责任建立公众对教学服务的高水平和标准的信心。

在职业实践中做出负责任的判断是教育的核心活动。提供高水平的公共教育的关键在于合格、有专业精神和责任感的教师以及教育工作者为了开发每名学生的潜力所表现的呵护与关切。

高水平的公共教育的实践,除了需要教师和教育工作者的教学能力和专业精神,良好的工作环境、社会的支持和周全的政策也是必备的条件。只有在所有的条件都具备的条件下,教师和教育工作者才可以充分地、负责任地、为学生和社会执行它们的教育工作。

关于教师职业核心道德问题的讨论有利于教师职业的发展。对职业标准以及伦理意识的加强,不仅可以提高教师以及教育工作者的工作满意度和自我批评,也可以提高社会对教师职业的尊敬。

作为国际教育组织(EI)的成员、教师、其它教育工作者和他们的工会,应努力提倡教育,来帮助人们充分地发挥自身的能力,为社会的发展进步做出贡献。

认识到教育过程中需要背负的所有责任以及为了教师职业、同仁、学生和家长所必须保持的职业道德行为,身为国际教育组织的成员,教师工会应该:

(A)积极地提倡国际教育组织世界大会和行政董事会所采纳的政策和决议,包含此职业道德宣言。

(B)确定教育工作者享有能够使他们履行职业的良好工作政策和条件,确保他们能得到在国际劳工组织（ILO）基本劳工条款和权力的宣言中所有的权力，如下所列：
- 自由结社的权力
- 集体谈判的权力
- 就业中不受歧视的保护
- 平等就业
- 就业中不受威胁和保护人身自由
- 废除童工

（C）确保他们的会员拥有国际劳工组织（ILO）和联合国教科文组织（UNESCO）就教师地位的联合宣言以及就高等教育的教育工作者地位的宣言内所列出的所有权力。

（D）消除一切在教育里以性别、婚姻状况、性倾向、年龄、宗教信仰、政治观点、社会地位、经济情况、民族或种族为理由的各种偏见与歧视。

（E）在自己的国家内合作，提倡为所有儿童提供政府资助的高水平的教育，提高教育工作者的地位和维护他们的权力。

（F）发挥影响力和号召力，使全世界的儿童（尤其是童工，遭社会主流排斥的家庭的儿童，或其它有特殊困难的儿童），在不受到任何歧视的情况下得到高水平的教育。

■宣　言

为了引导教师、其它教育工作者和他们的工会达到教师职业应有的职业道德标准，国际教育组织宣言如下：

一、对职业的承诺：教育工作者应该

（A）为所有学生提供高水平的教育，以加强公众对教育工作者的信心，以赢取他们对教师职业的尊敬。

（B）确保定期更新并增进专业知识。

（C）安排自身的终身学习计划，包括计划的内容、程序和时间，以表现教师的专业精神。

（D）声明并不隐瞒任何相关专业资格的资料。

（E）通过积极参与工会活动，达到良好的工作状况，以吸引高素质的人士加入教师职业。

（F）通过教育，全力支持并推进民主和人权。

二、对学生的承诺：教育工作者应该

（A）尊重所有的儿童（特别是他们的学生）的权力，以确保他们受到联合国童权公约（尤其是所有有关教育的条款）的保护。

（B）保护和提倡学生的人身安全和利益，确保他们不受到任何形式的欺负以及任何生理或心理的伤害。

（C）尽所有可能保护儿童不让他们受到性伤害。

（D）以应有的照顾，努力对待任何有关学生的安全和利益的事项，并同时保护学生的隐私。

（E）协助学生建立一套符合国际人权标准的价值观。

（F）与学生保持师生之间的专业关系。

（G）认识到每个学生的特殊性、特点和特殊的需求。

（H）让学生认同于一个富有互助精神，却也有个人空间的社会。

（I）以公正与慈悲发挥教师的权威。。

（J）确保师生之间的特殊关系，不受任何宗教或意识形态的影响和控制。

三、对教育界同事的承诺：教育工作者应该

（A）通过对彼此（尤其是对刚从事教师职业或在培训中的同事）的职业等级和观点的尊重，提高同事之间的交流和帮助。

（B）除非有严格的专业或法律原因，不可透露在就业中得到关于同事的任何数据。

（C）协助同事完成由教师工会和雇主所同意的同事互相审查的审查程序。

（D）保障同事的人身安全和利益，确保他们不受到任何形式的欺负以及任何生理或心理的伤害和性侵犯。

（E）为了此声明的实践得到最佳效果，确保内容的落实和执行是国家级的工会组织内透彻讨论的结果。

四、对管理层的承诺：教育工作者应该

（A）熟悉他们的法律和行政的权利和职责，并且尊重集体合同中列出的条例和学生的权力。

（B）执行管理者合理的指示，并有权力通过清晰的、规定的程序对于该指示提出质疑。

五、对家长的承诺：教育工作者应该

（A）认识到家长有权力通过双方（教育工作者和家长）同意的管道对他们孩子的安全和利益进行咨询。

（B）尊重父母的法定权力，但可为了儿童的最大利益从专业的角度向他们提出建议。

（C）作最大的努力让家长积极参与他们孩子的教育以及积极支持教育过程，避免孩子参与任何形式不利于他们教育的工作。

六、对教师的承诺：小区和社会应该

（A）让教师感受到就业中得到公平的对待。

（B）认识到教师有保留隐私、照顾自身和在小区内正常生活的权力。

附录三

中小学教师职业道德规范

一、爱国守法。热爱祖国，热爱人民，拥护中国共产党领导，拥护社会主义。全面贯彻国家教育方针，自觉遵守教育法律法规，依法履行教师职责权利。不得有违背党和国家方针政策的言行。

二、爱岗敬业。忠诚于人民教育事业，志存高远，勤恳敬业，甘为人梯，乐于奉献。对工作高度负责，认真备课上课，认真批改作业，认真辅导学生。不得敷衍塞责。

三、关爱学生。关心爱护全体学生，尊重学生人格，平等公正对待学生。对学生严慈相济，做学生良师益友。保护学生安全，关心学生健康，维护学生权益。不讽刺、挖苦、歧视学生，不体罚或变相体罚学生。

四、教书育人。遵循教育规律，实施素质教育。循循善诱，诲人不倦，因材施教。培养学生良好品行，激发学生创新精神，促进学生全面发展。不以分数作为评价学生的唯一标准。

五、为人师表。坚守高尚情操，知荣明耻，严于律己，以身作则。衣着得体，语言规范，举止文明。关心集体，团结协作，尊重同事，尊重家长。作风正派，廉洁奉公。自觉抵制有偿家教，不利用职务之便谋取私利。

六、终身学习。崇尚科学精神，树立终身学习理念，拓宽知识视野，更新知识结构。潜心钻研业务，勇于探索创新，不断提高专业素养和教育教学水平。

附录四
幼儿园教师职业道德规范及行为准则

一、热爱学生，循循善诱

1. 对幼儿要有强烈的社会责任感。
2. 全身心地关爱每一个幼儿，熟悉每位孩子的发展状况，了解、关心每位孩子的成长。
3. 面对有害于学习、健康、安全的各种情况，应为保护孩子而作出相应的努力。
4. 不论种族、民族、性别、家庭出身，要对班内孩子一视同仁，不偏爱，不歧视。
5. 要善于激发孩子参与各种活动的积极性。
6. 要对困难儿、问题儿、特殊儿采取针对性教育，求得每位孩子的发展。

二、尊重家长，互相配合

1. 加强与家长的联系，调动家长在培养孩子全面发展上的积极性。
2. 对家长要以诚相待，以礼相见，互敬互重。
3. 尊重家长，虚心倾听家长意见，不挫伤家长的感情，不训斥家长。
4. 帮助家长确立正确的教育观，正确教育孩子。
5. 不以任何理由向家长索要财物，以教谋私。

三、严谨治学，勇于探索

1. 刻苦钻研业务，努力精通专业。
2. 认真施教，掌握教育规律。
3. 严谨求实，以知求善，掌握精深广博知识。
4. 积极从事科学研究，努力探索科学真理。
5. 不断研究教学艺术，反思教育实践。
6. 自觉投身学校教育改革，开展创造性的教学活动。

四、团结协作，服从领导

1. 学校领导要尊重、关心和公正地对待每一个员工。不偏袒、不包庇任何员工。
2. 学校领导要钻研业务，深入教育教学第一线，做教师的表率。
3. 学校领导要尊重教师的民主权利，虚心听取教师的批评和建议。对某些不明事项不发表任何结论性意见、导向性的意见。
4. 学校领导要以身作则，严以律己，反对以权谋私。学习用各种方式与每一位员工沟通、交流。

5. 学校领导要给员工送办法、送鼓励、送真情。

6. 员工要服从领导安排，支持领导工作，恪守岗位职责。员工要关心学校发展，善于接受领导的建议和意见。

7. 员工要顾全大局，尊重、关心和体谅学校领导。

8. 员工要回赠领导以微笑、热情和反馈。

五、关心集体，和睦相处

1. 每一位身边的同事要热情招呼，调动每一位员工对自己工作的支持和配合。

2. 虚心学习先进，正确看待同事的成绩。

3. 尊重同事，虚心倾听同事的想法，不挫伤同事的感情、不训斥他人，善于宽容同事。

4. 遇到困难用协商的语气和人沟通，别人有难主动帮助，别人有误悄悄提醒。

5. 不以任何理由向同事索要财物。

6. 正确地对待和开展竞争，要尊重老教师，帮助青年教师进步。

7. 不背后议论同事，不揭短，不当众嘲笑他人。

附录五
《幼儿园教师专业标准（试行）》的基本要求

为促进幼儿园教师专业发展，建设高素质幼儿园教师队伍，根据《中华人民共和国教师法》，特制定《幼儿园教师专业标准（试行）》（以下简称《专业标准》）。

幼儿园教师是履行幼儿园教育教学工作职责的专业人员，需要经过严格的培养与培训，具有良好的职业道德，掌握系统的专业知识和专业技能。《专业标准》是国家对合格幼儿园教师专业素质的基本要求，是幼儿园教师实施保教行为的基本规范，是引领幼儿园教师专业发展的基本准则，是幼儿园教师培养、准入、培训、考核等工作的重要依据。

一、基本理念

（一）师德为先

热爱学前教育事业，具有职业理想，践行社会主义核心价值体系，履行教师职业道德规范，依法执教。关爱幼儿，尊重幼儿人格，富有爱心、责任心、耐心和细心；为人师表，教书育人，自尊自律，做幼儿健康成长的启蒙者和引路人。

（二）幼儿为本

尊重幼儿权益，以幼儿为主体，充分调动和发挥幼儿的主动性；遵循幼儿身心发展特点和保教活动规律，提供适合的教育，保障幼儿快乐健康成长。

（三）能力为重

把学前教育理论与保教实践相结合，突出保教实践能力；研究幼儿，遵循幼儿成长规律，提升保教工作专业化水平；坚持实践、反思、再实践、再反思，不断提高专业能力。

（四）终身学习

学习先进学前教育理论，了解国内外学前教育改革与发展的经验和做法；优化知识结构，提高文化素养；具有终身学习与持续发展的意识和能力，做终身学习的典范。

二、基本内容

维度	领域	基本要求
专业理念与师德	（一）职业理解与认识	1.贯彻党和国家教育方针政策，遵守教育法律法规。 2.理解幼儿保教工作的意义，热爱学前教育事业，具有职业理想和敬业精神。 3.认同幼儿园教师的专业性和独特性，注重自身专业发展。 4.具有良好职业道德修养，为人师表。 5.具有团队合作精神，积极开展协作与交流。
	（二）对幼儿的态度与行为	6.关爱幼儿，重视幼儿身心健康，将保护幼儿生命安全放在首位。 7.尊重幼儿人格，维护幼儿合法权益，平等对待每一位幼儿。不讽刺、挖苦、歧视幼儿，不体罚或变相体罚幼儿。 8.信任幼儿，尊重个体差异，主动了解和满足有益于幼儿身心发展的不同需求。 9.重视生活对幼儿健康成长的重要价值，积极创造条件，让幼儿拥有快乐的幼儿园生活。
	（三）幼儿保育和教育的态度与行为	10.注重保教结合，培育幼儿良好的意志品质，帮助幼儿养成良好的行为习惯。 11.注重保护幼儿的好奇心，培养幼儿的想象力，发掘幼儿的兴趣爱好。 12.重视环境和游戏对幼儿发展的独特作用，创设富有教育意义的环境氛围，将游戏作为幼儿的主要活动。 13.重视丰富幼儿多方面的直接经验，将探索、交往等实践活动作为幼儿最重要的学习方式。 14.重视自身日常态度言行对幼儿发展的重要影响与作用。 15.重视幼儿园、家庭和社区的合作，综合利用各种资源。
	（四）个人修养与行为	16.富有爱心、责任心、耐心和细心。 17.乐观向上、热情开朗，有亲和力。 18.善于自我调节情绪，保持平和心态。 19.勤于学习，不断进取。 20.衣着整洁得体，语言规范健康，举止文明礼貌。
专业知识	（五）幼儿发展知识	21.了解关于幼儿生存、发展和保护的有关法律法规及政策规定。 22.掌握不同年龄幼儿身心发展特点、规律和促进幼儿全面发展的策略与方法。 23.了解幼儿在发展水平、速度与优势领域等方面的个体差异，掌握对应的策略与方法。

续表

维度	领域	基本要求
专业知识	（五）幼儿发展知识	24.了解幼儿发展中容易出现的问题与适宜的对策。 25.了解有特殊需要幼儿的身心发展特点及教育策略与方法。
	（六）幼儿保育和教育知识	26.熟悉幼儿园教育的目标、任务、内容、要求和基本原则。 27.掌握幼儿园各领域教育的学科特点与基本知识。 28.掌握幼儿园环境创设、一日生活安排、游戏与教育活动、保育和班级管理的知识与方法。
专业知识	（六）幼儿保育和教育知识	29.熟知幼儿园的安全应急预案，掌握意外事故和危险情况下幼儿安全防护与救助的基本方法。 30.掌握观察、谈话、记录等了解幼儿的基本方法和教育心理学的基本原理和方法。 31.了解0-3岁婴幼儿保教和幼小衔接的有关知识与基本方法。
	（七）通识性知识	32.具有一定的自然科学和人文社会科学知识。 33.了解中国教育基本情况。 34.具有相应的艺术欣赏与表现知识。 35.具有一定的现代信息技术知识。
专业能力	（八）环境的创设与利用	36.建立良好的师幼关系，帮助幼儿建立良好的同伴关系，让幼儿感到温暖和愉悦。 37.建立班级秩序与规则，营造良好的班级氛围，让幼儿感受到安全、舒适。 38.创设有助于促进幼儿成长、学习、游戏的教育环境。 39.合理利用资源，为幼儿提供和制作适合的玩教具和学习材料，引发和支持幼儿的主动活动。
	（九）一日生活的组织与保育	40.合理安排和组织一日生活的各个环节，将教育灵活地渗透到一日生活中。 41.科学照料幼儿日常生活，指导和协助保育员做好班级常规保育和卫生工作。 42.充分利用各种教育契机，对幼儿进行随机教育。 43.有效保护幼儿，及时处理幼儿的常见事故，危险情况优先救护幼儿。
	（十）游戏活动的支持与引导	44.提供符合幼儿兴趣需要、年龄特点和发展目标的游戏条件。 45.充分利用与合理设计游戏活动空间，提供丰富、适宜的游戏材料，支持、引发和促进幼儿的游戏。

续表

维度	领域	基本要求
专业能力	（十）游戏活动的支持与引导	46.鼓励幼儿自主选择游戏内容、伙伴和材料，支持幼儿主动地、创造性地开展游戏，充分体验游戏的快乐和满足。 47.引导幼儿在游戏活动中获得身体、认知、语言和社会性等多方面的发展。
	（十一）教育活动的计划与实施	48.制定阶段性的教育活动计划和具体活动方案。 49.在教育活动中观察幼儿，根据幼儿的表现和需要，调整活动，给予适宜的指导。 50.在教育活动的设计和实施中体现趣味性、综合性和生活化，灵活运用各种组织形式和适宜的教育方式。 51.提供更多的操作探索、交流合作、表达表现的机会，支持和促进幼儿主动学习。
	（十二）激励与评价	52.关注幼儿日常表现，及时发现和赏识每个幼儿的点滴进步，注重激发和保护幼儿的积极性、自信心。 53.有效运用观察、谈话、家园联系、作品分析等多种方法，客观地、全面地了解和评价幼儿。 54.有效运用评价结果，指导下一步教育活动的开展。
	（十三）沟通与合作	55.使用符合幼儿年龄特点的语言进行保教工作。 56.善于倾听，和蔼可亲，与幼儿进行有效沟通。 57.与同事合作交流，分享经验和资源，共同发展。 58.与家长进行有效沟通合作，共同促进幼儿发展。 59.协助幼儿园与社区建立合作互助的良好关系。
	（十四）反思与发展	60.主动收集分析相关信息，不断进行反思，改进保教工作。 61.针对保教工作中的现实需要与问题，进行探索和研究。 62.制定专业发展规划，积极参加专业培训，不断提高自身专业素质。

三、实施建议

（一）各级教育行政部门要将《专业标准》作为幼儿园教师队伍建设的基本依据。根据学前教育改革发展的需要，充分发挥《专业标准》引领和导向作用，深化教师教育改革，建立教师教育质量保障体系，不断提高幼儿园教师培养训练质量。制定幼儿园教师准入标准，严把幼儿园教师入口关；制定幼儿园教师聘任（聘用）、考核、退出等管理制度，保障教师合法权益，形成科学有效的幼儿园教师队伍管理和督导机制。

（二）开展幼儿园教师教育的院校要将《专业标准》作为幼儿园教师培养培训的主

要依据。重视幼儿园教师职业特点，加强学前教育学科和专业建设。完善幼儿园教师培养培训方案，科学设置教师教育课程，改革教育教学方式；重视幼儿园教师职业道德教育，重视社会实践和教育实习；加强从事幼儿园教师教育的师资队伍建设，建立科学的质量评价制度。

（三）幼儿园要将《专业标准》作为教师管理的重要依据。制定幼儿园教师专业发展规划，注重教师职业理想与职业道德教育，增强教师育人的责任感与使命感；开展园本研修，促进教师专业发展；完善教师岗位职责和考核评价制度，健全幼儿园教师绩效管理机制。

（四）幼儿园教师要将《专业标准》作为自身专业发展的基本依据。制定自我专业发展规划，爱岗敬业，增强专业发展自觉性；大胆开展保教实践，不断创新；积极进行自我评价，主动参加教师培训和自主研修，逐步提升专业发展水平。

附录六

教育部关于印发
《中小学教师违反职业道德行为处理办法》的通知

教师〔2014〕1号

各省、自治区、直辖市教育厅（教委），新疆生产建设兵团教育局：

现将《中小学教师违反职业道德行为处理办法》印发给你们，请遵照执行。

教育部
2014年1月11日

中小学教师违反职业道德行为处理办法

第一条　为规范教师职业行为，保障教师、学生的合法权益，根据《中华人民共和国教育法》《中华人民共和国未成年人保护法》《中华人民共和国教师法》《教师资格条例》等法律法规，制定本办法。

第二条　本办法所称中小学教师是指幼儿园、特殊教育机构、普通中小学、中等职业学校、少年宫以及地方教研室、电化教育等机构的教师。

前款所称中小学教师包括民办学校教师。

第三条　本办法所称处分包括警告、记过、降低专业技术职务等级、撤销专业技术职务或者行政职务、开除或者解除聘用合同。其中，警告期限为6个月，记过期限为12个月，降低专业技术职务等级、撤销专业技术职务或者行政职务期限为24个月。

第四条　教师有下列行为之一的，视情节轻重分别给予相应处分：

（一）在教育教学活动中有违背党和国家方针政策言行的；

（二）在教育教学活动中遇突发事件时，不履行保护学生人身安全职责的；

（三）在教育教学活动和学生管理、评价中不公平公正对待学生，产生明显负面影响的；

（四）在招生、考试、考核评价、职务评审、教研科研中弄虚作假、营私舞弊的；

（五）体罚学生的和以侮辱、歧视等方式变相体罚学生，造成学生身心伤害的；

（六）对学生实施性骚扰或者与学生发生不正当关系的；

（七）索要或者违反规定收受家长、学生财物的；

（八）组织或者参与针对学生的经营性活动，或者强制学生订购教辅资料、报刊等谋取利益的；

（九）组织、要求学生参加校内外有偿补课，或者组织、参与校外培训机构对学生有偿补课的；

（十）其他严重违反职业道德的行为应当给予相应处分的。

第五条　学校及学校主管教育部门发现教师可能存在第四条列举行为的，应当及时组织调查，核实有关事实。作出处理决定前，应当听取教师的陈述和申辩，听取学生、其他教师、家长委员会或者家长代表意见，并告知教师有要求举行听证的权利。对于拟给予降低专业技术职务等级以上的处分，教师要求听证的，拟作出处理决定的部门应当组织听证。

第六条　给予教师处分，应当坚持公正、公平和教育与惩处相结合的原则；应当与其违反职业道德行为的性质、情节、危害程度相适应；应当事实清楚、证据确凿、定性准确、处理恰当、程序合法、手续完备。

第七条　给予教师处分按照以下权限决定：

（一）警告和记过处分，公办学校教师由所在学校提出建议，学校主管教育部门决定。民办学校教师由所在学校决定，报主管教育部门备案。

（二）降低专业技术职务等级、撤销专业技术职务或者行政职务处分，由教师所在学校提出建议，学校主管教育部门决定并报同级人事部门备案。

（三）开除处分，公办学校教师由所在学校提出建议，学校主管教育部门决定并报同级人事部门备案；民办学校教师或者未纳入人事编制管理的教师由所在学校决定并解除其聘任合同，报主管教育部门备案。

第八条　处分决定应当书面通知教师本人并载明认定的事实、理由、依据、期限及救济途径等内容。

第九条　教师有第四条列举行为受到处分的，符合《教师资格条例》第十九条规定的，由县级以上教育行政部门依法撤销其教师资格。教师受处分期间暂缓教师资格定期注册。依据《中华人民共和国教师法》第十四条规定丧失教师资格的，不能重新取得教师资格。教师受降低专业技术职务等级处分期间不能申报高一级专业技术职务。教师受撤销专业技术职务处分期间不能重新申报专业技术职务。

第十条　教师不服处分决定的，可以向学校主管教育部门申请复核。对复核结果不服的，可以向学校主管教育部门的上一级行政部门提出申诉。

第十一条　学校及主管教育部门拒不处分、拖延处分或者推诿隐瞒造成不良影响或者严重后果的，上一级行政部门应当追究有关领导责任。

第十二条　教师被依法判处刑罚的，依据《事业单位工作人员处分暂行规定》给予撤销专业技术职务或者行政职务以上处分。教师受到剥夺政治权利或者故意犯罪受到有期徒刑以上刑事处罚的，丧失教师资格。

第十三条　省级教育行政部门应当结合当地实际情况制定实施细则，并报国务院教育行政部门备案。

第十四条　本办法自发布之日起施行。